Winteler · Kapitalanlagen in den USA

Ernst-Uwe Winteler
in Zusammenarbeit mit
Joseph L. Churchill

KAPITALANLAGEN IN DEN USA
Immobilien
Öl, Gas und Gold
Investitionen

3., überarbeitete Auflage

GABLER

CIP-Kurztitelaufnahme der Deutschen Bibliothek

Winteler, Ernst-Uwe:
Kapitalanlagen in den USA / Ernst-Uwe Winteler
in Zusammenarbeit mit Joseph L. Churchill. – 3.,
überarb. Aufl. –
Wiesbaden: Gabler, 1987.
  Bis 2. Aufl. u.d.T.: Kapitalanlagen in den USA
  ISBN 3-409-39631-4
NE: Churchill, Joseph L.:
Immobilien, Öl, Gas, Gold, Investitionen

1. Auflage 1980
2. Auflage 1984
3. Auflage 1987

© Betriebswirtschaftlicher Verlag Dr. Th. Gabler GmbH, Wiesbaden 1987
Satz: Fotosatz A. E. Fitz, Heusenstamm
Umschlaggestaltung: Schrimpf und Partner, Wiesbaden
Druck: Wilhelm & Adam, Heusenstamm
Buchbinder: Osswald & Co., Neustadt/W.
Das Werk einschließlich aller seiner Teile ist urheberrechtlich geschützt. Jede Verwertung außerhalb der engen Grenzen des Urheberrechtsgesetzes ist ohne Zustimmung des Verlags unzulässig und strafbar. Das gilt insbesondere für Vervielfältigungen, Übersetzungen, Mikroverfilmungen und die Einspeicherung und Verarbeitung in elektronischen Systemen.
Printed in Germany

ISBN 3-409-39631-4

Vorwort

Diese dritte Auflage wurde wieder völlig neu bearbeitet. In Zusammenarbeit mit Joseph L. Churchill, einem amerikanischen Anwalt, habe ich versucht, mit diesem Buch einen sehr praktischen Leitfaden für Sie als Anleger — sei es als Privatanleger, sei es als Unternehmer — zu schaffen.

Man kann es sich natürlich relativ leicht machen mit einem solchen Buch, indem man kapitelweise die Grundzüge des amerikanischen Zivil- und Steuerrechts erläutert. Das hat jedoch meiner Ansicht nach einen ganz gewaltigen Nachteil: Gerade auf dem Steuersektor ist alles — auch in den USA — so im Fluß, daß das, was man in einem Buch beschreibt, fast immer kurz nach Erscheinen des Buches durch ein paar Gesetzesänderungen schon nicht mehr stimmt. Als Autor gibt einem das ein sehr ungutes Gefühl, denn oft ist ein solches Buch für Sie und die anderen Leser der Ausgangspunkt für gewisse wirtschaftliche Überlegungen — wobei Sie dann unter Umständen von überholten Voraussetzungen ausgehen.

Sie kommen in den USA — genauso wie bei Anlagen in allen anderen Ländern — gar nicht vorbei an einem dort ansässigen guten Steuerberater. Der sollte sein Handwerk beherrschen, und dessen Aufgabe ist es, Sie durch die Steuerklippen durchzuschleusen.

Das gleiche gilt im Grunde für amerikanisches Zivilrecht. Auch in den USA kommen Sie — wegen des später in diesem Buch beschriebenen anderen Rechtssystems — gar nicht an einem Anwalt vorbei. Einen guten Anwalt zu finden, kann die wichtigste Weiche sein, die Sie am Anfang Ihrer US-Anlagen stellen müssen. Dinge, die für einen Anwalt selbstverständlich sein sollten, behandeln wir hier nicht. Statt dessen haben wir uns bemüht, Ihnen einen sehr praktischen Helfer mit Grundwissen zu geben. Einen Helfer mit „Do's" und „Don'ts", mit den Hinweisen, die aus der Praxis kommen, was Sie in Amerika tun und was Sie besser bleiben lassen sollten oder wo Sie zumindest sehr vorsichtig sein müssen.

Wenn ein Buch aus der Erfahrung heraus vor allem auch Fallen beschreibt, dann könnte das den Eindruck erwecken, daß es negativ ist. Das soll es nicht, denn in den USA Geschäfte zu machen und Geld zu verdienen, ist nicht schwieriger, ja manchmal sogar leichter als in Europa. Es ist nur völlig anders. Amerikanische Geschäftsleute und ihre Praktiken sind auch nicht unseriöser als die in Europa — sie sind nur völlig anders.

Und darum schien es uns wichtig, Ihnen aus der Praxis Hinweise zu geben, wo gerade Sie als Europäer aufpassen müssen, wo die Unterschiede sind, damit von vornherein Ihre Überlegungen in die richtige Bahn gelenkt werden. Das Ausarbeiten der Details können Sie dann den amerikanischen Anwälten und Steuerberatern überlassen.

Ich hoffe, daß Ihnen dieses Buch hilft, Klippen zu vermeiden und die immer noch bestehenden guten Möglichkeiten in den USA zu ergreifen.

Lugano, März 1987　　　　　　　　　　　　　　*Ernst-Uwe Winteler*

Inhalt

Vorwort	5
Einführung	13
Warum in den USA anlegen?	13
Neun Kriterien bei der Beurteilung eines Anlagelandes	15
Ausländische Investitionen in den USA	17
Die offiziellen Beweggründe und die Panikstimmung	17
Hat Amerika es besser?	23
Rechts- und Steuerberatung in den USA	25
US-Rechtssystem, Anwaltskanzleien, Steuerberater	25
Anonymitätswahrung in den USA	33
Eine finanzielle Privatsphäre in den USA zu behalten ist wichtig, aber schwierig	33
Der angelsächsische Trust	38
Die US-Feindhandelsklausel	44
Wie können Sie das Risiko der US-Feindhandelsklausel weitgehend ausschalten?	44
Das deutsch-amerikanische Doppelbesteuerungsabkommen	51
Belegenheitsprinzip	52
Progressionsvorbehalt	53
Option zur Nettobesteuerung	55
Auslandsinvestitionsgesetz	56
Zahlungsverkehr, Bankeinlagen	58
Scheckarten	58
Einlagensicherung	60

Zinsbesteuerung	63
Geldwechsel, Euroscheck, Eurocard	64
Schließfächer	64
Wertpapierkauf und Börsenhandel	66
US-Regierungsobligationen	66
Discount-Broker	68
Termingeschäfte	70
Optionen	71
US-Immobilien	74
Marktveränderungen, Bewertungsmaßstäbe, Anlageziele	74
● Der US-Immobilienmarkt	81
Ein homogener Markt? 50 Teilmärkte? Oder vier Regionen?	81
● Kontakte vor dem Kauf	92
Wie kommen Sie überhaupt an interessante Objekte heran?	92
● Beurteilung einzelner Objektarten	96
Acht Kriterien, an denen Sie jede Auslandsanlage messen sollten	96
● Gewerbe- und Wohnimmobilien	103
Shopping Centers	103
Bürohäuser	110
Lagerhäuser, Industriegebäude, „Mini Warehouses"	118
Hotels und Motels	123
Schnellimbiß (Fast Food)	128
Apartmenthäuser	133
Ein- und Zweifamilienhäuser, Eigentumswohnungen, Reihenhäuser	142
Teilzeiteigentum (Time Sharing)	150
● Landbesitz	155
Landwirtschaftlicher Besitz — Farmen, Ranches, Forstland	155
Gewerbliche Baugrundstücke	186
Kleinparzellen (Lots)	189

- Auf einen Blick: Bewertung der Objektarten 197
- Risiko mindern — Gewinn erhöhen 198
  Möglichkeiten, um Immobilienanlagen noch interessanter
  zu gestalten 198
  Notverkäufe und Zwangsversteigerungen 199
  Joint Venture mit einem Bauträger 200
- Tips und Fallen 202
  Diese Hinweise und Warnungen gelten für — fast alle —
  Immobilien 202
  Multiplikatoren und Reproduzierungskosten 202
  Schuldendienst und Bruttoeinkünfte 204
  Kumulative Vorzugsrenditen 204
  Unrichtige Verkäuferzusagen 205
  Pro-forma-Berechnungen 206
- Finanzierungen 208
  Das Zinsrisiko wird weitgehend auf den Darlehensnehmer
  abgewälzt 208
- Mietverträge 212
  Standardverträge reichen selten aus 212
  Kurzfristige oder langfristige Mietverträge? 215
- Zeitlicher und rechtlicher Ablauf eines Immobilienkaufs . 217
  Vom Angebot bis zum Abschluß des Kaufvertrages 219
  Vom Abschluß bis zum Vollzug des Kaufvertrages 221
  Nach Vollzug des Kaufvertrages 227
  Rechtstitel-Versicherung 227
  Absichtserklärungen 229
- US-Immobilienanlagen über Steueroasen 232
  Nur in Ausnahmefällen von Vorteil 232

Öl- und Gasexplorationen 234
Mehr Spekulation als Anlage 234
Kauf von Explorationsrechten 239

Goldkäufe 243
Verbotstradition, Steuern, Aufbewahrung in Kanada 243

Wirtschaftsinformationen 246
Amerikanische Regierungsstellen geben wertvolle Wirtschaftsinformationen — gratis 246

Die Vorausplanung (Churchill) 251
Was Sie vor einem Engagement in den USA beachten sollten 251

Europäische Firmeninvestitionen in den USA 257

Nur exportieren oder lieber stärker Fuß fassen? (Churchill) . 259
Export 259
Vertriebsgemeinschaft 260
Joint Venture 261
Beteiligung an einem US-Unternehmen 262
Neugründung 262
Mehrheitsbeteiligung an/oder Übernahme einer US-Firma ... 263
Übernahme der Sachwerte 266

Firmengründungsfabriken 270

Restriktionen und Berichtspflichten (Churchill) 272

„Heuern und Feuern" und die Gewerkschaften (Churchill) .. 275

Produkt-Haftpflicht (Churchill) 280
Das Damoklesschwert über Ihrem amerikanischen Unternehmen 280

Schutz des geistigen Eigentums (Churchill) 286
Patente 286
Handelsnamen und Warenzeichen 289
Copyright 291
Geschäftsgeheimnisse 292

Export (Churchill) 293
Warenklassifikation und Zölle 294
Güterbeschriftungen 296
Außenhandelszonen und Zollager 298
Internationale Verkaufsbedingungen 300

Franchising – der große Wachstumsmarkt (Churchill) 301

US-Steuern (Churchill) 304
US-Erbschaft- und Schenkungsteuern 308
Unternehmensbesteuerung 309
„Einheitssteuer" 312

Testamente (Churchill) 314

Visa und Einwanderung (Churchill) 316

Über die Verfasser 323

Anhang
Deutsch-amerikanische Handelskammern in Amerika 327
Amerikanische Handelskammern in der Bundesrepublik
Deutschland 328
Vertretungen amerikanischer Behörden in Europa 329
Umrechnungstabelle für metrische und amerikanische
Maßeinheiten 339

Einführung

Warum in den USA anlegen?

Ernst-Uwe Winteler

Vor einiger Zeit wurde ich eingeladen, auf einem Seminar als Gastredner etwas über Auslandsanlagen zu sagen. Das habe ich dann auch gemacht und mich danach wieder hingesetzt und gewartet auf das, was da sonst noch auf dem Programm stand.

Doch da entwickelte sich nach einiger Zeit eine Diskussion, an der ich mich nicht selber beteiligt, sondern der ich nur etwas ungläubig-verwirrt zugehört habe: Da wurde nämlich mit wissenschaftlich klingenden Argumenten begründet, warum man sich unbedingt in Paraguay ansiedeln sollte: Ein großer Atomkrieg würde die USA verwüsten und Kanada und natürlich auch Europa und die Sowjetunion und schließlich auch noch Japan; aber diese ganzen Länder seien ja auf der nördlichen Halbkugel angesiedelt, und es wäre wissenschaftlich erwiesen, daß die Hauptwindströmungen sich auf Grund der Erddrehung in Ost-West- oder West-Ost-Richtung bewegten, nicht aber in Nord-Süd-Richtung. Dann würden nach einem Atomkrieg die Winde also immer nur in der verseuchten Nordhalbkugel wehen, und südlich vom Äquator hätte man seine eigenen Winde und würde da die Katastrophe des Nordens überleben können.

Und dann habe ich mich davongeschlichen und bin mit meiner Frau essen gegangen, denn das fand ich vernünftiger, als mir weiter anzuhören, ob bei einer völligen Verwüstung „nur" der nördlichen Hemisphäre die Winde auch das tun, was man von ihnen erwartet. Und selbst wenn sie es täten, halte ich es für völlig irreal anzunehmen, daß ein europäischer Anleger nach einem globalen — meinetwegen auch auf den Norden begrenzten — Atomkrieg fröhlich-unbelästigt auf seiner Hazienda in Paraguay herumgaloppieren kann oder daß in

Australien noch so viel Handel und Wandel ist, daß er von seinen dortigen Bürohausmieten leben kann.

Ich glaube nicht an ein solches Überlebenspaket bei einer atomaren Apokalypse und werde solche Überlegungen ganz außer acht lassen bei dem, was ich Ihnen in diesem Buch vermitteln möchte.

Statt dessen werde ich mich darauf konzentrieren, Ihnen so viele Anhaltspunkte wie möglich zu geben für etwas, was Sie bei richtiger Planung ohne weiteres schaffen können: nämlich einen Teil Ihres Vermögens in ein politisch und wirtschaftlich sicher erscheinendes Land zu verbringen. Geschichte wiederholt sich zwar nicht, aber man kann aus ihr lernen. Und unbestritten ist es wohl, daß diejenigen, die ihr Vermögen beziehungsweise das Risiko verteilten, zumindest immer einen Teil behalten haben.

Doch es ist nicht damit getan, einfach Geld im Ausland zu haben, sondern es muß in den richtigen Ländern gut angelegt werden. Wenn Sie aber beruflich nicht dauernd mit internationalen Steuern, Anonymitätswahrung oder Bewertung von Länder- und Anlagerisiken zu tun haben, dann ist die Wahrscheinlichkeit leider ziemlich groß, daß Sie bei Auslandsanlagen entweder schon eine Bruchlandung gemacht haben oder — wenn Sie ohne sehr gute Vorbereitung daran gehen — eine Bruchlandung machen würden.

Wahrscheinlich haben Sie einen zeitraubenden Beruf, der Ihnen nicht die Zeit läßt, sich in alle Probleme selbst hineinzuvertiefen. Ihre Marktkenntnis beschränkt sich deshalb zwangsläufig auf das, was Ihnen von Verkäufern zugeschickt oder erklärt wird. Die deutschen überregionalen Zeitungen sind dabei wohl repräsentativ für das, was für Auslandsanlagen auf dem Markt ist. Wenn Sie diese Anzeigen lesen, dann können Sie geradezu euphorisch werden. Wenn Sie dann angelegt haben, sind Depressionen wahrscheinlicher, denn die Angebote unseriöser Makler sind nun mal anreizender. Die guten Makler — und ich kenne einige, die sich außerordentlich für ihre Kunden bemühen — haben nun einmal das Problem, daß dezente, absolut ehrliche Anzeigen nicht beachtet werden im Vergleich zu „Hau-den-Lukas"-Anzeigen.

Dasselbe mit Prospekten: Wenn ein Verkäufer sich die Mühe macht, ein Objekt detailliert von allen Seiten zu beleuchten, dann ist das eben eine etwas trockene Broschüre, und wer beruflich in Zeitdruck ist, greift natürlich nach Angeboten, die kurz und knapp sind und von Vorteilen strotzen.

Für einen Außenstehenden ist es auch schwer zu wissen, nach welchen Kriterien man überhaupt Anlageländer auswählen sollte. Helfen können Ihnen dabei die folgenden

Neun Kriterien bei der Beurteilung eines Anlagelandes

1. *Rechtssicherheit*
2. *Keine Devisenbewirtschaftung*
3. *Ausdrücklich anti-sozialistisch*
4. *Bankensystem in privater Hand*
5. *Staatsbetriebe dürfen Staatshaushalt nicht gefährden*
6. *Keine Fremdenfeindlichkeit*
7. *Freies Unternehmertum muß selbstverständlich sein*
8. *Immobilienmarkt muß Ausländern zugänglich sein*
9. *Stimmung muß neidfrei und profitfreundlich sein*

Der erste Punkt — Rechtssicherheit — ist eine unerläßliche Bedingung. Vergessen Sie von vornherein jedes Land als Anlageland, wenn Sie sich Gerechtigkeit mit „Bakschisch" erkaufen müssen oder wenn Familienclans oder Politiker des betreffenden Landes so einflußreich sind, daß Anwälte nicht bereit wären, Sie zu vertreten, oder daß wirkungsvoller Druck auf die Richter ausgeübt werden könnte.

Wenn Sie sich aber nur auf rechtssichere Länder beschränken, dann ist die Auswahl an Anlageländern schon sehr begrenzt. Es verbleiben einige westeuropäische Staaten und außerhalb Europas praktisch nur die angelsächsischen Länder, also USA, Kanada, Australien und Neuseeland.

Legen Sie an jedes Anlageland diese 9 Kriterien an, wobei das Kriterium Rechtssicherheit unabdingbar ist. Investieren Sie nur in Ländern, die mindestens 7 Punkte aufweisen. Dann sind Sie aber begrenzt auf USA (derzeit 9 Punkte), Kanada (derzeit 7 Punkte), und die Schweiz (derzeit 7 Punkte). Australien und Frankreich erreichen derzeit nur 4 Punkte. Die Bundesrepublik Deutschland steht übrigens zur Zeit (1987) auch nur bei 6 Punkten.

Die Schweiz liegt dabei punktgleich mit Kanada. Im Gegensatz zu Kanada erfüllt sie Punkt 3, nicht jedoch Punkt 8, denn sie sperrt sich weitgehend gegen den Erwerb von Immobilien durch Ausländer. Was in der Schweiz zu kaufen ist, sind meistens überteuerte Ferienwohnungen oder Renditeobjekte mit Mietauflagen beziehungsweise Veräußerungsverboten. Die Schweiz ist deshalb für denjenigen, der im Ausland vor allem an Immobilien interessiert ist, völlig uninteressant. Außerdem kommt eben oft noch der Wunsch hinzu, sich ein zweites Bein möglichst außerhalb Europas zu schaffen.

Anlageland Nummer 1 sind deshalb immer noch die USA, wenn man von diesem reinen Ländervergleich ausgeht. Welche anderen Gründe gibt es noch, in den USA zu investieren, und wer investiert vor allem dort? Wie sehen die Amerikaner selber die „Invasion der Ausländer"? Davon handelt das nächste Kapitel.

Ausländische Investitionen in den USA

Die offiziellen Beweggründe und die Panikstimmung

Ernst-Uwe Winteler

Die Namen nicht-amerikanischer Firmen, die in den USA investiert haben, lesen sich wie das „Who is Who" europäischer und japanischer Großunternehmen. Bayer und die Deutsche Bank, Thyssen, Siemens und Volkswagen, um nur einige deutsche Firmen zu nennen, sind genauso vertreten wie Großbritanniens National Westminster Bank oder Japans Sony und Toyota. Die Großbanken aus der ganzen Welt etablieren sich mit Filialen in den amerikanischen Hauptgeschäftszentren. Die Industrieunternehmen errichten neue Produktionsstätten oder kaufen bestehende Firmen auf.

Doch diese großen Namen sind nur die Spitze des sprichwörtlichen Eisbergs. Es sind nicht nur diese allseits bekannten Namen, sondern auch mittelgroße und kleinere Firmen, die den Sprung auf den amerikanischen Markt wagen. Viele mit Erfolg — und davon hört man dann relativ wenig — manche erfolglos mit entsprechend mehr Schlagzeilen.

Aber es sind ja nicht nur Firmen, die sich dort etablieren, sondern auch die privaten Anleger, die sich mit kleinen und großen Beträgen drüben ein „zweites Bein" schaffen wollen.

Zunächst schien es schwer zu sein für die USA, sich daran zu gewöhnen, daß nach der amerikanischen Herausforderung der 60er Jahre die früheren Herausforderer selbst herausgefordert werden. 1979 meldete „Newsweek" in einer Coverstory: „*Amerika wird aufgekauft",* und das Coverbild zeigte eine entsetzt aussehende Freiheitsstatue mit einem „Zu-verkaufen"-Schild am Hals.

„Newsweek" stand damals nicht alleine. In das gleiche Horn stieß auch die „New York Times": *„Im ganzen Land erfolgt derzeit ein Ansturm auf Immobilienanlagen durch Ausländer".* Und „Time"schrieb zur gleichen Zeit: *„Der Ausverkauf Amerikas".*

Diese Stimmen, die nach einer Verteidigung Amerikas vor dem Ausverkauf durch Ausländer riefen, klangen schon damals etwas seltsam, als zur gleichen Zeit amerikanische Bundesstaaten um ausländische Investoren warben. Die Anzeige des US-Bundesstaates Michigan

„Zu verkaufen: Ein Staat (günstige Zahlungsbedingungen)"

war und ist nichts Ungewöhnliches. Nicht umsonst unterhalten viele amerikanische Bundesstaaten Investitionsförderungsbüros in Europa, um europäische Firmen anzuwerben, mit Neuansiedlungen drüben Arbeitsplätze zu schaffen und — nach einiger Anlaufzeit — auch Steuergelder zu bringen.

Die schwere Rezession Anfang der 80er Jahre und das gigantische Budgetdefizit in USA haben dazu beitragen, daß die Stimmen gegen ausländische Investitionen in den USA praktisch völlig verstummt sind. Ausländische Immobilieninvestitionen helfen in gewissen Gebieten sogar, daß der Markt nicht völlig in die Brüche geht.

Man muß sich auch darüber klar sein, daß die Beschränkungen gegen den US-Grunderwerb durch Ausländer keine Errungenschaft der neuesten Zeit sind, sondern bis zu 150 Jahren zurückdatieren. Im Staat Wisconsin gibt es zum Beispiel ein Gesetz aus dem 19. Jahrhundert, das Kapitalgesellschaften, die zu mehr als 20 Prozent Ausländern gehören, verbietet, mehr als 640 acres Land in Wisconsin zu besitzen. Dieses Gesetz ist ein Überbleibsel aus dem vorigen Jahrhundert, als man Angst hatte, daß sich kanadische Holzfällergesellschaften über die Grenze nach Süden bewegen würden, um dort große Gebiete zu roden.

Gegen Ende des vorigen Jahrhunderts kam es zu einer Anti-Ausländer-Reaktion, als kanadische Firmen im Mittleren Westen Land aufkauften und sich als Farmunternehmen niederließen. 13 Staaten der USA reagierten damals sofort darauf und verboten es Ausländern, Land zu besitzen.

Doch im allgemeinen waren die USA — zumindest in der Anfangszeit — immer daran interessiert, Kapital, Know-how und Arbeitskräfte anzuziehen. Ausländische Investoren haben eine beträchtliche Rolle gespielt bei der Entwicklung der amerikanischen Wirtschaft. Sie haben die Louisiana-Käufe ermöglicht, sie zeichneten Staatsanleihen für den Bau von Kanälen und Eisenbahnlinien in Maryland, Ohio, Pennsylvania und New York, und sie haben amerikanische Banken gestützt, die damals vor dem Bankrott standen. Ausländisches Kapital ermöglichte es den USA, der wirtschaftliche Riese zu werden, der sie jetzt sind.

Mit ganz wenigen Ausnahmen, wie zum Beispiel der Rüstungsindustrie, ist die amerikanische Industrie auch weiterhin immer für Ausländer offen geblieben. Auch die obersten Gerichte der USA erkannten dies immer wieder an.

Viele der alten Anti-Ausländer-Gesetze wurden inzwischen gestrichen, da Gerichtsentscheidungen sie als verfassungswidrig bezeichneten. 1972 entschied das oberste Gericht der USA, daß ein Bundesstaat zwar Gesetze erlassen kann, um zwischen Rechten ansässiger und nicht-ansässiger Ausländer zu unterscheiden, daß diese Unterschiede jedoch auf grundsätzlichen und wesentlichen Staatsinteressen beruhen müssen. Außer wenn zwingende Gründe dafür bestehen, diesen Unterschied zu schaffen oder aufrecht zu erhalten, wären sie verfassungsmäßig nicht gerechtfertigt.

Wenn Ausländer Bürogebäude oder Shopping Centers, Supermärkte oder kleinere Firmen übernehmen, erhob und erhebt sich sowieso kaum Protest. Selbst als geradezu amerikanische Symbole an Ausländer gingen, wie zum Beispiel Libby's, Alka Seltzer und Clorox, Bantam Books und TraveLodge oder als die Deutsche Bank Houstons höchstes Gebäude (One Shell Plaza) und dessen größtes Gebäude

(Pennzoil Place) aufkaufte, erregte dies höchstens Aufmerksamkeit. Die wirklich schrillen Schreie über den Ausverkauf Amerikas kamen Ende der 70er Jahre aus einer ganz anderen Ecke: der Landwirtschaft. Diese Angst um den Ausverkauf des landwirtschaftlichen Landes war zwar völlig irrational, aber es halfen keine Erklärungen, daß man Ackerland schließlich nicht aus Amerika abtransportieren kann. Prompt beschränkte etwa die Hälfte aller amerikanischen Bundesstaaten den Aufkauf wirtschaftlichen Landes durch Ausländer oder verbot ihn ganz.

Doch dann veröffentlichte das US Department of Agriculture (US-Landwirtschaftsministerium) Statistiken, aus denen sich ergab, daß weniger als ein Prozent der gesamten landwirtschaftlich genutzten Fläche der USA von Ausländern gehalten wird. Seitdem sind auch auf dem landwirtschaftlichen Sektor die Stimmen gegen die Ausländer verstummt. Investoren, die vor allem an landwirtschaftlichem Besitz interessiert sind, haben keine Probleme, größere Objekte zu erwerben, denn etwa die Hälfte aller US-Bundesstaaten haben bisher keine Restriktionen gegen Ausländer oder zumindest keine wesentlichen. Außerdem gibt es trotz aller Gesetze, die auf der Einzelstaatenebene verhängt wurden, bisher noch kein Bundesgesetz, das den Erwerb von landwirtschaftlichem Land durch Ausländer verbietet. Es gibt lediglich ein Gesetz, welches die ausländischen Investoren zur Information verpflichtet, aber das ist schließlich kein Verbot.

Höher als bei landwirtschaftlichem Land liegt dagegen der Anteil ausländischer Eigentümer im gewerblichen Sektor. Bei der Verarbeitung von Lebensmitteln kontrollieren Ausländer schon 8 Prozent der Firmenvermögen und im Lebensmittelhandel sogar 11 Prozent des Umsatzes.

Wer sind die Hauptinvestoren in den USA? Erstaunlicherweise scheinen die Holländer die Liste anzuführen, und zwar besonders durch ihre großen Multis, wie zum Beispiel Philips und die holländisch-britischen Royal Dutch Shell und Unilever. Danach folgen — wenn man den Statistiken glauben darf — Briten, Deutsche, Schweizer, Franzosen und Japaner. Ganz genau können diese Statistiken nicht sein, denn Privatanleger aus Ländern mit Devisenbeschränkungen bedienen sich sicherlich meistens gewisser Umwege, die ihre Anonymität wahren. Der Schweizer Anteil dürfte zu einem guten Teil aus solchen Quellen stammen.

Araber haben zwar einen guten Anteil an den Schlagzeilen, wie zum Beispiel der Sohn eines Scheichs, der bei Beverly Hills eine Villa kaufte und die anatomischen Details aller Statuen durch fleischfarbene Anstriche delikat zur Geltung brachte, jedoch scheinen die Immobilienanlagen der Nahost-Gelder weit überschätzt zu werden. Die Kuwaitis haben in Atlanta investiert, und die Saudis recht massiv im San Francisco-Bereich sowie auf einigen Ferieninseln vor den Carolinas. Insgesamt scheinen jedoch alle Mitglieder der Nahost-Staaten nicht mehr als ein Prozent der direkten Immobilieninvestitionen in den USA zu halten.

Was sind die Beweggründe der ausländischen Investoren? Wenn Konzerne ihre Aktivitäten in die USA ausweiten wollen und dort Firmen kaufen, statt sich auf den Export in die USA zu beschränken, so geschieht das meist aus sehr rationalen Gründen, die auch in den offiziellen Publikationen immer angegeben werden: die Sicherung des großen Binnenmarktes USA. Die niedrigeren Transportkosten eines US-Werkes gegenüber dem Exportgeschäft. Die Umgehung von Protektionismusschranken oder der Wunsch, bevor die Schranken heruntergehen, schon im Markt drin zu sein. Die Sicherung gegen Wechselkursschwankungen, insbesondere, wenn auch sonst gegen US-Dollar kontrahiert werden muß. Das niedrige Steuerniveau der USA, insbesondere nach Reagans Steuerreform. Dazu kommen Sonderfälle wie die Zukunftsängste der großen Hong Kong-Firmen, die sich keine großen Chancen mehr ausrechnen, wenn China 1997 Hong Kong übernimmt, oder das Ausweichen von südafrikanischen und mittel- und lateinamerikanischen Firmen in ein sichereres Land.

Auch die amerikanische Inflationsrate ist — derzeit wieder — relativ niedrig. Für die Anleger aus gewissen lateinamerikanischen Ländern mit über 100prozentiger Inflation ist der Dollar sicherlich sogar stabil wie ein Felsen.

Bei kleineren, mittelständischen Firmen und vor allem bei Privatanlegern gibt es jedoch eine ganze Reihe von uneingestandenen, zum Teil völlig emotionalen Angstgründen. Insbesondere bundesdeutsche mittelständische Unternehmer und Privatanleger handeln dabei zu oft aus reinen Panikgründen. Wenn seit fast 40 Jahren getrommelt wird, daß morgen die Russen durchs Brandenburger Tor marschieren, dann wirkt sich das schließlich in Angstreaktionen aus. Die kalte Sozialisierung durch das bundesdeutsche Sozial- und Arbeitsrecht und Angst vor grün-roten Koalitionen führen dazu, daß viele Anleger immer mehr die USA als „letzte Bastion des Kapitalismus" ansehen. Ist das berechtigt? Hat Amerika es wirklich besser?

Hat Amerika es besser?

Ernst-Uwe Winteler

Für Ausländer erscheinen die USA in den letzten Jahren wieder als Land der unbegrenzten Möglichkeiten: eine Weltmacht mit entsprechendem Einfluß. Vorsprung auf vielen Technologiegebieten. Der Glaube an die Unantastbarkeit des Privatbesitzes und an die Notwendigkeit der Privatinitiative und ein erstaunlich optimistisches Unternehmertum.

Ronald Reagan hat es sicherlich geschafft, die Amerikaner aus den Zweifeln der Vietnam-Periode herauszuziehen und einen Patriotismus zu entfachen, der für europäische und insbesondere deutsche Ohren geradezu chauvinistisch ist. Doch amerikanische Wirtschaftsführer sehen ihr Land dennoch als ein Land voller Probleme. Auch die „Amerika-über-alles"-Stimmung der letzten olympischen Spiele und Reagans markige Sätze, daß Amerika wieder groß dasteht, täuschen sie nicht darüber hinweg, daß dieses riesige Land noch lange nicht den Weg in die Zukunft gemeistert hat.

Doch das ist natürlich relativ. Die meisten übrigen Länder würden sich glücklich schätzen, wenn sie in der Position Amerikas wären, und die meisten Unternehmer wären glücklich, wenn sie unter den amerikanischen Bedingungen unternehmerisch tätig sein könnten.

Hat es Amerika trotz dieser Probleme, trotz der Umstellungsschwierigkeiten, die unzweifelhaft auf das Land zukommen, besser? Ich glaube, ja. Amerika ist uns Europäern um Jahre voraus. Nicht nur auf gewissen technischen Gebieten, sondern auch darin, daß Probleme von Wirtschaftlern und Politikern sehr viel deutlicher ausgesprochen werden als in Europa, wo man politisch nicht eingestehen will oder kann, daß wir uns in einer Phase langdauernder, tiefgreifender, struktureller Veränderungen befinden.

Amerika ist uns auch voraus in dem Vertrauen seiner Bevölkerung auf ihre eigene Kraft und in dem Glauben, es selbst zu schaffen, ohne nach dem Sozialstaat zu rufen.

Amerika ist uns voraus in seinem Optimismus, der notwendig ist, um ein neues Unternehmen anzupacken. Amerika ist uns voraus mit seinem riesigen Binnenmarkt, mit dem es sich viel leichter protektionistisch abschotten kann als andere Länder.

Amerika ist uns voraus in seiner unverblümten, positiven Haltung zum Gewinn, die es zusammen mit all den anderen Vorteilen erst möglich macht für Sie als europäischen Anleger, bei guter Vorbereitung dort immer noch bessere Bedingungen vorzufinden, bessere Renditen zu erwirtschaften als in den meisten Ländern der übrigen Welt.

Rechts- und Steuerberatung in den USA

US-Rechtssystem, Anwaltskanzleien, Steuerberater

Ernst-Uwe Winteler

Amerikanische Verträge sind — im Vergleich zu kontinentaleuropäischen — ewig lang und regeln die in unseren Augen selbstverständlichsten Dinge in oft umständlicher, formelhafter Sprache, und das auch noch ziemlich langatmig.

Warum das so ist, dafür gibt es drei Versionen:

Erste Version: Im vorigen Jahrhundert, in der Zeit des Wilden Westens, waren die Auswanderer, die damals einen Anwalt brauchten, zu einem großen Teil Analphabeten. Der Anwalt wurde deshalb bezahlt nach der Anzahl der Vertragsseiten. Also lieferte er möglichst viele Seiten. Seitdem hätten sich die langen Verträge so eingebürgert.

Die zweite Version ist auch nicht viel freundlicher: Ein ganz erheblicher Teil der Mitglieder des amerikanischen Senats und Repräsentantenhauses seien Anwälte, und diese sorgten schon durch komplizierte, ungenaue Gesetze dafür, daß ihnen und ihren Anwaltskollegen die Arbeit nicht ausgeht.

Die dritte Version ist die offizielle Version der Anwälte: Das amerikanische Recht beruht auf dem britischen Common Law, das wenig kodifiziert ist und sich zum großen Teil nach früheren Rechtsentscheidungen richtet. Es bietet den Vertragsparteien sehr viel Vertragsfreiheit, bedeutet auf der anderen Seite jedoch, daß in Verträgen jede, auch die entfernteste Möglichkeit oder spätere Entwicklung, vorhergesehen und geregelt werden sollte.

Weder auf Bundes- noch auf Einzelstaatenebene gibt es ein umfassendes kodifiziertes Vertragsrecht, auf das man zurückgreifen kann, wenn ein Vertrag zu einem bestimmten Punkt nichts aussagt. Der Uniform Commercial Code regelt lange nicht alles und ist nicht vergleichbar beispielsweise mit dem deutschen Handelsgesetzbuch (HGB).

Außerdem ist dem amerikanischen Rechtsdenken eine Vertragsauslegung nach Treu und Glauben fremd. Amerikanische Richter setzen also voraus, daß die Vertragsparteien nur genau das vertraglich regeln wollten, was im Vertrag auch drinsteht. Die Richter denken nicht daran — wie beispielsweise ihre deutschen Kollegen — eine ergänzende Vertragsauslegung zu betreiben.

Diese Unterschiede zu Europa zeigen schon klar: Um amerikanische Anwälte kommen Sie nicht herum. Wenn die Vertragsweichen in den USA nicht von vornherein durch einen guten Anwalt in Ihrem Sinne richtig gestellt sind, dann handeln Sie sich einen nicht endenwollenden Ärger ein.

Ohne Anwalt geht wirklich nichts in den USA. Amerikanische Anwälte haben deshalb eine sehr viel dominierendere Position im Geschäftsleben als in Deutschland und meistens auch einen größeren Einblick in wirtschaftliche Zusammenhänge. Jeder junge Mann, der was werden will, wird Anwalt. In den USA gibt es etwa 600 000 Anwälte, also etwa zwei Drittel aller Anwälte in der Welt. Die Konkurrenz unter den Anwälten ist knochenhart, und die Methoden mancher Anwälte, Gebühren zu schinden, sind entsprechend.

Die Kanzleien in den USA sind wegen des anderen Rechtssystems viel größer, als Sie es von Kontinentaleuropa gewöhnt sind. Die größten amerikanischen Anwaltskanzleien beschäftigen bis zu 700 Anwälte, wobei es eigene Abteilungen nicht nur für Straf- und Zivilrecht gibt, sondern wiederum für jede Abteilung noch viele Unterabteilungen.

Immer mehr entstehen jetzt in den USA die „Jumbo"-Kanzleien, die versuchen, das Land von Küste zu Küste abzudecken. 1978 gab es erst 5 Anwaltskanzleien, die mehr als 200 Anwälte beschäftigten. Heute sind es nicht weniger als 60 im ganzen Land. 1978 brachten es die 50 größten US-Anwaltskanzleien gerade auf 66 Filialen innerhalb der USA. Heute haben sie zusammen mehr als 150 Filialen. Die folgende Aufstellung (Quelle: „National Law Journal") gibt über diesen Trend einen guten Überblick.

Firma	Hauptbüro	US-Büros 1984	US Büros 1978	Total Anwälte 1984	Total Anwälte 1978
Baker & McKenzie	Chicago	4	5	704	434
Finley, Kumble	New York	6	3	462	57
Sidley & Austin	Chicago	4	2	449	200
Skadden, Arps	New York	6	3	416	149
Gibson, Dunn	Los Angeles	9	5	405	173
Shearman & Sterling	New York	2	1	397	264
O'Melveny & Myers	Los Angeles	5	3	392	208
Jones, Day	Cleveland	6	3	386	220
Pillsbury, Madison	San Francisco	4	1	373	217

Viele amerikanische Anwälte glauben, daß dieses nur der Beginn einer ganz neuen Entwicklung ist. Daß jetzt bei Anwaltskanzleien dasselbe passiert, was mit den großen Wirtschaftsprüfungsgesellschaften in den 40er und 50er Jahren geschah, und daß es bald schon die großen Acht der Anwaltskanzleien gibt, wie es jetzt die großen Acht der Wirtschaftsprüfungsgesellschaften gibt.

Diese wirklich imposanten, großen Anwaltskanzleien in den USA verführen viele Europäer dazu, sich gleich an die größte Anwaltskanzlei am Orte zu wenden. Doch wenn Sie nicht gerade Deutsche Bank, Krupp oder Siemens heißen, sind Sie bei diesen Rechtsanwaltsfabriken am falschen Platz. Die Gebühren sind massiv. Im Unterschied zu Deutschland werden in den USA in der Regel Stundenhonorare berechnet, unabhängig vom Streitwert. Das bedeutet, daß bei Verträgen mit niedrigem „Streitwert" eine amerikanische Rechtsberatung sehr viel teurer werden kann, als Sie dieses von Deutschland gewohnt sind. Bei großen Transaktionen dagegen ist für Sie eine Abrechnung unter einem Stundenhonorar oft sehr viel günstiger als eine entsprechende Streitwert-Vereinbarung in Deutschland.

Legen Sie auch fest, wie die Abrechnung erfolgt und welche Kosten äußerstenfalls entstehen können. Eine schriftliche Vereinbarung über die Gebühren ist der beste Schutz sowohl für Sie als auch für den Anwalt.

In New York berechnet ein Seniorpartner ohne weiteres 200 bis 300 Dollar pro Stunde, in kleineren Städten zwischen 100 und 150 Dollar. Es ist gut möglich, daß der Seniorpartner Sie zwar freundlich begrüßt, die Arbeit aber durch einen jungen Sozius erledigen läßt. Dennoch werden Ihnen eventuell die Stundenhonorare des Seniorpartners berechnet.

Die Gebühren können Ihnen sehr schnell davonlaufen. Verlangen Sie darum feste Kostenvoranschläge, damit Ihnen nicht — wie mir am Anfang meiner Investitionstätigkeit in den USA — für das dreiwöchige Aktenstudium eines Anwalts 22 000 Dollar berechnet werden.

Der überwiegende Teil der Verträge, die für den „normalen" ausländischen Anleger anfallen, der in US-Immobilien investieren will, ist so einfach, daß dieses durch einen alleine oder in einen kleinen Sozietät arbeitenden Anwalt erledigt werden kann. Es ist meistens ein Limited Partnership-Vertrag, der rein nach amerikanischem Recht geht, oder die Erstellung des „Abstracts", das heißt der Überprüfung der Eigentumsrechte bei Immobilien. Die Gebühren eines solchen allein arbeitenden Anwalts sind wesentlich geringer als die der Mammutsozietäten.

Wenn es sich allerdings um sehr komplexe Verträge handelt, die in verschiedene Rechtsgebiete eingreifen, die nicht von einem einzigen Anwalt abgedeckt werden können, dann sind Sie meistens besser bedient bei einer der größeren Kanzleien. Das ist zum Beispiel ratsam bei der Errichtung von Zweigniederlassungen in den USA oder bei der Übernahme von dortigen Unternehmen, wobei vertragliche Fragen des inner- und außeramerikanischen Rechts, der Produkthaftung, des internationalen Steuerrechts und Gewerkschaftsfragen berührt werden. Dabei Gebühren zu sparen, wäre am falschen Ort gespart.

Meiner Erfahrung nach ist es am günstigsten, mit mittleren Anwaltskanzleien mit fünf bis maximal dreißig Anwälten zusammenzuarbeiten. Da haben Sie noch einen direkten Kontakt zu einem der Seniorpartner, der Ihre Sachen auch wirklich selbst bearbeitet.

Natürlich wird in den USA immer wieder versucht, die Anwaltsgebühren zu drücken. Seit 1977 dürfen beispielsweise Anwälte in den USA durch Anzeigen werben. Seitdem sind mehr als 700 ,,Rechts-Supermärkte" gegründet worden, manche mit einem Dutzend oder mehr Filialen. Von einem Ladengeschäft aus bieten sie — nach einer Untersuchung der American Legal Clinic Association — Preise von 30 bis 35 Prozent unter denen der üblichen Anwaltssozietäten. Sie spezialisieren sich auf Massengeschäfte, wie zum Beispiel Scheidungen. Für komplizierte Verträge bei Anlagen sind sie jedoch kaum geeignet.

Es gibt auch ,,Rechtskliniken", die ein ,,Grundstückspaket" verkaufen. Der Anwalt setzt den Verkaufsvertrag auf, eröffnet und überwacht Anderkonten, hilft dem Käufer bei der Suche nach der günstigsten Finanzierung und überprüft die Hypothekenverträge. Schließlich überwacht er noch die Eigentumsübertragung und veranlaßt die Geldauszahlung an den Verkäufer. Auf Wunsch schaltet er sich sogar in die Preisverhandlungen ein.

Unabhängig vom Verkaufspreis wird dafür nur eine Pauschalgebühr berechnet. Bei einer ,,Rechtsklinik" in Los Angeles, die damit viel Furore machte, waren dieses nur 695 Dollar.

Mit diesem ,,Grundstückspaket" einer Rechtsklinik werden praktisch die gleichen Arbeiten erledigt, die sonst der Makler hätte machen müssen, der 6 bis 10 Prozent Provision, also bei einem Verkaufspreis von 100 000 Dollar immerhin einen Betrag von 6 000 bis 10 000 Dollar bekommen hätte.

Doch dadurch den Makler auszuschalten, funktioniert nur, wenn Sie selbst einen Käufer oder Verkäufer gefunden haben. Denn ein Anwalt macht diese reine Maklerarbeit nicht und hat auch gar nicht dessen Marktübersicht.

Rechtsschutzversicherungen

Bei den massiven Anwaltskosten in den USA ist sowohl für Privatanleger als auch für Unternehmer eine Rechtsschutzversicherung genauso unerläßlich wie die Haus-, Auto- und Lebensversicherung.

Für Privatleute gibt es einen Service der CIGNA, den sogenannten "On-Line-Legal-Service". Für ganze 8,75 Dollar im Monat bekommen Visa- und Mastercard- (Eurocard-) Inhaber sowohl unbegrenzte telefonische Konsultationen (wobei keine Telefongebühren erhoben werden) als auch um 25 Prozent ermäßigte Anwaltsgebühren für die anwaltlichen Bemühungen, die nicht mit telefonischen Auskünften zu erledigen sind.

Weitere Auskünfte erhalten Sie über die gebührenfreie Telefonnummer der

    CIGNA: 800-523-4816
    800-262-5212 (in Pennsylvania)

Für beide, Privatleute und Unternehmer, bietet BANKERS MULTIPLE LINE INSURANCE eine Rechtsschutzversicherung in einigen der Bundesstaaten an, zum Beispiel in Florida, Kalifornien, New Jersey, New York und Pennsylvania. Wie bei der CIGNA erhalten Sie auch da freie Telefonkonsultationen. Für alles, was darüber hinaus geht, sind Sie im Rahmen der Police bis zu dem jeweilig vereinbarten Maximalbetrag gegen die vollen Kosten versichert. Weitere Auskünfte darüber von

    BANKERS MULTIPLE LINE INSURANCE: 800-323-8392
    800-942-5194
    (in Illinois)

Zusätzliche Informationen über Rechtsschutzversicherungen können Sie auch von folgenden Organisationen einholen:

American Prepaid Legal Services Institute
750 North Lake Shore Drive
Chicago, Illinois 60611
Telefon: 312-947-3661
National Resource Center for Consumers of Legal Services
3254 Jones Court, N.W.
Washington, D.C. 20007
Telefon: 202-338-0714

Arbitrage- und Schiedsgerichte

Wegen der extrem hohen Anwaltskosten legen immer mehr amerikanische Gesellschaften in ihren Verträgen fest, daß der ordentliche Rechtsweg ausgeschlossen wird und statt dessen ein Schiedsgericht vereinbart wird. Schiedsgerichtsvereinbarungen bieten viel mehr Flexibilität und Privatsphäre als das öffentliche Gerichtssystem. Die beiden Parteien können den Richter wählen, den Zeitablauf und auch die Art von Beweisen bestimmen, die zugelassen sein sollen. Vertraulichkeit ist strikt respektiert. Weder Presse noch sonstige Zuschauer sind zugelassen.

Im Gegensatz zu den meisten Schiedsgerichten in Europa ist die Schiedsrichterei in den USA ein Geschäft für Schiedsgerichtsfirmen. Sie arrangieren das Verfahren und stellen den Schiedsrichterraum.

Typische Schiedsrichtergesellschaften sind EnDispute, Judicate oder Civicourts Inc. Zwar berechnen diese Firmen Gebühren, jedoch sind sie immer noch wesentlich billiger als der übliche Anwaltsweg. Judicate berechnet beispielsweise für ein Schiedsgerichtsverfahren eine 75-Dollar-Verwaltungsgebühr und 600 Dollar für eine dreistündige Sitzung.

Steuerberater

Genauso wie bei der Rechtsberatung gibt es auch in der Steuerberatung erhebliche Gebührenunterschiede. Wenn Sie alle kleinen Steuerfragen durch einen auf internationales Steuerrecht spezialisierten amerikanischen Steuerberater erledigen lassen, dann entstehen Ihnen unverhältnismäßig hohe Kosten. Um Ihre Buchhaltung und die Steuerunterlagen in den USA zu erledigen, gibt es verschiedene Möglichkeiten:

Die *großen Revisionsgesellschaften*, einschließlich der „Großen Acht", sind vor allem ausgerichtet auf die Tätigkeit für große Firmen einschließlich Abschlüssen und Abschlußprüfungen. Sie sind sehr oft gar nicht ausgebildet oder organisatorisch dafür eingerichtet, mit einem vertretbaren Zeitaufwand die Arbeiten für Familienholdings oder Privatinvestoren durchzuführen. Diese teuren Firmen dafür zu benutzen, heißt, mit einer Kanone auf Spatzen zu schießen.

Treasury Card Holders sind die von der IRS, der Bundesfinanzbehörde, lizenzierten Steuerberater. Vermeiden Sie diese, denn da sie mit ihrer Lizenz vom IRS abhängen, sind sie nur zu oft Erfüllungsgehilfen für das Finanzamt. Sie brauchen zwar einen korrekten Steuerberater, aber niemanden, der nicht alle legalen Möglichkeiten für Sie ausschöpft.

Tax Services sind die jetzt wie Pilze aus dem Boden schießenden Steuerberatungsdienste für Laufkundschaft. Sie sind nur auf eines spezialisiert: das 08/15-Ausfüllen der Formulare 1040 und Schedule A. Für Sie als ausländischen Anleger nicht zu gebrauchen.

Was bleibt dann übrig? Lassen Sie Ihre Buchhaltung und das Zusammenstellen der Steuerunterlagen durch Tax Accountants oder Tax Consultants machen, die nicht unbedingt CPA's (Certified Public Accountants) sein müssen. Dafür bezahlen Sie die Stunde zwischen 20 und 40 Dollar.

Mit diesen vorbereiteten Unterlagen gehen Sie dann zu einem US-Steuerberater, der auf die Probleme ausländischer Anleger spezialisiert ist. Lassen Sie ihn die Steuererklärungen ausfüllen und Ihrem Tax Accountant die Anweisungen dafür geben. Das ist dann eine Sache von wenigen Stunden, und für die bezahlen Sie, je nach Stadt, zwischen 80 und 200 Dollar pro Stunde.

Anonymitätswahrung in den USA

Eine finanzielle Privatsphäre in den USA zu behalten ist wichtig, aber schwierig

Ernst-Uwe Winteler

Der Wunsch nach Anonymität wird in den letzten Jahren zunehmend ausgelegt als Hinweis darauf, daß man Illegales mit seinem Geld vorhat. Dabei ist es meistens nichts anderes als der Versuch, sich eine finanzielle Privatsphäre zu schaffen, die erstens keinen Neid erregt und zweitens vor staatlichen Zugriffen schützt. Und zwar vor Zugriffen des eigenen Staates in Form von Devisenrestriktionen oder Repatriierungspflichten bei Auslandsvermögen als auch vor Zugriffen fremder Staaten, wie zum Beispiel Beschlagnahmen oder Einfrieren ausländischer Vermögen auf Grund wirtschaftspolitischer Sanktionen.

Das Eindringen des Staates in die finanzielle Privatsphäre der Bürger ist in den europäischen Staaten sehr unterschiedlich. Was ein schwedischer Bürger noch ohne weiteres hinnimmt, würde einen Schweizer auf die Barrikaden treiben. Dabei ist der geradezu an Orwells „1984" erinnernde Verlust der Privatsphäre zumindest im finanziellen Bereich in den USA sogar noch ausgeprägter als in den meisten europäischen Staaten. In den USA ist die Computerisierung nicht nur weiter vorangetrieben, sondern die Explosion des „Plastik-Geldes", das heißt, der Kreditkarten, hat auch dazu geführt, daß eine unglaubliche Anzahl von finanziellen Informationen über den US-Bürger gespeichert ist. Hinzu kommt eine Gesetzgebung, die auch für Europäer als Menetekel dienen kann:

a) Alle Schecks ab 100 Dollar werden von den Banken kopiert zur Benutzung durch US-Bundesstellen. Da es zu umständlich ist, erst die Schecks unter 100 Dollar auszusortieren, werden meistens sämtliche Schecks kopiert.

b) Alle persönlichen oder firmengebundenen Überweisungen ab 10 000 Dollar werden automatisch von den Banken an das US-Schatzamt gemeldet.

c) Alle Ein- und Ausfuhren von mehr als 5 000 Dollar müssen deklariert werden.

d) Alle ausländischen Bankkonten und Trusts müssen deklariert werden.

Diese Macht der amerikanischen Finanzbehörden, in die finanzielle Privatsphäre der US-Bürger einzudringen, geht bis auf die Tage der amerikanischen Prohibition zurück. Al Capone wurde ja bekanntlich nicht wegen seiner Morde oder anderer Untaten verurteilt, sondern wegen Steuervergehen.

Nur 6 Jahre lang — von 1976 bis 1982 — gab es einen Schutz der finanziellen Privatsphäre. Und zwar auf Grund des „Privacy Reform Act of 1976", des Geheimnisschutzgesetzes von 1976, das als Reaktion auf die Watergate-Affaire verabschiedet wurde.

Mit Reagans Steuerreform wurde zwar auf der einen Seite eine Steuerermäßigung gewährt, auf der anderen Seite aber der Geheimnisschutz unter dem 1976er Gesetz wieder abgebaut. Amerikanische Behörden, sei es auf Bundes-, Bundesstaaten- oder Kommunalebene, können jetzt ohne Schwierigkeiten an die Steuerunterlagen eines in Amerika Steuerpflichtigen herankommen und steuerlich relevante Informationen von Dritten, zum Beispiel von Banken und Gläubigern, einsammeln. Diese weitere Aufweichung der Privatsphäre wird mit der Verfolgung des organisierten Verbrechens, einschließlich des Drogenhandels, begründet und mit der Notwendigkeit, Steuerhinterziehung weitestmöglich zu unterbinden, um das Bundesbudget zu reduzieren. Hier einige Beispiele, wohin dieser neue Trend geht:

1. Die Reagan-Administration stellt 5 000 weitere Steuerfahnder ein und überträgt der IRS, der Bundesfinanzbehörde, mehr Vollmachten bei der Computerüberwachung von Bank- und Maklerkonten.

2. Die 100-Dollar-Noten sollen abgeschafft werden. Die steuerhinterziehende „Underground Economy", die Schattenwirtschaft (Schwarzarbeit und so weiter) soll damit getroffen werden.

3. Es sind Bestrebungen im Gange, alle Inhaberobligationen (US-Schatzamt, Kommunal- und Firmenobligationen) auslaufen zu lassen und nur noch Namensobligationen zuzulassen.

4. Edelmetallhändler werden stärker überwacht. Käufe und Verkäufe von Goldmünzen müssen registriert werden.

5. Die verschiedenen US-Bundesbehörden haben insgesamt 3,5 Milliarden Akten über US-Bürger und Ansässige gespeichert, das heißt, durchschnittlich 15 Akten oder Eintragungen über jede einzelne Person. Hier eine Aufstellung, die auf Angaben des Office of Management and Budget und des USN & WR basiert:

US Government Files on People

Department of Education and Health and Human Services	1 033 999 891
Department of Treasury	780 196 929
Department of Commerce	431 427 589
Department of Defense	333 951 949
Department of Justice	201 474 342
Department of State	110 809 198
Department of Agriculture	33 727 730
Copyright Office	28 408 366
Department of Transportation	24 023 142
Federal Communications Commission	20 870 078
Department of Housing and Urban Development	20 340 642
Department of Labor	16 785 015
Department of Interior	16 708 016
Office of Personnel Management	16 016 779
Department of Energy	8 929 999
Executive Office of the President	30 655
All other federal agencies	452 043 345
Grand total	3 529 743 665

Die verschiedenen Behörden tauschen diese computerisierten Angaben untereinander aus. Die Reagan-Administration dringt darauf, daß die Steuerakten der IRS ohne Einschränkungen den anderen Bundesbehörden zugänglich sind.

6. Amerikanische Bank- und Kreditkartenunterlagen sind praktisch ein offenes Buch für die Regierung. Eine kürzliche Untersuchung hat ergeben, daß 79 Prozent der Banken, 47 Prozent aller Versicherungsgesellschaften und 58 Prozent der anderen großen Geldhändler, zum Beispiel Makler, der US-Regierung mehr Informationen geben als an sich unter dem Gesetz vorgesehen. Wenn das „Electronic-Funds-Transfer"-System erst voll eingeführt wird und 100-Dollar-Noten, Inhaberobligationen und andere „spurenlose" Anlagen abgeschafft sind, ist die „perfekte" bargeldlose, leicht zu überwachende Gesellschaft geschaffen.

Dieses Eindringen in die finanzielle Privatsphäre macht sogar den Amerikanern Angst vor ihren eigenen Banken. Die berüchtigte US-Tradition, den Wirkungsbereich der US-Gesetze auch außerhalb der USA durchzudrücken, ist ja nicht nur auf Irankrise und das Pipeline-Embargo begrenzt. Auch der US-Fiskus fängt damit an.

Die amerikanischen Steuerbehörden verlangen nämlich von den Auslandstöchtern amerikanischer Banken zunehmend Einblick in die Auslandskonten amerikanischer Staatsbürger und Firmen. Das widerspricht zwar dem Bankgeheimnis der betreffenden Länder, aber das stört die amerikanischen Steuerfahnder wenig. Resultat: Amerikanische Bürger, die Auslandskonten haben, vermeiden zunehmend, sich mit ihren eigenen Banken einzulassen. Statt dessen gehen sie zu Banken, die keine Mütter in den USA haben.

In Luxemburg haben in letzter Zeit amerikanische Großbanken gelegentlich größere Privatkonten amerikanischer Bürger an Banken aus anderen Ländern, die auch am Luxemburger Platz vertreten sind, „abgetreten", da sich die amerikanischen Kunden bei der US-Banktochter nicht mehr sicher fühlten.

Eine Schlußfolgerung daraus: Versuchen Sie nie, in den USA am Finanzamt vorbeizuoperieren oder darauf zu vertrauen, daß das, was das US-Finanzamt weiß, nicht auch Ihr deutsches Finanzamt erfährt.

Vor einigen Jahren erschien ein großer Artikel im „Spiegel" über deutsche Investitionen in den USA. Da standen einige Sätze drin, wie etwa, daß „Deutsche mit Koffern voller Geld und auf sonstigen abenteuerlichen Wegen versuchen, ihre Gelder mit Anlagen in den USA zielsicher am Finanzamt vorbeizuschleusen".

Ich hoffe, daß der „Spiegel" sonst bei anderen Sachen besser recherchiert. Denn was in diesem Artikel beschrieben wird, ist Blödsinn. Das wäre nicht mehr abenteuerlich, sondern selbstmörderisch. Das fängt an mit dem Koffer voller Geld nach Amerika. Unsinn. In den USA müssen Sie — wie auf den vorigen Seiten erklärt — alle Ein- und Ausfuhren von Bargeld und anderen gleichwertigen monetären Instrumenten über 5 000 Dollar beim Zoll deklarieren. Wenn Sie es nicht tun und erwischt werden, ist sowohl Ihr Koffer voller Geld weg als auch Haft- und Geldstrafen fällig.

Und in Amerika „Geld am Finanzamt vorbeizuschleusen", ist auch sonst nicht drin. Eine Immobilienanlage in den USA zu machen, entgeht genausowenig dem amerikanischen Finanzamt wie eine deutsche Immobilienanlage dem deutschen Finanzamt. Genau das gleiche gilt für Anlagen bei mobilem Vermögen, beispielsweise Aktien. Wenn Ihr Name bei einem amerikanischen Makler gespeichert ist, dann ist er auch den amerikanischen Finanzbehörden zugänglich — auch wenn dieser amerikanische Makler seine Büros in Europa hat. Wenn Sie irgendwelche Zinsen bekommen, dann werden diese gespeichert und dem deutschen Finanzamt mitgeteilt. Der Steuerinformationsaustausch zwischen den USA und der Bundesrepublik Deutschland funktioniert blendend. Darüber später noch mehr in diesem Buch.

Einige der wenigen Möglichkeiten, um in den USA mit Anlagen anonym zu bleiben, ist es, Steueroasenfirmen zu benutzen. Und dabei wird nicht „am Finanzamt vorbeigeschleust", sondern dabei werden die ganz legalen Vorteile ausgenutzt, die Ausländer und damit auch ausländische Oasenfirmen in Amerika haben. Dabei werden beispielsweise ganz legal Doppelbesteuerungsabkommen der USA ausgenutzt, wodurch Quellensteuern auf Dividenden verhindert werden, oder Darlehenszinsen steuergünstig aus den USA herauszubekommen sind. Das ist der ganz legale Trick, wie man als nicht dort ansässiger Ausländer einen Teil der amerikanischen Gewinne steuerfrei lassen kann.

Wenn Sie also in den USA anlegen wollen und sich nicht über die Schulter schauen lassen wollen, dann geht das nicht, indem irgend etwas Illegales am amerikanischen Finanzamt vorbeigeschleust wird, sondern indem Sie sich einiger Umwege, zum Beispiel über Steueroasen, bedienen. Da weiß das Finanzamt zwar, daß es sich um eine Steueroase handelt, aber nicht, wer dahintersteht. Wenn Sie sich näher informieren wollen über die Möglichkeiten von Steueroasen, dann muß ich einmal Werbung für meine eigenen Bücher betreiben, nämlich Sie auf das ebenfalls im Gabler Verlag erscheinende Buch ,,Die 50 Steueroasen — Bankgeheimnis, Vermögenssicherung, Renditechancen" hinweisen.

Eine weitere, sehr interessante Möglichkeit, eine weitgehende finanzielle Anonymität zu bewahren, ist der angelsächsische Trust.

Der angelsächsische Trust

Wenn man beruflich damit beschäftigt ist, Vermögen abzusichern, dann kann man sich ein Idealgebilde vorstellen: Man müßte das auf dem amerikanischen Kontinent angelegte Vermögen durch eine kanadische Bank halten lassen, denn es ist ziemlich unwahrscheinlich, daß Kanada jemals Krieg gegen die USA führen würde. Das Vermögen sollte außerdem nicht wie ein Konto im Namen des Kontoinhabers gehalten werden, sondern möglichst als Eigentum der Bank erscheinen. Dennoch sollte man vollkommene Kontrolle über das Vermögen haben. Bei finanziellen Problemen der Bank müßte das Vermögen aus der Konkursmasse ausgesondert sein.

Damit hätte man sich sowohl gegen jegliche Feindhandelsklausel geschützt — die im nächsten Kapitel beschrieben wird — als auch die meisten Erbschaftsteuerprobleme beseitigt.

Genau dieses Idealgebilde gibt es, nämlich den im angelsächsischen Rechtsbereich bekannten Trust. Um Mißverständnissen vorzubeugen: Dieser angelsächsische Trust hat praktisch nichts mit dem liechtensteinischen Treuunternehmen, das auch manchmal „Trust" genannt wird, zu tun. Im angelsächsischen Common Law, dem aus Richterentscheidungen gewachsenen Recht, ist der Trust verankert als eine sehr perfekte Abschirmung der finanziellen Privatsphäre mit sehr großen Sicherheitsvorkehrungen und Sorgfaltsanforderungen an den Treuhänder.

Da diese Form der vertraglichen Vermögensüberschreibung und -verwaltung bei kontinentaleuropäischen Anlegern wenig bekannt ist, sollen zunächst einmal die dabei üblichen Ausdrücke definiert werden:

Der *Treugeber*	(englisch: Creator, Grantor, Donor, Settlor oder Trustor) ist eine Person oder Gruppe von Personen, die
dem *Treuhänder*	(englisch: Trustee), das heißt, einer anderen Person oder Gruppe von Personen
das *Treuvermögen*	(englisch: Trust Fund, Trust Property), also Geld oder Vermögenswerte zur Verwaltung anvertraut und zwar zu Gunsten
des *Begünstigten*	(englisch: Beneficiary), das heißt, einem oder mehreren Dritten. Diese Nutznießer können gegebenenfalls mit dem Treugeber identisch sein.

Der Trust wird normalerweise schriftlich errichtet. In der *Treuhandurkunde* (englisch: Trust Document) wird genau festgelegt, in welcher Form der Treuhänder das Treuvermögen zu verwalten hat.

Der Trust wird errichtet

a) *durch Übertragung während Lebzeiten,* (englisch: Living Trust oder Intervivos Trust), das heißt, er wird in Kraft gesetzt, während der Treugeber noch lebt und wird dann über dessen Tod hinaus fortgesetzt. Statt dessen kann der Trust auch errichtet werden durch

b) *Übertragung nach dem Tode des Treugebers auf Grund eines Testamentes.* Das ist der sogenannte *Nachlaßtrust* (englisch: Testamentary Trust).

Der Sinn eines Trusts ist es normalerweise, für die Ehefrau, Kinder oder Enkel vorzusorgen, falls der Verdiener stirbt oder erwerbsunfähig wird. Mit dem Trust soll erreicht werden, daß ein wirklich kompetenter Vermögensverwalter die Vermögenswerte, also das Treuhandvermögen, nach den Wünschen des Treugebers zugunsten von Personen verwaltet, die dem Treugeber nahestehen, egal, ob diese minderjährig oder erwachsen sind und ob sie zur Familie gehören oder nicht.

Anders als bei normalen Verträgen kann ein Treugeber, der einmal einen Trust errichtet hat, strenggenommen keinen weiteren Einfluß auf das Treuvermögen oder auf den Treuhänder ausüben. Der Treuhänder hat sich lediglich genau an die Treuhänderurkunde zu halten, und auch der Treugeber unterliegt dabei den von ihm selbst festgelegten Richtlinien für die Nutznießung und Verwaltung des Vermögens.

Sowohl die Begünstigten — obwohl diese ja den Trust selber gar nicht errichtet haben — als auch der Treugeber können jederzeit die Befolgung des Treuhandvertrages durchsetzen. Jede Handlung des Treuhänders, die nicht durch den Treuhandvertrag oder die Trustgesetze gedeckt ist, kann zu Schadensersatzforderungen der Begünstigten oder des Treugebers führen.

Die Tatsache, daß man als Treugeber noch zu Lebzeiten die Verfügungsgewalt über große Teile seines Vermögens abgibt, ohne, strenggenommen, weiterhin Einfluß darauf zu haben, läßt viele auf den ersten Blick vor dem Trust zurückscheuen.

Dieses erscheint zwar als ein erheblicher Nachteil beim Gebrauch von Trusts, ist jedoch praktisch keiner. Schließlich wird der Treugeber nur einen Treuhänder auswählen, von dem er weiß, daß er die gleiche „Wellenlänge" hat. Warum sollte auch ein Treuhänder einen Trust in einer Art und Weise verwalten, von der er weiß, daß dieses nicht den Wünschen des Treugebers oder der Begünstigten entspricht? Da er nicht von den Vermögenswerten profitiert (außer seiner Treuhandgebühr), gibt es keine Veranlassung für ihn, auf einen Kollisionskurs mit dem Treugeber beziehungsweise Begünstigten zu gehen.

Üblicherweise wird der Treuhänder sogar Vorschläge vom Treugeber und Begünstigten gerne akzeptieren. Sehr oft senden deshalb Treugeber beziehungsweise Begünstigte einen „Wunschzettel" (englisch: Memorandum of Wishes) an den Treuhänder, um diesen bei seinen Entscheidungen zu leiten. Sofern diese Wünsche nicht illegal sind, wird der Treuhänder sich bemühen, seinen Ruf als kooperationsbereiter Treuhandverwalter zu bewahren. Schließlich gibt es auch noch andere Treuhandfirmen, und er kann es sich kaum erlauben, daß seine Kunden dorthin abwandern.

Falls Sie an der Errichtung eines Trusts interessiert sind, jedoch Befürchtungen wegen dieser alleinverantwortlichen Tätigkeit des Treuhänders haben oder sich nicht ganz so sicher sind, daß sich Ihre Ansicht über die Verteilung und Verwaltung von Vermögenswerten nicht in einigen Jahren ändert, so stehen Ihnen drei Wege offen:

1. Sie könnten einen **unwiderruflichen Trust** (englisch: Irrevocable Trust) schaffen, aber diesen auf einen gewissen Zeitraum begrenzen, nach dessen Ablauf die Verfügungsgewalt wieder an Sie zurückfällt.

2. Sie könnten von vornherein einen **widerruflichen Trust** (englisch: Revocable Trust) errichten, auf Grund dessen Sie jederzeit die Treuhandurkunde ändern beziehungsweise die Vermögenswerte zurückverlangen können.

3. Unter den Gesetzen einiger Länder, die als Domizil für den Trust geeignet sind, kann dem Treuhänder auch ein Mit-Treuhänder (Protector oder Appointor) zur Seite gestellt werden. Die Bank

braucht dann vor jeder Anlageentscheidung die schriftliche Zustimmung dieses Mit-Treuhänders. Das können entweder Sie selber sein oder eine von Ihnen ausgewählte Vertrauensperson, die sich genau nach Ihren Weisungen richtet. Damit kann die Bank nur noch das mit Ihrem Geld machen, was Sie wünschen. Dennoch sieht es Dritten gegenüber wie das Vermögen der Bank aus.

Für den Fall, daß Sie sterben, ist schon von vornherein ein anderer Mit-Treuhänder ernannt, der dann der Bank die Zustimmung gibt. Das können zum Beispiel Ihre Frau oder Ihre Kinder sein.

Für den Fall, daß Sie aus irgendeinem Grund geschäftsunfähig sind oder sich längere Zeit nicht melden sollten, können Sie vorsehen, daß in diesem Fall — und nur in diesem Fall — die Treuhänderin Ihr Vermögen selbständig verwaltet und außerdem von Ihnen bereits ernannte andere Mit-Treuhänder als Ihre Nachfolger benachrichtigt. Für die Verwaltung des Treuhandvermögens kommen dann die schärfsten Treuhandvorschriften in Anwendung, die das angelsächsische Recht kennt.

Sehr günstig ist es, wenn Sie beispielsweise Ihr Vermögen der Treuhandtochter einer kanadischen Bank in einer Steueroase übertragen, damit dort die Erträge aus dem Vermögen möglichst steuergünstig angesammelt und wieder angelegt werden können. Auch für den Fall, daß die Sicherheit Ihres Vermögens in der Steueroase durch eine neue Steuergesetzgebung oder politische oder kriegerische Wirren gefährdet wäre, können Sie schon vorsorgen: Für diesen Fall erhalten Sie von vornherein ein von allen Parteien unterzeichnetes Dokument, mit dem Sie die Verfügungsgewalt über die Vermögenswerte durch einfache Nachricht an eine neue Treuhänderin in ein anderes Land verlegen können.

Wichtig dabei ist, daß die Vermögenswerte zwar von einer Steueroase aus steuergünstig verwaltet werden, aber — seien es nun Aktien, Gold oder Festgeldkonten — nie physisch selber in der Steueroase gehalten werden. Statt dessen sollten sie in den USA, Kanada oder in anderen Ländern aufbewahrt werden. Die neuen Treuhänder können also einfach übernehmen und weiterführen, egal, was mit dem ehemaligen

Treuhänder passiert. Das gesamte Treuhandvermögen, das davor Eigentum der einen Treuhänderin war, ist jetzt übergegangen auf die neue Treuhänderin.

Wenn Sie im angelsächsischen Raum Vermögen haben, das eine gewisse Grenze überschreitet, lohnt es sich in jedem Falle, an solch einen Trust zu denken, der dann natürlich nach Ihren Wünschen „maßgeschneidert" sein sollte. Die einmalige Errichtungsgebühr von etwa 1 000 Dollar und die Jahresgebühr von einem viertel bis halben Prozent der Vermögenswerte ist ein nicht zu hoher Preis für die Sicherheit, die schnelle Verfügbarkeit und die sonstigen Vorteile — gar nicht zu reden von der Ersparnis der ausländischen Erbschaftsteuern.

Bei einem solchen Trust besteht allerdings die Gefahr, daß Sie mit dem deutschen Steuerrecht in Konflikt kommen. Wenn der Trust widerruflich ist, werden Ihnen die Erträge aus dem Trust "hinzurechnungsbesteuert", als ob sie nicht im Trust angesammelt, sondern effektiv an Sie ausgeschüttet wurden. Ist der Trust dagegen unwiderruflich, dann fällt unter Umständen die deutsche Schenkungsteuer an. Ein derartiges Trust-Konzept muß deshalb — wenn Sie der deutschen Steuerpflicht unterliegen — in Abstimmung mit einem Außensteuerexperten errichtet werden.

Es könnte auch eine Art „Notfall"- oder „Stand-by"-Trust gebildet werden, der erst bei Eintritt gewisser Ereignisse, zum Beispiel politischer Art, wirksam wird. Ein derartiger „Stand-by" -Trust dürfte keinerlei gegenteilige deutsche Steuerkonsequenzen haben, bis dieser Notfall tatsächlich eintrifft. Doch in diesem Falle wären ungünstige deutsche Steuerkonsequenzen wohl von völlig untergeordneter Bedeutung.

Die US-Feindhandelsklausel

Wie können Sie das Risiko der US-Feindhandelsklausel weitgehend ausschalten?

Ernst-Uwe Winteler

Manche Deutsche sind — sofern sie schon als Erwachsene den letzten Weltkrieg erlebt haben — gebrannte Kinder, was Auslandsvermögen angeht. Die Amerikaner wandten den „Trading with the Enemy Act", die sogenannte Feindhandelsklausel, an. Deutsches Vermögen wurde während des zweiten Weltkrieges enteignet. Auch andere Länder, wie zum Beispiel Kanada oder die Schweiz, beugten sich teilweise dem amerikanischen Einfluß und blockierten zumindest für einige Zeit deutsches Vermögen.

Pazifismus und zunehmende Anti-Amerika-Einstellung in der Bundesrepublik Deutschland läßt viele Deutsche nun fürchten, daß sie wieder einmal in einem Konfliktfall auf der falschen Seite stehen.

Wie können nun diese Gefahren unter der Feindhandelsklausel ausgeschaltet oder wenigstens vermindert werden, und was droht überhaupt unter dieser Feindhandelsklausel?

Der „Trading with the Enemy Act" (aus dem Jahre 1917) überträgt dem amerikanischen Präsidenten — auf Grund Artikel 1 der Verfassung — weitreichende Befugnisse in Kriegszeiten oder im Falle eines vom Präsidenten erklärten nationalen Notstandes. Der Präsident kann diesen Notstand erklären und das Gesetz anwenden, auch bevor etwa ein Krieg ausgebrochen ist.

Als zweites gibt es den „Emergency Powers Act", das wirtschaftliche Notstandsgesetz.

Im zweiten Weltkrieg wurden beide Maßnahmen angewandt:

a) *Das Einfrieren* ausländischer Vermögenswerte nach dem Notstandsgesetz. Dieses passierte im zweiten Weltkrieg den Einwohnern der von Deutschland und Italien besetzten Gebiete. Solange sie in diesen besetzten Gebieten lebten, konnten sie nicht über ihr in den USA gelegenes Vermögen verfügen. Wenn sie es schafften, in die USA zu fliehen, dann konnten sie die Erträge aus ihren Vermögen in den USA verbrauchen. Nach dem Kriege wurde das Vermögen dann wieder freigegeben, allerdings war der Weg zur Freigabe in vielen Fällen lang und umständlich.

b) *Die Enteignung ausländischer Vermögenswerte nach der Feindhandelsklausel.* Dieses passierte den deutschen Vermögen (und zwar sowohl denen von natürlichen als auch von juristischen Personen) während des zweiten Weltkrieges. Der Begriff des „Feindes" umfaßte dabei nach Artikel 2 der Feindhandelsklausel nicht nur die Regierung und die Einwohner des feindlichen Landes, sondern auch alle Vermögenswerte und Rechtseinheiten, die mit dem Feind oder mit dem vom Feind besetzten Gebiet in Verbindung standen.

Selbst amerikanische Gesellschaften, die in dem Verdacht standen, von Angehörigen des Feindlandes beherrscht zu sein, mußten Auskünfte geben über ihre Vorstandsmitglieder, Direktoren und Aktionäre. Vermögenswerte von Angehörigen des Feindlandes wurden dann nach 1940 eingefroren und nach Kriegseintritt der USA 1941 beschlagnahmt. Nach Ende des Weltkrieges wurden diese Vermögenswerte nicht zurückgegeben, es sei denn, es handelte sich nachweislich zwar um Einwohner oder Bürger des Feindlandes, aber um Verfolgte des damaligen Regimes.

Auf Grund dieser Feindhandelsklausel und der vergangenen Erfahrungen stellen sich natürlich viele Anleger die Frage, wie Eigentum und Vermögen bewahrt werden können, wenn Europa in kriegerische Vorgänge oder einen politischen Umsturz verwickelt würde.

Denkbar ist es, daß in einem Konfliktfall zunächst einmal sämtliches Vermögen von Ausländern in den USA eingefroren wird, bis — in

Umdrehung der Beweislast — der Eigentümer beweist, daß er nicht zu den Feinden der USA in dem betreffenden Konflikt gehört. Da der „Trading with the Enemy Act" in einem Konfliktfall sicherlich auch in anderen Ländern Schule machen wird, sind diese Einfrier- und Enteignungsgefahren keineswegs nur auf die USA begrenzt. Sie sollten sich deswegen dagegen schützen bei allen Anlagen irgendwo anders in der Welt. Dabei lösen Sie auch gleichzeitig zwei weitere Probleme, die jeden Investor interessieren und die gar nichts mit dem Anlageland zu tun haben, nämlich

a) die *Repatriierungspflicht*. Eine Repatriierungspflicht bedeutet, daß Sie, zum Beispiel auf Grund von immerhin denkbaren deutschen Devisenrestriktionen, bei Strafandrohung verpflichtet werden, Ihr gesamtes Auslandsvermögen aufzulösen und nach Deutschland zurückzubringen. Eine absolute Anonymität schützt Sie sowohl vor einer Feindhandelsklausel eines fremden Staates als auch vor der Repatriierungspflicht. Denn wenn ein Staat nicht weiß, daß Sie draußen etwas haben, dann kann er auch nicht erzwingen, daß Sie es zurückholen.

b) *Ausländische Erbschaftsteuern*. Bei Auslandsimmobilien, die unter Ihrem eigenen Namen eingetragen sind, müssen Ihre Erben praktisch immer Erbschaftsteuern für das in dem betreffenden Land gelegene Vermögen zahlen (Belegenheitsprinzip). Wird dieses Immobilienvermögen dagegen über die unten geschilderten Firmenkonstruktionen gehalten, dann entfallen diese Erbschaftsteuern in dem Anlageland.

Die Firmenkonstruktionen, die weiter unten als „dritte Abwehrmöglichkeit" gegen eine Enteignungsgefahr geschildert werden, gelten also zum großen Teil grundsätzlich für alle Anlagen, egal wo.

Zunächst einmal zu der relativ leicht abzuwehrenden

Einfriergefahr: Hier gibt es — zumindest in den USA — eine "klassische" Möglichkeit, das zu vermeiden, nämlich ein sogenannter „Stand-by"-Trust. Dieser wird dann benutzt, wenn ein vorher in einem Treuhanddokument festgelegter Fall eintritt, der die Gefahr eines Einfrierens der Vermögenswerte in sich birgt. In diesem Fall wird das gesamte Vermögen auf US-amerikanische Treuhänder übertragen, die es dann während des ganzen Konfliktes für den tatsächlichen Eigentümer verwalten und später wieder an ihn zurückgeben.

Derartige „Stand-by"-Trusts haben sehr viele Anlagegesellschaften für Anlagen in den USA in ihren Statuten vorgesehen, mit sogenannten „Notfallklauseln" oder wie immer es bezeichnet wird.

Dieser „Stand-by"-Trust löst jedoch nicht das Problem einer Enteignung, falls der Anleger in einem Land leben sollte, welches tatsächlich als Feindstaat betrachtet wird. Das ist auch mit solchen Anlageklauseln, wie sie bei den Anlagegesellschaften üblich sind, gar nicht zu lösen. Der Grund: Wegen der Nationalität der Anlagegesellschaft und wegen der Vielfalt der Anleger ist es gar nicht zu vermeiden, daß das Anlageland weiß, daß ganz oder mehrheitlich zum Beispiel Deutsche die Anleger sind. Nur alleine, als Direktanleger, können Sie anonym bleiben und sich damit weitgehend vor der

Enteignungsgefahr schützen. Und zwar durch drei Abwehrmöglichkeiten:

1. Abwehrmöglichkeit: In einem Konfliktfall, der eine Enteignung auslösen würde, übertragen Sie das gesamte Vermögen an einen amerikanischen Staatsbürger. Dabei dürfen Sie jedoch keinerlei Vereinbarungen bezüglich einer späteren Rückgabe treffen. Es ist also keine treuhänderische, sondern eine endgültige Übertragung. Sie können dann nur hoffen, daß derjenige, dem Sie das Vermögen übertragen haben, absolut honorig ist und Ihnen das Vermögen freiwillig wieder zurücküberträgt, wenn der Konflikt ausgestanden und die Gefahr der Enteignung vorbei ist. Zwingen können Sie ihn nicht dazu. Manche Deutsche haben mit dieser Methode im letzten Krieg gute Erfahrungen gemacht, andere natürlich auch sehr schlechte.

Wenn Sie nicht einen Familienangehörigen in den USA haben oder jemand anderem dort absolut vertrauen können, dann meine ich, daß diese Übertragung nur der absolut letzte Weg wäre, den Sie beschreiten sollten.

2. Abwehrmöglichkeit: Dieses ist ziemlich todsicher: Nehmen Sie die Staatsangehörigkeit eines Landes an, mit dem aller Wahrscheinlichkeit nach weder die USA noch ein anderes Land, in dem Sie Anlagen haben, jemals Krieg führen würde, zum Beispiel Kanada. Das ist viel einfacher als die US-Staatsbürgerschaft (auf Grund derer Sie, egal, wo Sie wohnen, immer in den USA steuerpflichtig wären).

Aber es ist natürlich nicht jedermanns Sache, nur wegen einiger Anlagen und einem hoffentlich nie kommenden Fall X die Staatsbürgerschaft zu wechseln. Deshalb gehe ich hierauf nicht weiter ein.

3. Abwehrmöglichkeit: Halten Sie Ihre Anlagen von vornherein so anonym, daß gar nicht erst der Verdacht aufkommen kann, daß überhaupt ein Deutscher dahintersteht. Das geht natürlich nur über einige Firmenkonstruktionen, und dabei müssen Sie den Kardinalfehler vermeiden, sich selbst oder Angehörige von anderen Staaten, die vielleicht einmal in die Rolle des „Feindes" kommen könnten, irgendwo in den Firmenketten als Direktoren oder Präsidenten einzusetzen. Die Direktoren, die Sie einsetzen, brauchen auch nicht eingeweiht zu sein, wer der tatsächliche Eigentümer ist.

Wenn Sie es nicht gleich von Anfang an richtig gemacht haben, sondern schon bereits getätigte Anlagen umbauen wollen, dann muß dieses wirklich nach einem richtigen Verkauf Ihrer Anlage an eine andere Gesellschaft aussehen und nicht nach einer offensichtlichen Umschichtung des Vermögens. Hier ein paar Beispiele aus der Beratungspraxis, wie so etwas weitestgehend gelöst werden kann. Die Einschränkung „weitestgehend" deshalb, weil eine hundertprozentige Garantie dafür, daß im Ernstfall alles ohne Schwierigkeiten klappt, von niemandem abgegeben werden kann:

Für bewegliches Anlagevermögen: Errichten Sie einen Trust in einer Steueroase mit absolutem Bankgeheimnis. Dieser Trust sollte in einem politisch stabilen, neutralen Land gegründet werden, außerhalb der Grenzen der Vereinigten Staaten und eines möglicherweise aggressiven Landes. Siehe hierzu das vorige Kapitel mit den Ausführungen über den angelsächsischen Trust.

Immobilienvermögen in den USA: Erwerben Sie Ihr US-Immobilienvermögen nicht direkt, sondern über eine Steueroasengesellschaft, die Inhaber-Aktien ausgibt. Auch dieses wieder in einem politisch stabilen, neutralen Land und nicht in den USA oder in einem Land, das gegebenenfalls Aggressor sein könnte. Errichten Sie einen Trust und bringen Sie die Aktien dieser Immobilien-Holding in den Trust ein. Bei US-Immobilien wird zur Sicherstellung des US-Fiskus bei späteren Veräußerungsgewinnen eine Quellensteuer einbehalten, die mit der tatsächlichen Steuer verrechnet werden kann.

Für landwirtschaftliches Land muß noch das amerikanische AFIDA-Gesetz beachtet werden. Dieses Gesetz erlaubt es den US-amerikanischen Regierungsstellen, bis ins dritte Firmenglied nachzufragen, wer der tatsächliche Eigentümer ist. Die billigste Lösung für dieses Problem ist deshalb, einfach vor die oben erwähnte Steueroasen-Gesellschaft noch zwei US-Corporations vorzuschalten. Diese sind viel billiger zu gründen und zu unterhalten als jede andere Steueroasen-Firma.

Mit diesen Konstruktionen erreichen Sie einen hohen Grad an Sicherheit, daß Sie nicht von einer Feindhandelsklausel betroffen werden. Selbst wenn Nachforschungen in Ihrem speziellen Fall angestellt würden, dann gibt Ihnen diese Verschachtelung noch genügend Zeit, um entweder einen Treuhänder in einem Land zu finden, das unter der Feindhandelsklausel unschädlich ist, oder um sich in einem solchen Land anzusiedeln oder dort eine Gesellschaft zu gründen.

Während ich bei beweglichem Anlagevermögen uneingeschränkt dazu raten kann, die finanzielle Privatsphäre mit einem Trust oder mit einer Steueroasen zu erreichen, so ist diese Empfehlung bei Immobilienvermögen allerdings mit erheblichen Nachteilen verbunden.

Einmal ganz abgesehen von den deutschen Steuerfolgen bei Benutzung einer Steueroase (Hinzurechnungsbesteuerung) ändert das Halten einer US-Immobilie über eine Steueroasengesellschaft auch nichts an der amerikanischen Besteuerung. Da gilt das Belegenheitsprinzip: Die USA haben, weil bei ihnen das Grundstück belegen ist, die Steuerhoheit. Früher, das heißt vor 1980, war es möglich, mittels einer

Steueroase die US-Veräußerungsgewinnsteuer zu vermeiden. Das ist seit der Steuerreform von 1980 nicht mehr möglich.

Steuerlich interessanter ist es deshalb meistens, unter dem Doppelbesteuerungsabkommen Deutschland — USA direkt als natürliche Person in US-Immobilien anzulegen statt über eine Kapitalgesellschaft. Hier steht also der Wunsch nach günstiger steuerlicher Behandlung in den USA dem Wunsch nach Anonymität entgegen. Da müssen Sie nach Ihrem persönlichen Einzelfall jeweils entscheiden, was Ihnen wichtiger ist.

Das deutsch-amerikanische Doppelbesteuerungsabkommen

Belegenheitsprinzip, Progressionsvorbehalt, Option zur Nettobesteuerung, Auslandsinvestitionsgesetz

Ernst-Uwe Winteler

Die Bundesrepublik Deutschland hat mit der Mehrzahl der industrialisierten Länder ein Doppelbesteuerungsabkommen abgeschlossen, unter anderem auch mit den USA. Die übliche Kurzbezeichnung „Doppelbesteuerungsabkommen (DBA)" ist jedoch etwas mißverständlich, denn unter einem DBA soll nicht doppelt besteuert werden, sondern es ist gerade im Gegenteil ein Abkommen zwischen zwei Staaten zur Vermeidung der Doppelbesteuerung.

Das deutsche Steuerrecht geht vom Welteinkommensprinzip aus, das heißt, ein deutscher Steuerpflichtiger hat in Deutschland seine gesamten Welteinkünfte zu versteuern, egal, wie und wo dieses Einkommen erzielt wurde. In Doppelbesteuerungsabkommen wird von diesem Einkommensprinzip unter Umständen abgewichen, um die mehrfache Besteuerung eines Steuerpflichtigen für dasselbe Einkommen und Vermögen zu vermeiden.

In dem Doppelbesteuerungsabkommen Deutschland — USA sind einige Begriffe enthalten, die hier erläutert werden sollen:
— Belegenheitsprinzip
— Progressionsvorbehalt
— Option für Nettobesteuerung

Belegenheitsprinzip

Das deutsch-amerikanische Doppelbesteuerungsabkommen behandelt Immobilien noch nach dem Belegenheitsprinzip; das bedeutet, daß Immobilien beziehungsweise Einkünfte aus Immobilien dort besteuert werden, wo diese Immobilien belegen sind. Für in den USA belegene Grundstücke haben also die USA das Besteuerungsrecht. Ob und inwieweit die USA für diese Immobilien Steuern erheben, hängt dabei vom US-Steuerrecht ab.

Diese Regelung hat beispielsweise sehr günstige Auswirkungen auf die Vermögen- und Gewerbesteuer: Das Besteuerungsrecht über das Immobilienvermögen des deutschen Steuerpflichtigen liegt gemäß Artikel XIV A des Doppelbesteuerungsabkommens bei den USA. Deutschland kann deshalb nach dem Doppelbesteuerungsabkommen keine Vermögensteuer erheben, obwohl in den USA auf Bundesebene keine Vermögensteuer erhoben wird. Wenn eine US-Vermögensteuer in Anwendung kommt, dann nur auf der Ebene der einzelnen Bundesstaaten.

Ähnliches gilt für die Gewerbesteuer, für die ebenfalls nach dem Doppelbesteuerungsabkommen den USA das alleinige Besteuerungsrecht zusteht. Auf Bundesebene gibt es keine der deutschen Gewerbesteuer vergleichbare Steuer, und die in manchen Bundesstaaten erhobene gewerbesteuerähnliche Steuer ist meistens minimal und trifft nur auf wenige Anlagemodelle zu.

Dieses Belegenheitsprinzip, das auch noch für das Doppelbesteuerungsabkommen USA — Deutschland gilt, ist natürlich nicht so sehr günstig für den deutschen Fiskus, und bei der Revision von Doppelbesteuerungsabkommen wird deshalb oft versucht, eine andere Regelung zu erreichen; so zum Beispiel im neuen Doppelbesteuerungsabkommen mit der Schweiz oder auch schon im Doppelbesteuerungsabkommen 1964 mit Spanien. Dabei gilt das gleiche Prinzip, das für Länder gilt, mit denen kein Doppelbesteuerungsabkommen abgeschlossen ist: Deutschland besteuert nach deutschen Steuergrundsätzen und erlaubt lediglich die Anrechnung der im Ausland bezahlten Steuern.

Progressionsvorbehalt

Die Einkünfte aus Vermietung und Verpachtung aus in den USA belegenem Grundbesitz sind gemäß Artikel IX des Doppelbesteuerungsabkommens 1966 von der deutschen Einkommensteuer befreit. Nach Artikel XV Absatz 1 (b) hat die Bundesrepublik Deutschland jedoch das Recht, diese von der deutschen Besteuerung befreiten US-Einkünfte bei der Festsetzung des Steuersatzes zu berücksichtigen, der für das der deutschen Einkommensteuer unterliegende Einkommen des deutschen Steuerpflichtigen gilt.

Dieser sogenannte Progressionsvorbehalt kann sich sowohl positiv für den Fiskus (durch Erhöhung des Steuersatzes) als auch neutral oder negativ (Ermäßigung des Steuersatzes) auswirken. Hierfür je ein Beispiel:

a) *Positive Auswirkung:* Angenommen, ein deutscher Steuerpflichtiger hat in einem Steuerjahr aus seiner deutschen Tätigkeit 30 000 DM Gewinn erzielt. Auf der anderen Seite hat er aus Anlagen in den USA, nach US-Steuern, Einkünfte von 300 000 DM.

Zur Ermittlung seines Steuersatzes werden deshalb in Deutschland die 300 000 DM aus US-Einkünften seinen deutschen Einkünften von 30 000 DM hinzugerechnet. Sein Steuersatz wird nach der deutschen Splitting- und Grundtabelle deshalb nicht auf sein Einkommen von 30 000 DM, sondern auf 330 000 DM berechnet.

Da er bei 330 000 DM — egal, ob verheiratet oder nicht — in der höchsten Progression ist, wird sein Einkommen aus deutschen Quellen von 30 000 DM deshalb mit dem Spitzensteuersatz von 56 Prozent statt mit dem eigentlich viel niedrigeren Steuersatz für 30 000 DM versteuert.

Die 300 000 DM aus den USA werden also hierbei nicht in Deutschland besteuert, sondern nur bei der Ermittlung des Steuersatzes des in Deutschland steuerpflichtigen Einkommens berücksichtigt.

b) Neutrale Auswirkung: Angenommen, der deutsche Anleger hat in einem Steuerjahr aus seiner deutschen Tätigkeit 300 000 DM und aus seinen USA-Immobilien nach US-Steuern weitere 300 000 DM erzielt. Zur Ermittlung seines Steuersatzes werden gemäß dem Progressionsvorbehalt wiederum seine US-Einkünfte von 300 000 DM zu seinem deutschen Gewinn von 300 000 DM hinzugerechnet. Da der deutsche Steuerpflichtige jedoch bei 300 000 DM sowieso schon in der höchsten Progression ist, kann sich die Hinzurechnung der US-Einkünfte nicht mehr auswirken.

c) Negative Auswirkung: Hierbei hat der deutsche Anleger aus der deutschen Tätigkeit 300 000 DM Gewinn und im gleichen Jahr aus seinen US-Anlagen einen steuerlichen Verlust von 300 000 DM. Dann gilt: 300 000 DM deutsches steuerpflichtiges Einkommen abzüglich 300 000 DM US-Verluste ergibt 0. Da der Steuersatz auf 0 wiederum 0 ist, würde in diesem Falle die Anwendung des Progressionsvorbehalts zu einer völligen Steuerentlastung in Deutschland führen.

Falls die US-Verluste in diesem Steuerjahr höher als das in Deutschland zu versteuernde Einkommen sind, so werden die übersteigenden Verluste beim Progressionsvorbehalt des nächsten Steuerjahres berücksichtigt.

Allerdings muß dabei festgehalten werden, daß die amerikanischen Gewinne und Verluste, die gemäß dem Progressionsvorbehalt angerechnet werden, nach deutschem Steuerrecht ermittelt werden müssen. Verluste auf amerikanische Immobilien, die durch eine schnellere degressive Abschreibung erzielt wurden, werden dabei nicht voll anerkannt. Statt dessen müssen deutsche Afa-Sätze zugrunde gelegt werden, und gegebenenfalls muß die Gewinn- und Verlustrechnung, die für die US-Einkommensteuer aufgemacht wurde, für die Berücksichtigung des deutschen Progressionsvorbehalts erst einmal nach deutschem Steuerrecht umgerechnet werden.

Selbstverständlich wirkt sich der Progressionsvorbehalt nur bei natürlichen Personen aus, da es für deutsche juristische Personen keinen progressiven Steuersatz gibt.

Option zur Nettobesteuerung

Ob ein Immobilieninvestor als gewerblich tätig in den USA ("Engaged in trade or business within the United States") angesehen wird, hängt vom Ausmaß seiner Tätigkeit in den USA ab. Die Schwelle, bei der er in die gewerbliche Tätigkeit hineinrutscht, ist außerordentlich niedrig. Es gibt nur drei Anlagearten, bei denen es ziemlich sicher ist, daß der Anleger nicht in den USA gewerblich tätig ist:

a) Land, welches ausschließlich zu Anlagezwecken gehalten und in keiner Weise erschlossen wird, oder

b) Immobilienobjekte, die auf einer Netto-Pachtbasis an einen einzigen Pächter verpachtet werden, oder

c) Besitz eines Hauses oder einer Eigentumswohnung für persönlichen beziehungsweise familieneigenen Gebrauch.

Alle anderen Tätigkeiten werden mit ziemlicher Sicherheit als gewerbliche Tätigkeit angesehen. Dieser Unterschied, ob gewerblich tätig oder nicht, wirkt sich auf die Besteuerung der Einkünfte aus der US-Immobilie aus: Ein Investor, der als gewerblich tätig in den USA angesehen wird, wird grundsätzlich netto-besteuert, das heißt, sein Einkommen aus den USA nach Abzug der Betriebskosten, Abschreibungen, Zinsen und Grundsteuern wird mit der normalen progressiven US-Einkommensteuer besteuert.

Nicht-ansässige Ausländer (natürliche und juristische Personen), die nicht in den USA gewerblich tätig sind, werden dort mit ihren Einkünften brutto-besteuert, das heißt, mit einer 30prozentigen Quellensteuer auf ihr Bruttoeinkommen belegt. 30 Prozent des Bruttoeinkommens können jedoch wesentlich mehr sein als die gesamte Netto-Rendite, die nach Zahlung der dabei nicht absetzbaren Betriebskosten, Zinsen und Grundsteuern übrigbleibt. Dieses kann deshalb unter Umständen wirtschaftlich nicht durchführbar sein.

Der amerikanische Kongreß hat aus dieser Erkenntnis heraus im Jahr 1966 den „Foreign Investors Tax Act of 1966" geschaffen. Dieser besagt, daß der Anleger auch dann, wenn sein Einkommen nicht im Zusammenhang mit einer gewerblichen Tätigkeit in den USA steht, dafür optieren kann, so besteuert zu werden, als wäre er dort gewerblich tätig. Dadurch wird er nur netto-besteuert, zahlt also Steuern nur auf sein Netto-Einkommen nach Abzug der Betriebskosten, Zinsen, Grundsteuern und Abschreibungen. Wenn ein nicht-ansässiger Ausländer für die Netto-Besteuerung optiert, dann ist er bei der US-Einkommensteuer nahezu den US-Bürgern gleichgestellt. Allerdings ist diese Option für Anleger aus einem Land ohne Doppelbesteuerungsabkommen mit den USA eine Einbahnstraße. Sowie Sie die Wahl getroffen haben, sind Sie daran gebunden. Sie können dann nicht mehr später auf Wunsch brutto-besteuert werden. In dem deutsch-amerikanischen Doppelbesteuerungsabkommen ist dagegen vorgesehen, daß der deutsche Anleger, der eigentlich brutto-besteuert werden müßte, jedes Jahr aufs neue dafür optieren kann, ob er brutto- oder netto-besteuert werden will.

Diese Wahl haben jedoch nur Anleger, die nicht in den USA gewerblich tätig sind, die also normalerweise brutto-besteuert werden. Anleger, die — weil sie als gewerblich tätig in den USA angesehen werden — dort netto-besteuert werden, können nicht darauf optieren, brutto-besteuert zu werden. Sie werden grundsätzlich immer netto-besteuert.

Die frühere Möglichkeit, auf Grund einer Bruttobesteuerung in den USA steuerfreie Veräußerungsgewinne zu erzielen, besteht für Ausländer seit der Steuerreform des Jahres 1980 nicht mehr.

Auslandsinvestitionsgesetz

Hier soll nur kurz das Auslandsinvestitionsgesetz gestreift werden. Da unter der Mehrzahl der deutschen Doppelbesteuerungsabkommen die meisten Einkünfte eines deutschen Steuerpflichtigen aus einem Vertragsland von der deutschen Steuer befreit sind, können auf der anderen Seite auch die im Vertragsland entstehenden Verluste nicht bei der deutschen Steuer berücksichtigt werden.

Das führte insbesondere bei Industrieansiedlungen im Ausland zur Schlechterstellung der deutschen Industrie bei Investitionen in einem Land mit Doppelbesteuerungsabkommen gegenüber einem Land ohne Doppelbesteuerungsabkommen. Das Auslandsinvestitionsgesetz (AIG) wurde deshalb 1969 geschaffen, um diesen Nachteil zu beseitigen. Nach Paragraph 2 des Auslandsinvestionsgesetzes können die in Deutschland Steuerpflichtigen, die in einem Vertragsstaat eine Betriebsstätte haben, die Verluste dieser Betriebsstätte mit den deutschen Gewinnen verrechnen.

Dieser Verlustausgleich ist jedoch nur möglich, wenn eine Betriebsstätte in dem Vertragsstaat besteht. Außerdem müssen die Gewinne und Verluste der ausländischen Betriebsstätte nach deutschen Steuerrichtlinien ermittelt werden. Natürlich handelt es sich hier nur um eine Steuerstundung, denn da in der ersten Phase die Anlaufverluste in Deutschland verrechnet werden können, müssen auch die entsprechenden Einkünfte, die in der zweiten Phase erzielt werden, in Deutschland versteuert werden, bis der Verlust beziehungsweise der Verlustvortrag ausgeglichen ist. Da jedoch der ausländische Vertragsstaat das Besteuerungsrecht für die Gewinne in der zweiten Phase hat und auch ausüben wird, kann es in der zweiten Phase zu einer Doppelbesteuerung kommen, da das Auslandsinvestitionsgesetz nur nationales Recht ist, welches den ausländischen Vertragsstaat bei der Besteuerung der Einkünfte gar nicht interessiert. Für ihn gilt nur das supranationale Recht des Doppelbesteuerungsabkommens.

Voraussetzung für die Anwendung des Auslandsinvestitionsgesetzes ist, daß im Ausland eine Betriebsstätte besteht. Das Auslandsinvestitionsgesetz ist deshalb fast nur für unternehmerische Investitionen in den USA geeignet. Für Privatanlagen, wie zum Beispiel Immobilieninvestitionen in den USA, meistens nicht, weil nach deutschem Steuerrecht die Vermietung und Verpachtung einer Immobilie nicht als Betriebsstätte angesehen wird. Es sei denn, dieses nimmt einen derartigen Umfang an, daß ein eigenes Büro unterhalten wird oder daß einzelne gewerbliche Nebenbetriebe selbst bewirtschaftet werden.

Zahlungsverkehr, Bankeinlagen

Scheckarten, Einlagensicherung, Zinsbesteuerung, Geldwechsel, Euroscheck, Eurocard, Schließfächer

Ernst-Uwe Winteler

US-Banken unterscheiden sich ganz wesentlich von deutschen oder schweizerischen Banken. Es gibt kein Universal-Bankensystem, und es gibt keine amerikanische Bank, die über eigene Filialen alle Bundesstaaten der USA abdeckt. Eine Überweisung innerhalb der USA ist oft zeitraubender als etwa eine Überweisung von Deutschland nach England oder in die Schweiz. Scheckzahlungen ersetzen deshalb innerhalb der USA weitgehend den Überweisungsverkehr. Doch schon bei den verschiedenen

Scheckarten

gibt es Unterschiede, die Europäern oft nicht bekannt sind:

"Certified Cheque": Dieses ist Ihr eigener Verrechnungsscheck (kein Barscheck), ausgestellt auf einen bestimmten Begünstigten. Diesen Scheck legen Sie Ihrer US-Bank vor, und die stempelt und unterzeichnet ihn als Garantie für den Schecksempfänger, daß der Scheck gedeckt ist. Der Scheckbetrag wird sofort von Ihrem Konto abgebucht. Die Gebühr für die Abstempelung ist mindestens 3 Dollar.

Einen „Certified Cheque" zu sperren, ist schwierig. Manche Banken machen es nur, wenn der Scheck gestohlen oder verloren wurde. Andere Banken machen es auch aus anderen Gründen (wenn Sie es sich zum Beispiel anders überlegt haben), sperren jedoch den vollen oder sogar einen höheren Betrag auf Ihrem Konto für den Fall, daß der Scheck eingelöst wird und es zu einem Streit kommt, in den die Bank involviert wäre.

"Cashier's Cheque": Auch bezeichnet als „Teller's", „Official" oder „Bank Cheque". Das ist ein Scheck, den die Bank zu Ihren Gunsten oder, auf Ihre Anweisung hin, zugunsten eines anderen Empfängers ausstellt. Sperrung praktisch nur bei Verlust oder Diebstahl möglich, und auch das nur bedingt.

"Bank Money Order": Können Sie bei jeder Bank kaufen, auch wenn Sie gar kein Konto dort haben. Gebühr ab 1 Dollar. „Bank Money Orders" sehen ganz offiziell aus mit Namen wie zum Beispiel "Registered Cheque", aber werden dennoch oft nur ungern als Zahlung akzeptiert, da die Namen des Einzahlers und des Begünstigten mit der Hand eingeschrieben werden können und es relativ leicht ist, die Scheckformulare zu fälschen. Um den Scheck zu sperren, müssen Sie ein sogenanntes „Tracer" -Formular ausfüllen und eine Gebühr bezahlen. Die Sperrung geht nur, wenn der Scheck nicht innerhalb einer je nach Bank verschiedenen Ausschlußfrist eingelöst wird.

Wie können Sie nun einen von Ihnen ausgestellten, ganz normalen, persönlichen Scheck nachträglich in den USA sperren? Inwiefern ist die Bank haftbar, wenn sie den Scheck trotz der Sperrung einlöst? Dabei gilt der UCC, der „Uniform Commercial Code". Danach können Sie einen Scheck sowohl mündlich als auch schriftlich sperren. Wenn Sie es schriftlich machen, gilt die Sperrung für 6 Monate, bei mündlicher Sperrung nur für 14 Tage.

Die Bank muß „angemessene" Zeit gehabt haben, bevor sie haftet, wenn sie trotz der Sperrung Ihren Scheck einlöst (UCC Section 4, 403). Ein Tag nach der Sperrung durch Sie genügt — nach der üblichen Rechtsauffassung — als „angemessene" Zeit.

Falls das Kleingedruckte der Bankbedingungen sagt, daß die Bank nicht haftet, wenn sie trotz der Sperrung den Scheck einlöst, dann ist dieser Haftungsausschluß nichtig. Wenn die Bank nicht freiwillig den Schaden wieder gutmacht, klagen Sie!

Einlagensicherung

Insbesondere seit Dezember 1982, seit Inkrafttreten eines neuen Gesetzes (Depository Institutions Act of 1982), das die Banken von ihren jahrzehntelangen Zinsfesseln befreit hat, gibt es eine verwirrende Vielzahl von hochverzinslichen Kontenarten in den USA. Durch diese den Banken und Sparinstituten erlaubten Konten ist damit den früher so beliebten „Geldmarkt-Fonds" eine erhebliche Konkurrenz entstanden.

Bevor Sie allerdings Einlagen bei US-Kreditinstituten vornehmen, sollten Sie klären, ob Ihr Konto bei der — staatlichen — Federal Deposit Insurance Company (FDIC) versichert ist. Die Anlagen in den Geldmarkt-Fonds sind zum Beispiel nicht bei der FDIC versichert, sondern bestenfalls auf einer privaten Versicherungsbasis.

Dieses sind die Sicherheitsunterschiede zwischen den einzelnen Konten- und Anlagearten:

Insured Deposits: Diese versicherten Einlagen sind nach menschlichem Ermessen sicher. Die ewigen Angstmacher sagen zwar, daß im Falle einer Krise die Einlagen-Versicherungen des Bundes und der Staaten sehr schnell erschöpft wären, aber dann ist anzunehmen, daß der Kongreß Mittel bereitstellen würde, um die Einlagen der Sparer in jedem Fall zu retten. Wenn Anleger jemals den Glauben an die Sicherheit dieser Insured Deposits verlören, würde das einen Run auf alle Banken, S & L's und Kreditvereine in den USA auslösen.

Alle Arten von Einlagen sind dabei versichert, egal, ob es Checking Accounts sind, Sparkonten, Certificates of Deposit (CD's) oder Trust

Accounts. Wenn ein versichertes Geldinstitut untergeht, so werden Ihre gesamten Guthaben bei diesem Institut addiert und sind bis zu 100 000 Dollar versichert. Einige wenige Bundesstaaten versichern auch Konten für mehr als 100 000 Dollar.

Wenn Sie Einlagen über 100 000 Dollar haben, sollten Sie sie jeweils aufsplitten in 100 000-Dollar-Anteile und diese auf verschiedene Namen nehmen, zum Beispiel ein Konto auf Sie, ein anderes auf Ihren Ehegatten, wieder eines auf Ihre Kinder und schließlich ein gemeinsames Konto. Nicht versichert ist Bargeld in einem Schließfach.

Uninsured Deposits: Diese unversicherten Einlagen sind im Krisenfall riskant. Einige Geldinstitute haben zwar Einlagenversicherungen bei privaten Versicherungsgesellschaften abgeschlossen, aber diese Sicherheit ist nur so gut wie die Versicherungsgesellschaft selber, und es ist sehr zweifelhaft, ob der Kongreß zur Rettung eilen würde, wenn eine Privatversicherungsgesellschaft ihre Verbindlichkeiten nicht erfüllen kann.

Money Market Investment Funds: Diese hochverzinslichen Geldmarkt-Fonds waren eine Zeitlang der letzte Schrei in den USA und für Amerikaner auch sicherlich ganz interessant. Für Ausländer waren sie immer deshalb uninteressant, weil Erträge aus diesen Geldmarkt-Fonds — im Gegensatz zu Zinsen aus Bankeinlagen — in den USA mit der 30prozentigen Quellensteuer besteuert werden.

Die Geldmarkt-Fonds sind nicht von der staatlichen FDIC versichert, und Verluste können vorkommen, wie die Erfahrungen zeigen: Der Dreyfus-Liquid-Asset-Fund lieh 1974 Geld an die Franklin National Bank, die dann pleite ging. Ein anderer Verlust passierte dem Institutional Liquid Asset Fund, einem Ableger von First National Bank of Chicago und Salomon Brothers. Die hatten ihr Geld langfristig zu niedrigen Zinsen angelegt und mußten dann Vermögensteile mit Verlust verkaufen, als andere Fonds bessere Ergebnisse zeigten und die Anleger deshalb ihre Anteile zurückgaben. Bei Dreyfus und Institutional waren allerdings die Muttergesellschaften so stark, daß die Investoren keinen Pfennig verloren.

Aber das muß nicht die Regel sein: Als der kleine First Multi Fund die Ertragsentwicklung falsch einschätzte, hatte er keine Unterstützung von größeren Institutionen, und die Investoren verloren 1979 circa 15 Prozent.

Um wackelige Gesellschaften zu vermeiden, sollten Sie — wenn Sie überhaupt in Geldmarkt-Fonds anlegen — nur solche auswählen, die in US-Regierungsobligationen anlegen. Um Zinsrisiken weitestmöglich auszuschalten, nehmen Sie dabei möglichst nur die Fonds, deren durchschnittliches Portfolio in 50 Tagen oder weniger fällig wird — auch wenn diese Fonds manchmal etwas geringere Zinsen erbringen als die mit längeren Fälligkeiten.

Retail Repos: Vorsicht vor diesen neuen, kurzfristigen, hochverzinslichen Anlagen, die von Banken und S & L's verkauft werden! Einige verkaufen sie, fälschlicherweise, als Geldmarkt-Fonds oder Trusts. Angeblich sind sie abgesichert durch US-Regierungspapiere, und das klingt ziemlich sicher. Aber ein "Repo" ("Repurchase Agreement", also eine Rückkaufvereinbarung) heißt nichts weiter, als daß die Bank an einem festgelegten Termin Ihnen Ihr Geld plus Zinsen zurückzahlen wird. Sie sind nicht abgesichert durch eine Einlagensicherung. Wenn das Geldinstitut pleite geht, bekommen Sie vielleicht den Marktwert der Papiere zurück, die für Ihr Repo hinterlegt waren, aber deren Kurs kann zu dem Zeitpunkt niedriger sein als der von Ihnen investierte Betrag.

Einige Bundesstaaten behandeln Sie dabei als ungesicherten Gläubiger, das heißt, Sie würden nur die normale Konkursrate erhalten. Kreditmäßig werden „Retail Repos" als "C-Minus"-Kategorie eingestuft, das heißt, als besonders risikobehaftet.

Zusammenfassung: Wenn Sie Sicherheit wollen, dann tätigen Sie nur Einlagen bei einer Bank als „Insured Deposit". Gehen Sie dabei pro Einlage beziehungsweise pro Einleger nicht über 100 000 US-Dollar.

Zinsbesteuerung

Einlagen-Zinsen sind, wie oben erwähnt, nicht in den USA steuerpflichtig, sofern Sie Ausländer mit Sitz im Ausland sind. Sie müssen die Zinsen allerdings in Ihrem Heimatland versteuern.

Dabei liefern die amerikanischen Steuerbehörden an Kontrollunterlagen über deutsche Anleger alles, was das Herz des deutschen Finanzbeamten höher schlagen läßt.

Diese Tatsache beschert beiden Arten von Anlegern erheblichen Ärger: Dem, der bewußt seine Zins- und Dividendeneinkünfte aus den USA in seiner deutschen Steuererklärung „vergißt", und dem, der wirklich gutgläubig nur einem gefährlichen Mißverständnis aufgesessen war. Die Tatsache, daß Zinsen aus Bankeinlagen bei amerikanischen Banken in den USA steuerfrei sind, bedeutet nämlich nicht, daß dafür auch in Deutschland keine Steuern gezahlt werden müssen.

Anleger wissen oft auch nicht, daß in den USA sämtliche Zinserträge ohne Ausnahme an die dortige Steuerbehörde, den IRS (Internal Revenue Service) gemeldet werden müssen, damit dieser kontrollieren kann, ob in den amerikanischen Steuererklärungen keine „Zinslücken" sind. Ausländische Anleger bleiben dabei zwar von US-Steuern verschont, aber die amerikanische Steuerbehörde schickt ihrerseits konsequent Kontrollmitteilungen an die ausländische und damit auch an die deutsche Finanzverwaltung, genauer: an das Bundesamt für Finanzen, Bonn 2, das diese Unterlagen wiederum an die deutschen Finanzämter verteilt. Es gibt praktisch keine Ausnahme. Wer in den USA als Deutscher Zinsen oder Dividenden erhält, wird automatisch nach Deutschland gemeldet. Und deswegen haben viele Anleger schon die Steuerfahndung im Haus.

Andere Anleger werden erst noch ihr blaues Steuerwunder erleben. Wer vor Jahren in den USA Festgeldkonten eröffnete und die hohen Zinsen einstrich, hat nach meiner Erfahrung häufig geglaubt, daß die Zinsen auch in Deutschland steuerfrei sind. Auch der Umweg über einen US-Broker nützt dabei gar nichts. Der muß ebenfalls die Zinseinkünfte melden.

In den Augen vieler Schweizer Bankiers ist der Hang, direkt mit US-Banken zu verhandeln, sowieso unverständlich. Läßt sich doch der gleiche Zinsertrag über ein wirklich diskretes Land (Schweiz, Liechtenstein, Luxemburg) erreichen. Schließlich, so meinen die Schweizer Bankiers, wird es wohl Gründe haben, wenn kluge Amerikaner ihr Geld über den Umweg Europa, Panama oder Niederländische Antillen am Euromarkt oder nur indirekt in US-Werten investieren.

Geldwechsel, Euroschecks, Eurocard

Wenn Sie in den USA europäische Banknoten und Euroschecks wechseln wollen und nicht wissen wo, dann rennen Sie damit von der Pontius- bis zur Pilatus-Bank. Fast immer erfolglos, oder — bei Banknoten — mit erheblichen Abschlägen. Aber es geht, und zwar zu ganz normalen Umrechnungskursen: Deak Perera macht's möglich! Diese Kette von Geldwechselinstituten ist in allen größeren US-Städten vertreten, oft sogar (zum Beispiel Miami) auf Flughäfen. Hier werden Sie europäische Banknoten zu den üblichen Kursen los, und man nimmt auch Euroschecks an — allerdings meistens nur einen pro Tag.

Da Eurocard zusammenarbeitet mit Mastercard, bekommen Sie bei den meisten US-Banken Bargeld-Vorschüsse bei Vorlage der Eurocard-Karte.

Schließfächer

Bankschließfächer zu bekommen, ist in den Großstädten der USA nahezu unmöglich. Meistens besteht eine lange Warteliste. In den USA kommen deshalb immer mehr private Schließfachgesellschaften auf den Markt. Deren Sicherheitsvorkehrungen sind gut, die Anonymität ist größer als bei Banken.

Einziger Nachteil: Die Fächer sind teurer als bei US-Banken, die sowieso schon nicht billig sind. Ein mittelgroßes Schließfach, das in Deutschland jährlich 120 DM kosten würde, kann dort ohne weiteres um die 400 Dollar kosten.

Wertpapierkauf und Börsenhandel

Ernst-Uwe Winteler

US-Regierungsobligationen

Die allgemeine Unsicherheit auf den Finanzmärkten, unter anderem durch das hohe Engagement der US-Banken in Lateinamerika verursacht, hat auch in den USA zu einer Flucht aus Banker's Acceptances und CD's (Certificates of Deposits) und hinein in Schatzwechsel des US-Bundesschatzamtes geführt. Entsprechend geringer sind auch deren Zinsen, verglichen mit Banker's Acceptances oder CD's.

Von diesem Drang zur Sicherheit profitieren auch sonstige Regierungspapiere. Doch das Etikett „US Government" oder "Government Agency" heißt nicht unbedingt, daß die angebotenen Obligationen oder Hypothekenpfandbriefe von der US-Regierung garantiert werden — auch wenn gewisse Makler oder auch Money Market Funds die Begriffe kräftig zunebeln und so tun, als sei die Rückzahlung garantiert. Doch das ist sie oft selbst dann nicht, wenn die sogenannten „Government Agencies" beziehungsweise "Federal Agencies" durch Gesetze des Kongresses geschaffen wurden und unter Aufsicht der US-Regierung arbeiten. Hier die Reihenfolge der Sicherheit:

1. *US Treasury* (US-Schatzamt) gibt T-Bills (Schatzwechsel), T-Notes (Schatzscheine) und T-Bonds (Schatzobligationen) heraus. Ob und wieviel die in inflationären Zeiten wert sind, ist eine andere Frage, aber zunächst einmal gelten die Papiere der US Treasury als die sicherste Anlage in US-Dollar. Sie sind zu 100 Prozent garantiert durch die US-Regierung.

Die Zinsen auf die US Treasury Bills sind für Ausländer in den USA steuerfrei. Aber auch wenn diese Zinsen in den USA quellensteuerfrei sind, müssen sie dennoch bei deutschem Wohnsitz in der Bundesrepublik Deutschland versteuert werden. Siehe hierzu meine Bemerkungen im Kapitel „Zahlungsverkehr, Bankeinlagen" bei „Zinsbesteuerung".

2. *Government National Mortgage Association*, bekannt als „Ginnie Mae", gibt Obligationen und Hypotheken-Pfandbriefe heraus, die abgesichert sind durch Haushypotheken. Diese sind wiederum entweder durch die Federal Housing Administration oder die Veterans Administration versichert. Die von der GNMA garantierten Schuldverschreibungen sind regierungsverbürgt.

3. *Federal Home Loan Mortgage Corporation*, bekannt als „Freddie Mac" oder als „Mortgage Corporation", gibt Hypothekenbeteiligungs-Zertifikate heraus, die einen Anteil an dem Pool der von der Freddie Mac gehaltenen Haushypotheken darstellen. Diese „Mortgage Participation Certificates" werden zwar von der FHLMC, der Freddie Mac, garantiert, aber nicht von der US-Regierung.

4. *Federal National Mortgage Association*, bekannt als „Fannie Mae". Die FNMA schafft einen Sekundärmarkt für Haushypotheken, indem sie diskontierte Schuldverschreibungen mit Laufzeiten von 1 bis 9 Monaten und länger herausgibt. Die Mortgage Participation Certificates der Fannie Mae sind abgesichert durch die Hypothek selber und durch eine Garantie von Fannie Mae. Aber nicht garantiert von der US-Regierung.

5. *Federal Home Loan Bank System*. Vergeben Kredite an die Savings & Loan Associations und refinanzieren sich durch kurzfristige diskontierte Notes und längerfristige Obligationen. Diese Obligationen und Schuldverschreibungen sind garantiert von den 12 Federal Home Loan Banks. Das US-Schatzamt ist ermächtigt, zur Stützung bis zu 4 Milliarden Dollar dieser Wertpapiere aufzukaufen, jedoch besteht keine weitergehende Garantie der US-Regierung.

6. *Farm Credit System.* FCS verkauft kurzfristige Notes und längerfristige Obligationen, um unter anderem die von den Federal Land Banks und den Federal Intermediate Credit Banks an Farmer und sonstige mit der Landwirtschaft zusammenhängende Personen gegebene Darlehen zu refinanzieren. Es haften die Regionalbanken, nicht jedoch die US-Regierung.

Wenn Sie ganz auf Nummer Sicher gehen wollen, bleiben Sie bei Wertpapieren der US-Treasury, des US-Schatzamtes. Wenn Sie wegen höherer Zinshoffnungen unbedingt in Geldmarkt-Fonds (Money Market Funds) hineingehen wollen, dann sehen Sie sich genau den Prospekt des Fonds an. Unter der Rubrik „Investment Policy" können Sie sehen, was der Fonds als „Government Securities" (Regierungspapiere) bezeichnet.

Discount Broker

Ich werde in diesem Buch nicht einmal den Versuch machen, Ihnen etwas über das amerikanische Aktiengeschäft zu sagen oder gar Tips zu geben, in was Sie einsteigen sollten. Dazu gibt es sehr viel qualifiziertere Berater und Autoren. Meine eigenen Versuche, an der Börse Geld zu verdienen, waren so verheerend, daß ich seitdem mein für Wertpapiere bestimmtes Geld lieber einigen der ganz wenigen professionellen guten internationalen Portfolio-Manager anvertraue.

Doch auf eines muß ich Sie, glaube ich, aufmerksam machen, weil es den wenigsten Deutschen bekannt ist: auf die Discount Broker. Wenn Sie einer der Anleger sind, die sich ihre eigenen Gedanken über die Aktienentwicklung machen und nicht auf das oft unfundierte und nur nach Provisionen schielende Gerede mancher "fixen Jungens" an den Telefonen von Brokerhäusern hören, dann könnten die amerikanischen Discount Broker etwas für Sie sein.

Da es ja in den USA das Universal-Bankensystem nicht gibt, sind Sie für den Kauf von US-Wertpapieren sowieso auf Makler angewiesen, es sei denn, Sie gehen über Ihre europäische Bank, jedoch bezahlen Sie dann die zusätzliche Bankcourtage, die Sie sonst vermeiden können.

Der Unterschied zwischen dem „Full Service" und den Discount Brokern ist: Die Full Service Broker geben eine mehr oder weniger fundierte Beratung. Die Discount Broker dürfen überhaupt keine Beratung geben, wickeln dafür aber die Aufträge sehr viel preisgünstiger ab.

Kein Wunder, daß die großen Full Service Broker in den USA alles taten, um das Mißtrauen gegen die billige Konkurrenz zu schüren. Doch das Mißtrauen war erstens unnötig und zweitens nicht lange durchzuhalten, denn die Discount Broker setzten sich durch. US-Banken, die keine „normalen" US-Maklerfirmen beherrschen dürfen, kaufen jetzt die großen Discount Broker auf. Eine Gesetzeslücke erlaubt es ihnen, denn Discount Broker, die keine Anlageberatung geben, gelten bisher nicht als Makler. Diese Aufkäufe der Discounter durch die Banken zeigen aber, wie groß das Geschäft sein muß, das diese Discounter neuerdings an sich ziehen.

Das auch in Europa erscheinende „Wall Street Journal" enthält immer eine ganze Reihe von Anzeigen derartiger Discount Makler. Bei einem solchen Discount Makler müssen Sie ein Konto einrichten, wobei es bei unbekannten Namen zu empfehlen ist, sich davor über deren Bonität zu erkundigen. Sie können auch Ihre europäische Bank beauftragen, einen Discount Broker zu benutzen, jedoch bezahlen Sie dann, wie oben erwähnt, die zusätzliche Bankcourtage, die Sie sonst vermeiden können.

Die Ersparnis durch Discount Broker ist ganz beachtlich. Hier eine Aufstellung (Quelle: „Financial World") vom September 1984, die einen Vergleich über typische Full Service Broker und Discount Broker gibt:

Aktientransaktionen	Kommissionen bei typischen Full Service Brokern in $	Kommissionen bei typischen Discount Brokern in $	Discount Ersparnis %
100 Aktien zu 55 $	95	45	53
300 Aktien zu 8 $	92	47	49
500 Aktien zu 25 $	240	95	60
800 Aktien zu 45 $	485	165	66
4 000 Aktien zu 20 $	1000	225	78
Optionstransaktionen			
5 Optionen zu 2 $	70	36	49
10 Optionen zu 3 $	130	62	52
15 Optionen zu 8 $	260	95	64
25 Optionen zu 2 $	225	80	64

Termingeschäfte

Termingeschäfte, also der Kauf oder Verkauf von Waren oder Wertpapieren auf Termin, ist in der Theorie ein extrem lohnendes Geschäft. Das ist es auch in der Praxis — aber leider fast nie für den normalen Anleger, sondern nur für einige versierte professionelle Rohstoff-Firmen, Aktienhändler und einige Fonds.

Mit einigen Schweizer Freunden habe ich einmal in den siebziger Jahren versucht, im Warentermingeschäft Geld zu verdienen. Wir haben alles versucht: Hören auf Tips von Brokern, analytisch- fundamentalistische Methoden, Chartmethoden, Computermethoden, für die wir damals die noch recht teure Computerzeit mieteten. Mit einem ungeheuren Zeitaufwand schafften wir über ein Jahr lang etwas, was sowieso für den normalen Anleger praktisch nie zu erreichen ist: Wir machten — wenn man alles zusammenrechnete — an den Transaktionen selber keine Verluste. Die Verluste wurden jeweils ausgebügelt durch die Gewinne. Und dennoch waren wir danach um 500 000 Franken ärmer, weil es nämlich nicht genügte, keine Verluste zu machen: Die Maklergebühren für diese Unmengen von Transaktionen machten diese 500 000 Franken aus.

Noch einmal: Der normale Anleger hat keine Chance bei Termingeschäften, und schon gar nicht, wenn es abgewickelt wird über reine Strolchfirmen, wie sie in Deutschland in den siebziger Jahren aus dem Boden schossen und wie es sie auch jetzt noch zuhauf gibt. Früher wurde mit von vornherein betrügerischen Manipulationen gearbeitet. Es wurden Kontrakte und Optionen verkauft, die entweder gar nicht bestanden oder zu irrsinnig überhöhten Preisen gehandelt wurden. Nachdem die Staatsanwaltschaften einschritten, wurden die Methoden sehr viel feiner. Jetzt bringt man die armen Anleger mit dem sogenannten "Churning", dem schnellen Umdrehen des Depots, ums Geld, weil dabei immer neue Provisionen verdient werden.

Es gibt meiner Erfahrung nach nur eine Möglichkeit, profitabel am Terminhandel teilzunehmen: Über einige der sehr wenigen — hauptsächlich englisch oder amerikanisch verwalteten — Terminhandelsfonds. Die besten erreichten über Jahre jährlich 20 bis 30 Prozent, also eine Traumrendite. Wenn Sie in dieses Geschäft einsteigen wollen, vergessen Sie die üblichen Anbieter und suchen Sie sich diese eben erwähnten hervorragenden Fonds aus, wobei Sie sich an Hand von Statistiken und neutralen Aufstellungen davon überzeugen müssen, daß es wirklich die Besten aus der Branche sind.

Optionen

Etwas anders und etwas günstiger für Sie als Anleger liegen die Chancen bei Optionsgeschäften.

Optionen sind Rechte, die man über eine Börse erwerben kann, um eine bestimmte Menge Rohstoffe, Wertpapiere oder Devisen zu einem im voraus bestimmten Preis zu einem bestimmten Zeitpunkt zu kaufen oder zu verkaufen.

Sie können aber dieses Recht — und das ist der entscheidende Unterschied zum Termingeschäft — verfallen lassen. Dann verlieren Sie zwar die Prämie — aber weiter nichts.

Das Optionsgeschäft ist in einem stürmischen Tempo gewachsen. Nach der New York Stock Exchange, der größten Wertpapierbörse der Welt, ist die Optionsbörse in Chicago (Chicago Option Exchange) der zweitgrößte organisierte Finanzmarkt der Welt. Die Jahresumsätze haben in Amerika schon 1984 zig Milliarden Dollar erreicht. Dabei steckt der Markt noch in den Kinderschuhen. Ende 1985 wurden über 100 verschiedene Optionskontrakte gehandelt.

An der größten Optionsbörse der Welt, in Chicago, werden nicht etwa — wie man meinen könnte — hauptsächlich Kontrakte über Weizen oder Metalle abgeschlossen. Es ist kaum zu glauben, aber wahr — die größten Umsätze in Optionen werden derzeit in standardisierten Kontrakten zum Kauf oder Verkauf eines Börsenindex getätigt, des „Special-Standard-and-Poor-Index" von 100 führenden amerikanischen Börsenwerten.

Begehrt ist also eine imaginäre „Ware", die es nur auf dem Papier, in der Statistik, gibt. An manchen Tagen werden heute schon an der amerikanischen Börse mehr Anrechte auf Optionskäufe oder -verkäufe umgesetzt als in Aktien selber. Die größten Spieler sind die konservativsten Vermögensverwaltungstrusts der USA, aus Großbritannien und dem Fernen Osten. Sie verwalten Milliarden-Dollar-Vermögen von Versicherungen und Pensionskassen. Sie können praktisch gar nicht mehr aus den Aktien heraus, weil die Liquidation von Milliarden in kurzer Zeit auch die größte Börse total durcheinander bringen würde. Die Fonds sind längst zu Gefangenen der Börse geworden. Deshalb ist ihr Interesse an einer Absicherung des Depotwerts um so größer. Diese Sicherung läßt sich am einfachsten und wirksamsten über Optionskontrakte realisieren.

Nicht nur Milliarden-Depots, auch Privatvermögen in der Größenordnung von nur sechsstelligen Dollar- oder DM-Beträgen werden heute über Optionsgeschäfte „krisenfest" gemacht. Wer befürchtet, daß die Kurse seines Dollar-Aktien-Depots, das im Augenblick einen

Wert von 100 000 Dollar hat, in den nächsten Monaten zurückgehen könnten, kann sich durch den Verkauf von Optionskontrakten des amerikanischen Börsenindex in Höhe von 100 000 Dollar etwas gegen Depotverlust absichern. Fallen die Kurse, erhält der Depotbesitzer aus seinen Optionen zumindest einen Teil des Kursverlustes vergütet. Geht die Rechnung aus dem Erwerb von Verkaufsoptionen nicht auf, weil der Index entgegen den Erwartungen steigt, so geht zwar die Optionsprämie verloren, aber als Anleger würden Sie dann durch den gestiegenen Wert Ihres Dollar-Aktien-Depots entschädigt werden.

Der Pfiff bei den Optionen ist ihre Hebelwirkung. Bei geringen Einsätzen können kurzfristig Gewinne von mehreren hundert Prozent gemacht werden — auf der anderen Seite steht „nur" der Totalverlust der Optionsprämie.

Der Kauf und Verkauf von Optionen ist allerdings für Laien ein Buch mit sieben Siegeln. Sie brauchen dabei versierte Berater, auf die Sie sich verlassen können. Im deutschen Kreditgewerbe sind sie noch relativ rar. In Luxemburg oder am Finanzplatz Schweiz gehört der Optionshandel längst zum täglichen Brot, und Sie sollten sich dort mit Ihren Beratern besprechen. Seien Sie vorsichtig, sich bei Beratungen auf die schnellen Jungs bei den Brokerhäusern zu verlassen. Die könnten daran interessiert sein, am schnellen Rein- und Rausgehen in und aus Optionen möglichst viele Provisionen zu machen.

Am besten sind Sie auch hier meiner Ansicht nach bedient durch einen der wenigen, aber höchst erfolgreichen Fonds, die es dabei auf dem englischen oder amerikanischen Markt gibt.

US-Immobilien

Marktveränderungen, Bewertungsmaßstäbe, Anlageziele

Ernst-Uwe Winteler

Ganz am Anfang dieses Buches schrieb ich, daß Sie mit ziemlicher Wahrscheinlichkeit bei Auslandsanlagen eine Bruchlandung machen würden, wenn Sie ohne viel Vorbereitungen die üblichen, in Europa angebotenen Objekte nehmen würden.

Aber ganz abgesehen von schlicht und einfach schlechten Angeboten können Sie genausogut eine Bruchlandung beziehungsweise eine Enttäuschung erleben mit Objekten, die an sich gar nicht so schlecht sind. Einfach deshalb, weil Sie Ihre europäischen Erfahrungen bewußt oder unbewußt auf den Kauf von US-Immobilien übertragen.

Meiner Erfahrung nach gibt es drei Hauptgründe, warum deutsche Investoren sehr oft unnötig in den USA bei ihren Anlagen Enttäuschungen erleben.

1. *Die Veränderungen auf den US-Immobilienmärkten* seit Ende der 70er Jahre.

2. *Die völlig verschiedenen Bewertungsmaßstäbe* von amerikanischen und deutschen Immobilien.

3. *Die unterschiedlichen Anlageziele* bei deutschen Immobilien und bei Auslandsanlagen.

Zu Punkt 1: *Veränderungen auf den US-Immobilienmärkten seit Ende der 70er Jahre.*

Seit etwa 10 Jahren ist auf einigen Bereichen des US-Immobilienmarktes die größte Umwälzung seit den 30er Jahren im Gange. Sie bedeutet eine völlige Abkehr von vielen früheren Eigentümer- und Finanzierungs-Vorstellungen.

Bis 1975 basierte der US-Immobilienmarkt vor allem auf langfristigen, festverzinslichen Hypotheken der Versicherungen und Pensionskassen, der großen privaten Hypothekengeber der USA. Deren Finanzmanager waren während der niedrigen Inflationsraten bis Mitte der 70er Jahre nur an einem regelmäßigen Cashflow interessiert, den sie durch Schatzanweisungen, festverzinsliche Rentenpapiere und langfristige Festzinshypotheken erzielten.

Doch die Inflation Ende der 70er, Anfang der 80er Jahre zwang die bis dahin auf festverzinsliche Papiere fixierten Finanzmanager plötzlich, einen gewissen Immobilienanteil in ihr Portefeuille aufzunehmen. Manche, wie zum Beispiel General Electric, der drittgrößte Pensionsfonds (nach Bell System und General Motors), hielten 1979/80 sogar einen 20prozentigen Immobilienanteil für angemessen.

Welches Anlagevermögen dadurch plötzlich für Immobilien frei wurde, geht aus einer von der US-Regierung durchgeführten Untersuchung aller privaten und öffentlichen Pensionsfonds hervor: Das Vermögen alleine dieser Pensionsfonds betrug Anfang 1980 609 Milliarden Dollar. Für das Jahr 1995 wird sogar eine Steigerung auf circa 3 000 Milliarden Dollar erwartet!

Die Auswirkungen der ersten zögernden Schritte dieser Finanzgiganten auf dem Immobilienmarkt zeigten sich schon 1980: Trotz einer tief absackenden Konjunktur hielt das erste Mal seit 30 Jahren der Boom in gewissen gewerblichen Immobilien jedem Einbruch stand. Der Grund: Die Fonds kauften praktisch alle guten großen Objekte auf.

Das Resultat: Die bis Ende der 70er Jahre bei Shopping Centers üblichen Renditen von 9 bis 12 Prozent per annum wurden damals bis auf 4 Prozent gedrückt. Doch viele Pensionsfonds erkannten sehr bald, daß Shopping Centers eine relativ riskante Anlage sind.

Bürogebäude dagegen wurden bis Anfang 1982 von den großen Pensionsfonds noch als ein relativ guter Inflationsschutz angesehen. Dabei drückte der Run auf gute Objekte die Renditen bis auf 2 Prozent per annum. Die Ertragserwartungen beruhten darauf, daß beim Auslaufen bestehender Mietverträge neue Verträge mit höheren, an den Inflationsindex angekoppelten Mieten erzielt werden können.

Nun wurden Bürohäuser geplant und angefangen zu bauen, nur weil einer dieser potenten Fonds oder Versicherungsgesellschaften sich daran beteiligte und den Bau finanzierte, nicht aber, weil die Nachfrage es verlangte. Der dadurch erzeugte Büroraumüberhang kommt seit 1986 auf den Markt. Wie groß die Gefahren sind, ist in der Objektübersicht „Bürohäuser" beschrieben.

Als dann 1982 die Inflation schneller sank als erwartet und die Inflationsmentalität zumindest für die nächste Zeit erst einmal gebrochen schien, machten die großen amerikanischen institutionellen Anleger wiederum eine Kehrtwendung. Jetzt, wo sich mit Aktien und Obligationen gleich viel oder mehr verdienen ließ, bauten sie Immobilien-Engagements ab oder hielten sich von neuen Käufen zurück. Viele setzten den geplanten Prozentsatz ihres Gesamtvermögens, der in Immobilien angelegt sein sollte, wieder erheblich herunter. Von der Renditeseite her haben diese Fondsverwalter sicherlich das Richtige getan. Die Aktien- und Anlage-Hausse ab Anfang 1983 bescherte ihnen größere Renditen, als sie dieses mit Immobilien erzielen konnten.

Für den Immobilienmarkt jedoch war diese zweite Kehrtwendung verheerend und verschärfte noch die Überhang-Probleme, die sich beispielsweise schon auf dem Bürohaussektor abzeichneten.

Doch was ist für Sie nun auf dem Sektor der US-Gewerbeimmobilien überhaupt noch empfehlenswert? Meine Meinung: nicht viel. Die Frage ist auch überhaupt, wie weit sind für Sie Gewerbeimmobilien in den USA überhaupt angebracht und interessant? Diese Frage berührt die beiden anderen Hauptgründe, warum Investoren oft unnötig in den USA Enttäuschungen erleben.

Punkt 2: *Die völlig verschiedenen Bewertungsmaßstäbe* von amerikanischen und deutschen Immobilien.

Zunächst einmal zu den Gemeinsamkeiten: Standortwahl und Bonität der Mieter sind in Amerika genauso wichtig wie in Deutschland. Aber damit endet fast schon die Gemeinsamkeit. In Europa entscheidet weitgehend auch der Substanzwert über den Kaufpreis. In Nordamerika in aller Regel nur der Ertragswert. Die laufenden Netto-Erträge werden dabei kapitalisiert. Das ist auch nicht unbedingt mit dem Ihnen bekannten Faktor der 10- oder 15fachen Jahresmiete zu vergleichen. Es ist eine Kapitalisierung des Netto-Cashflows nach Schuldendienst, das heißt, nicht nur nach Abzug der Zinsen, sondern auch nach Tilgung.

Ich möchte Ihnen das an zwei Beispielen einer bestehenden Gewerbeimmobilie demonstrieren. Nehmen wir an, auf der Immobilie liegt noch eine 11prozentige Althypothek über 1 Million Dollar mit einer Restlaufzeit von 20 Jahren und einer konstanten Annuität. Dann ergibt sich folgendes Bild:

Nettogewinn vor Schuldendienst	200 000,— $
Annuität (Zins und Tilgung) bei 20 Jahren Restlaufzeit und 11 Prozent p.a. Zins	125 576,— $
Jährlicher Netto-Cashflow	74 424,— $
Kapitalisiert mit dem 10fachen Netto-Cashflow =	744 240,— $

Das ist der Verkaufswert zuzüglich der noch bestehenden Hypothek, die außerdem übernommen wird.

Nun haben vor allem deutsche Anleger die Tendenz, die Hypothek möglichst schnell abzubezahlen und möglichst niedrige Zinsen zu wünschen. Für dieses Beispiel nehmen wir einmal an, daß Sie die 11prozentige Hypothek mit einer Restlaufzeit von 20 Jahren auf eine 9prozentige Hypothek mit einer 8jährigen Laufzeit umschulden. So etwas ist gegebenenfalls möglich, weil entweder der Verkäufer eine sogenannte „Wrap Around Mortgage" bietet oder weil unter Umständen der Hypothekengeber, der seinerzeit das Objekt mit der langfristigen Hypothek beliehen hat, Ihnen zinsmäßig entgegenkommt, um — buchstäblich koste es, was es wolle — die Restlaufzeit zu verringern. Die Angst der Hypothekengeber vor einem Wiederaufleben der

Inflation ist viel zu groß, um ruhig auf langen Hypothekenlaufzeiten zu niedrigen Zinsen zu sitzen.

Bei Ihrer Immobilie ergibt sich dann aber folgendes Bild:

Nettogewinn vor Schuldendienst	200 000,— $
Annuität (Zins und Tilgung) bei 8 Jahren Restlaufzeit und 9 Prozent p.a. Zins	180 674,— $
Jährlicher Netto-Cashflow	19 326,— $
Kapitalisiert mit dem 10fachen Netto-Cashflow =	193 260,— $

Auch dieses wieder zuzüglich der zu übernehmenden Hypothek.

Dadurch, daß Sie zwar den Zinssatz verringert, aber die Laufzeit verkürzt haben, haben Sie den Netto-Cashflow verringert. Ein amerikanischer Käufer, der Ihnen das später wieder abkaufen soll, kauft jedoch den Netto-Cashflow, und durch die Verringerung des Cashflows haben Sie den Verkaufswert Ihres Gebäudes mal so eben um über 550 000 Dollar reduziert.

Bei Hypotheken ist also die *niedrigere Annuität wichtiger als der niedrige Zinssatz.* Sagen Sie bitte nicht, das geht Sie nichts an, denn Sie wollen sowieso nicht verkaufen. Selbst bei degressiver Abschreibung kommen Sie sehr schnell an den Punkt, an dem Sie mit Ihren Abschreibungen nicht mehr Ihre Einkünfte steuerlich neutralisieren können. Durchschnittlich ist das nach 5 bis 7 Jahren der Fall.

Auch für Sie ist es deshalb oft interessanter, von dem Erlös etwas anderes zu kaufen, wiederum von oben mit den Abschreibungen zu beginnen und zumindest das Einkommen daraus steuerlich zu neutralisieren.

Barzahlungen für gewerbliche Immobilien sind deshalb in den USA oft schädlich für Sie. Dabei kommen Sie zu schnell an den Punkt, wo die Abschreibungen nicht mehr ausreichen zur Einkommensneutralisierung.

Jetzt zu *Punkt 3*, der oft zu Enttäuschungen bei Anlagen im Ausland führt. Das sind die völlig *verschiedenen Anlageziele*, das heißt, die völlig verschiedenen Motive Ihrer Immobilienanlage zu Hause und im Ausland, insbesondere außerhalb Europas.

Um das zu erklären, muß ich von ein paar Voraussetzungen ausgehen, die zwar etwas verallgemeinern, aber wahrscheinlich auf die meisten Leser dieses in Deutschland erscheinenden Buches zutreffen. Ich nehme an, Sie haben Ihren Betrieb, Ihr Büro oder Ihre Praxis in Deutschland und das gesamte oder ein Großteil Ihres Einkommens stammt aus deutschen Quellen. Sie haben außerdem das gesamte oder zumindest einen großen Teil dieses Vermögens in Deutschland angelegt. Davon wiederum einen Teil in Immobilien. Diese Immobilien sind für Sie nicht nur wegen der Erhaltung des Substanzwertes interessant, sondern vor allem auch wegen der Abschreibungen, mit denen Sie Ihre sonstigen deutschen Einkünfte steuerlich herabsetzen können. Die Renditen sind ja sowieso meistens niedrig.

Die Hauptgründe, warum Sie überhaupt in den USA anlegen wollen, sind einmal, daß Sie sich um die wirtschaftliche und politische Entwicklung in Ihrem Heimatland Sorgen machen, und zweitens, daß Sie erwarten, in den USA höhere Renditen bei niedrigerer Besteuerung zu erzielen.

Sie wollen also in den USA anlegen und suchen etwas, was absolut sicher ist, was sich im Wert vermehrt, was in einem Notfall relativ liquide ist und was kaum eine Verwaltung benötigt. Denn es ist zu geldaufwendig und nervenzerreißend, alle paar Wochen drüben mal nach dem Rechten zu sehen.

Und weil Sie in Deutschland wegen der Gründe, die ich eben aufgezählt habe, an Gewerbe- und Wohnimmobilien gewöhnt sind, ist es ganz natürlich, daß Sie dasselbe auch in den USA suchen. Aber damit handeln Sie sich einen mehr oder minder großen Verwaltungsaufwand ein. Wie groß, hängt ab von der Art der Immobilie und von den Mietverträgen.

Sie haben unter Umständen ein Leerstandsrisiko. Sie müssen indexieren, um Ihre Einkünfte immer an die Inflation anzupassen, und Sie können nur hoffen, daß Ihre Mieter das mitmachen und nicht ausziehen, wenn die wirtschaftliche Lage wieder schlimmer wird.

Sie haben Reparaturen und Sie haben bei jedem Gebäude eine gewisse Minderung nicht nur durch Abnutzung, sondern auch dadurch, daß das Konzept des Gebäudes veraltet. Ein mehrstöckiges Lagerhaus können Sie beispielsweise in den USA praktisch nicht mehr verkaufen, weil das zu arbeitsaufwendig ist. Ein anderes Beispiel: Schlecht isolierte Bürogebäude mit zentraler Klimaanlage sind bei den höheren Energiekosten weniger rentabel.

Sie können Probleme durch Umstände bekommen, auf die Sie gar keinen Einfluß haben. Wenn sich etwa die Nachbarschaft verändert, wenn sich also das Verhältnis von Schwarzen zu Weißen verändert, dann verändert sich auch die Ertragslage Ihres Shopping Centers oder Ihres Apartmenthauses.

Der Amerikaner nimmt diese Begleitrisiken der gewerblichen Immobilien bewußt in Kauf. Er hat nämlich durch die Abschreibungen die Möglichkeit, nicht nur die Erträge aus der Immobilie, sondern auch einen Teil seines sonstigen Einkommens steuerlich zu neutralisieren. Diese Steuervorteile sind für Amerikaner der ganze Umstand bei gewerblichen Immobilien wert.

Aber was können Sie damit anfangen? Die Antwort ist: fast nichts. Wahrscheinlich haben Sie — und da muß ich einmal wieder sehr verallgemeinern — kein sonstiges Einkommen aus den USA, zum Beispiel aus anderer gewerblicher Tätigkeit, das Sie in den USA steuerlich neutralisieren müssen. Mit den Abschreibungen in den USA, also den steuerlichen Verlusten, können Sie jedoch in Deutschland überhaupt nichts anfangen. Die wirken sich höchstens auf den Progressionsvorbehalt aus und auch das nur, wenn Sie nach deutschen Steuerrichtlinien, das heißt, nach langen Afa-Zeiten, ermittelt wurden. Das lohnt sich also gar nicht.

Sie handeln sich also unter Umständen mit Gewerbe- und Wohnimmobilien in den USA all die Nachteile ein, die Sie aus Deutschland kennen und deren Ärger sich proportional zur Entfernung vergrößert. Aber die steuerlichen Vorteile solcher Renditeobjekte in den USA können Sie wegen Ihres Wohnsitzes in Deutschland gar nicht in Anspruch nehmen. Manchmal ist deshalb — richtig ausgesuchter — Landbesitz für sie als ausländischen Anleger geeigneter als Gebäude.

Der US-Immobilienmarkt

Ein homogener Markt? 50 Teilmärkte? Oder vier Regionen?

Ernst-Uwe Winteler

Einige Dinge sind überall auf dem US-Immobilienmarkt gleich. Etwa die schon beschriebenen Änderungen und Trends oder auch die Finanzierungsmöglichkeiten, doch damit erschöpft sich praktisch schon die Gemeinsamkeit. Die Unterschiede zwischen einzelnen benachbarten Bundesstaaten wie zum Beispiel South Carolina und North Carolina sind auf der anderen Seite nicht so groß, daß man alle 50 Bundesstaaten gesondert sehen muß. Ganz grob einteilen können Sie die USA in vier Hauptregionen: den Nordosten, den Mittelwesten, den Westen und die Sonnengürtel-Staaten einschließlich des Fernen Westens, nämlich Kalifornien.

Die Hochrechnungen der Statistiker besagen, daß die Süd- und Weststaaten der USA bis 1990 sowohl prozentual als auch auf die tatsächliche Einwohnerzahl berechnet schneller wachsen werden als die Nordost- und mittleren Nordstaaten. Die Süd- und Weststaaten werden nämlich um etwa 11,4 Millionen „Consumer Units", also Verbrauchereinheiten (ein genauso scheußlicher statistischer Begriff wie das „Patientengut" im Krankenhaus) zunehmen, während der Nordosten und die mittleren Nordstaaten nur um etwa 6,5 Millionen Verbrauchereinheiten wachsen werden.

Diese Völkerwanderung in die Sunbelt-Staaten, die Sonnengürtel-Staaten, weg vom Frostbelt, dem Frostgürtel, geschieht ja nicht nur wegen des schöneren Wetters im Süden. Es locken auch die höhere Lebensqualität und für Firmen das bessere Geschäftsklima, Steuervergünstigungen, unternehmerfreundlichere Politik und häufig auch das

Fehlen gewerkschaftlicher Übermacht. Der Frostbelt leidet bisher mehr als der Sunbelt unter der schlechten Infrastruktur der alternden Städte mit verrottenden Straßen, Brücken, Ver- und Entsorgungssystemen, alten Fabrikanlagen und auch unter den im allgemeinen dort höheren steuerlichen Belastungen.

Allerdings ist es nicht so, daß man nun einfach blindlings in einen der Sonnengürtel-Staaten gehen kann und dort in jedem Falle eine gute Anlage macht. Daß auch hier die Objekte „gesiebt" werden müssen und daß Sie all die Kriterien anlegen müssen, die in den nächsten Kapiteln beschrieben sind, ist klar. Aber die Auswahl an wirklich langfristig günstigen Objekten ist in den Sonnengürtel-Staaten nun einmal größer als beispielsweise im Frostbelt.

Die meisten Anleger sind, meiner Erfahrung nach, sowieso am meisten interessiert an den Sonnengürtel-Staaten. Es würde auch zu viel Raum einnehmen, ausführlich auf die anderen Gebiete einzugehen, zumal diese von vornherein vielleicht uninteressant sind. Mit einer Ausnahme:

New York

Es ist wohl wichtig, etwas über New York zu sagen, denn das ist meistens die Stadt, mit der der Ausländer zuerst Kontakt bekommt. Die Situation auf dem New Yorker Immobilienmarkt ist völlig unnormal, aber das ist so üblich bei New Yorker Immobilien. New York ist immer eine Welt für sich gewesen, was Immobilien angeht.

New York ist wohl das gefährlichste Pflaster für Immobiliengeschäfte. Es ist auf den meisten Immobilienmärkten ein wild gewordener Spekulationsmarkt, der einige große Investoren sehr reich macht, auf der anderen Seite jedoch auch viele vormals sehr reiche Investoren nach einigen Jahren sehr viel weniger reich zurückläßt. In der Rezession Mitte der 70er Jahre verschwanden unzählige Vermögen auf Nimmerwiedersehen in vertikalen Kilometern vermietbaren Raums, wie in den Hochhäusern auf 1166 Avenue of the Americas, an der 10 Jones Street und im Großvater aller „weißen Elefanten" des Immobiliengeschäfts, dem World Trade Center. 1979/80 hatte sich dann dort das Bild völlig gedreht. Die Büromieten von früher unvermietbaren Gebäuden hatten sich von Angebotspreisen von 5 bis 10 Dollar pro square foot auf Nachfragepreise von 25 bis 30 Dollar pro square foot hochgeschwungen. Riesenobjekte wurden gekauft mit minimalen Renditen, in der Hoffnung, daß nach Ablauf von alten Mietverträgen die Räume zu sehr viel höheren Preisen weitervermietet werden könnten. Ende 1982 raste dann diese Achterbahn-Konjunktur wieder nach unten und die nächsten großen Gelder wurden vernichtet.

Ein Beispiel dafür ist ein Grundstückskauf von Cadillac Fairview, der großen kanadischen Bauträgergesellschaft. Die kauften 1981 von Citicorp einen etwa 1 700 Quadratmeter großen Bürohausplatz in Manhattan, Ecke 53. Straße/Lexington Avenue. Der Kaufpreis war 105 Millionen Dollar bei einer Anzahlung von 21 Millionen Dollar. Um bei dem Grundstückspreis noch kostendeckend zu vermieten, hätte man 70 Dollar pro square foot pro Jahr berechnen müssen. Das entspricht einer Monatsmiete von 62,80 Dollar pro Quadratmeter. Da es den Kanadiern dann auch dämmerte, daß in den nächsten Jahren kaum Chancen bestanden, diesen Mieten auch nur nahezukommen, ließ Cadillac Fairview den Ankauf fallen und verlor damit seine 21 Millionen Dollar Anzahlung. Das ist wohl der größte Anzahlungsverlust in der amerikanischen Immobiliengeschichte.

Ab Ende 1983 ging es auf der Achterbahn wieder nach oben, und diese Erholung zeigte sich darin, daß ein Hochhaus-Komplex nach dem anderen die vertraute Skyline von New York veränderte. Doch das hat kaum etwas zu tun mit der Renaissance einer Stadt, sondern mehr mit gefährlichster Spekulation und mit unvermeidlich schlechtem Timing. Unvermeidlich deshalb, weil die Planung solcher Großkomplexe mindestens drei bis vier Jahre dauert und der Bau oft nochmals die gleiche Zeit. Geplant und angefangen zu bauen wird also oft auf dem Höhepunkt einer Konjunktur, die die New Yorker Baulöwen nahezu euphorisch macht.

Was in New York passiert, ist auch keineswegs übertragbar auf andere Städte oder Regionen: Die Stadt New York bietet Bauträgern zum Beispiel die Luft über der New Yorker Carnegie Hall und einem angrenzenden Grundstück zum Kauf an. Der Erwerber dieser „Luftrechte" kann die Carnegie Hall überbauen, und zwar in dem Bereich, der von dem Gebäude der Carnegie Hall nicht genutzt wird. Solche Luftrechte können genauso wie die Mineralrechte unabhängig vom Grundstück erworben oder veräußert werden.

Wenn in New York etwas Neues geschaffen wird, dann breitet sich das sicherlich in New York wie ein Flächenbrand aus, greift aber nicht unbedingt auf die anderen Staaten über. Ein für New York und nur für New York typisches Beispiel sind die „Slivers", deren Grundfläche nicht größer ist als ein Reihenhaus. Da New Yorker Bebauungsvorschriften in Wohngegenden — um es einmal sehr verallgemeinernd auszudrücken — nur „greifen", wenn ein Bauträger mehrere Parzellen mit einem Gebäude überbauen will, kann die New Yorker Baubehörde — bisher noch — nicht verbieten, daß auf einmal aus dem Dach traditioneller Reihenhäuser Wohntürme hervorsprießen. Diese „Slivers", auch „Needle"-(Nadel-)Gebäude genannt, passen in diese Wohngegenden wie die Faust aufs Auge, und die Einwohner empfinden sie auch als solchen Schlag ins Gesicht.

An der modischen Upper East Side entstand das Empyrean, ein 34stöckiges Gebäude, das nur 5,45 Meter breit ist. Diese nadelartigen Türme brauchen tiefe Fundamente, und die Ausschachtungsarbeiten ziehen oft die Fundamente der umliegenden Häuser in Mitleidenschaft. Die „Slivers" sind zwar teurer im Bau, aber das wird bei weitem dadurch wettgemacht, daß man dafür billigere Grundstücke nehmen kann. Die meisten „Slivers" werden als Apartments verkauft. Selbst in die größten „Nadeln" paßt nur ein Apartment pro Geschoß, bei vielen „Slivers" erstreckt sich sogar ein Apartment über zwei bis drei Geschosse. Die Preise sind „new yorkerisch", das heißt, astronomisch. Sie reichen ohne weiteres bis zu 600 000 Dollar für ein solches Apartment mit nur zwei Schlafzimmern.

Der New Yorker Markt ist so unberechenbar und so gefährlich, daß ich an Ihrer Stelle — wenn es nun unbedingt New York sein muß — mich höchstens mit einem kleinen Anteil an einem Immobilienkonsortium beteiligen würde, das finanziell so stark ist, daß es auch das schwerste Konjunktur-Unwetter mit hohen Leerstandsraten der Gebäude unbeschadet überstehen kann.

Auch die manchmal angebotenen Reihenhäuser außerhalb von Downtown Manhattan, aber innerhalb des Stadtbereichs New York sind nicht unbedingt eine empfehlenswerte Anlage. Es ist für jemanden wie Sie, der nicht am Ort ist, gerade in New York nahezu unmöglich, die Zukunftsentwicklung eines Stadtteils oder auch nur einer Straße abzuschätzen. Es gibt da ein paar böse Interpretationen wegen der Anzeigentexte von New Yorker Wohnimmobilien, die ich Ihnen nicht vorenthalten möchte:

Outstanding Location (= allerbeste Wohnlage): Im Klartext heißt das, daß Sie nach Hause kommen, ohne einen über den Kopf zu bekommen.

Excellent Location (= erstklassige Wohnlage): Straßenräubereien sind zwar selten, aber kommen in dem Gebiet vor.

Well Located (= gute Lage): Einen über den Kopf zu bekommen und Ihr Geld zu verlieren, ist dort ganz üblich.

Gar keine Lage angegeben: Normalerweise umkreist ein Dutzend wachsamer Streifenwagen dieses Gebiet.

Diese von New Yorker Immobilienmaklern stammende zynische Interpretation der Anzeigentexte ist natürlich überzeichnet, aber deutet nicht gerade darauf hin, daß New York von hoher Lebensqualität strotzt. Schließlich ist das einer der Gründe, warum viele New Yorker hoffen, ihren Lebensabend woanders zu verbringen.

Diese Sätze über New York klingen negativ und sie sollen auch negativ klingen, denn ich kenne zu viele Beispiele, in denen New York zu einem Vermögensgrab ausländischer Anleger wurde. Wenn Sie unbedingt auf den New Yorker Markt wollen, dann, wie oben erwähnt, nur als Teil einer finanzstarken Gruppe. Es sei denn, Sie sind in der Lage und willens, erhebliche Risiken einzugehen und lange finanzielle Durststrecken durchzuhalten.

Der Durchschnittsanleger findet meiner Ansicht nach mehr vernünftige Anlagemöglichkeiten in den Sonnengürtel-Staaten, auf die ich im folgenden eingehen werde.

Der Sunbelt — Die Sonnengürtel-Staaten

Über 80 Millionen Menschen, das heißt, mehr als ein Drittel aller US-Amerikaner, leben in denjenigen Bundesstaaten oder Teilen davon, die den „Sonnengürtel" ausmachen. Die Bevölkerungszahl des Sonnengürtels stieg von 1970 bis 1980 um 22 Prozent, etwa doppelt so schnell wie der Durchschnitt der Bundesstaaten.

Seit 1980 dreht sich der Trend allerdings wieder, denn seit diesem Jahr verzeichnen acht Sonnengürtel-Staaten abnehmende Einwohnerzahlen, während fünf Frostgürtel-Staaten sogar zunehmende Einwohnerzahlen haben. Der Grund: Mit der schnellen Bevölkerungszunahme des Sonnengürtels wurden nicht nur Menschen, sondern auch Probleme vom Norden übernommen, ethische Probleme, Umweltprobleme, Kriminalität. Die Sonnengürtel-Staaten konnten sich auch nicht den Arbeitslosigkeitsproblemen der Rezession entziehen.

Manche Beobachter befürchten, daß viele Sonnengürtel-Staaten in die gleichen Schwierigkeiten kommen werden wie früher die Frostgürtel-Staaten, da es nicht allein genügt, ein mildes Klima zu haben, die Steuern niedrig zu halten und die Gewerkschaften herauszuhalten, sondern daß eben auch eine gut ausgebildete Arbeiter- und Angestelltenschaft notwendig ist. Und da scheint es bei vielen Sonnengürtel-Staaten zu mangeln. Sie haben im Gegensatz zu einigen Staaten im Nordosten, insbesondere in Neu-England, versäumt, ihr Erziehungssystem gleichlaufend mit den wachsenden Einwohnerzahlen auszubauen.

Auch der Sonnengürtel ist allerdings kein homogenes Gebiet. Er läßt sich in fünf Regionen einteilen, die unterschiedlich interessant für Investoren sind: der Südosten, Florida, die Ölstaaten, Arizona und New Mexico, Südkalifornien. Wie sind nun die

Zukunftsaussichten der fünf Sunbelt-Regionen?

Der Südosten

Diejenigen Bundesstaaten, die den Südosten ausmachen, sind das Herz der alten „Konföderation". In manchen Gebieten ist die Erinnerung an den damaligen Bürgerkrieg noch so lebendig, als seien seitdem nicht 120, sondern nur 20 Jahre vergangen.

Die Südoststaaten sind noch am wenigsten von dem Zustrom neuer Einwanderungsgruppen betroffen und haben daher am wenigsten neue ethnische Probleme. Am wirtschaftlich interessantesten ist Georgia. Seit Abschluß der 1980er Volkszählung erreichte von allen Südoststaaten nur Georgia — aufs Jahr umgerechnet — einen 16prozentigen Bevölkerungszuwachs und ließ damit zum Beispiel Tennessee, Alabama, Mississippi und Arkansas weit hinter sich.

Atlanta ist dabei das finanzielle und kulturelle Zentrum nicht nur des Bundesstaates Georgia, sondern der gesamten Südoststaaten. Es entwickelt sich — mit seinem Flughafen, dem zweitgrößten der Welt — nicht nur zum Großhandelszentrum des Südostens, sondern auch zu einem ganz bedeutenden Hi-Tech-Zentrum der USA. Die Georgia Tech University, genauer: Georgia Institute of Technology, steht in den USA an dritter Stelle — hinter MIT (Massachusetts Institute of Technology) und der John Hopkins University — bei den an Universitäten vergebenen Forschungs- und Entwicklungsvorhaben. Das zieht neben den an Zukunftstechnologien interessierten Firmen auch das große Umfeld der Dienstleistungs- und zuarbeitenden Industrien und Personen an.

Florida

Die Postkartenidylle von Südflorida, Palmen unter blauem Himmel, Natur und Einsamkeit der Everglades, von Blumen umrankte Stuckvillen in Palm Beach und ältere Paare in Hawaii-Hemden und rosa Kleidern, gibt es immer noch. Doch für die dort Lebenden wird die

Postkartenidylle von einer erschreckenden Zunahme der Kriminalität, Rassenspannungen und einer Abnahme an Lebensqualität überschattet.

Von den zehn Städten in den USA mit der höchsten Verbrechensrate lagen nach einer FBI-Aufstellung für das Jahr 1980 drei in Südflorida: Miami an erster Stelle, West Palm Beach an fünfter Stelle und Fort Lauderdale an achter Stelle der gesamten USA. Hinter diesem Anstieg der Kriminalität steht vor allem das Rauschgiftgeschäft. Man schätzt, daß 70 Prozent aller Marihuana- und Kokain-Importe der USA über Südflorida gehen.

Nur für den flüchtigen Besucher ist Südflorida immer noch ein Juwel. Zwar besuchen jedes Jahr Millionen Fremde, die meisten davon spanisch sprechend, Miami, und Präsident Roldoz von Ecuador nannte Miami „die Hauptstadt Lateinamerikas". Doch von den 1,7 Millionen Einwohnern in Dade County (Miami und Umgebung) hatten Ende 1985 die spanisch Sprechenden schon die Weißen zahlenmäßig überflügelt. Miami ist nicht nur ein Schmelztiegel, sondern ein überhitzter Dampfkessel. Kriminalität, Drogen und die kulturellen Spannungen haben dabei zu einem Exodus der „Anglos", der Angelsachsen, aus Miami und Umgebung geführt. Sie haben keine Lust, sich in ihrer früheren Heimat an diese veränderte Situation anzupassen und ziehen deshalb weg. Der Immobilienboom, der den Preis eines durchschnittlichen Einfamilienhauses zwischen 1978 und 1980 praktisch verdoppelte, ist tot.

Auch die Umwelt zeigt erste Zeichen der Ermattung: In einigen Teilen von Dade County wird schon Wasser rationiert. In Orange County war eine 100-Millionen-Dollar-Kläranlage vom ersten Tage an zu 100 Prozent ausgelastet.

Eine Untersuchung der sogenannten Harvard MIT-Gruppe (Joint Center for Urban Studies of the Massachusetts Institute of Technology and Harvard University) sieht denn auch in Florida ein sich abkühlendes Gebiet. Die Pensionäre des Nordens sehen ihr Mekka nicht mehr nur in Florida, sondern lassen sich auch in anderen Sonnenstaaten nieder.

Ab 1981 verlangsamte sich deshalb das erste Mal in Floridas Nachkriegsgeschichte die Zuwanderungsrate.

Für Sie als Anleger ergeben sich zwei Schlußfolgerungen: Sie sollten sich weder für Anlagen noch für Wohnzwecke gerade in Südflorida ansiedeln oder zumindest nicht ausgerechnet in Dade County. Wenn Sie aber unbedingt nur dorthin wollen, dann sollten Sie zumindest den Exodus vieler bisheriger Bürger und den zusammengebrochenen Immobilienmarkt ausnutzen und nicht zu regulären Preisen kaufen, sondern nur bei Notverkäufen.

Die Ölstaaten

Die Wirtschaft der drei im allgemeinen als „Ölstaaten" bezeichneten Staaten Texas, Oklahoma und Louisiana beruht zu einem großen Teil auf Öl- und Gasexploration und -produktion. Houston ist das Zentrum der Ölstaaten, doch alles weist darauf hin, daß das Wachstum von Houston und sein Arbeitsmarkt schon 1978 den Höhepunkt überschritten haben.

Die schlechteren Aussichten sind nicht nur eine Folge der gegenwärtigen Rezession auf dem Ölmarkt. Das US General Accounting Office warnte in seinem Bericht an den Kongreß schon im Jahre 1980 davor, daß die Ölstaaten abhängig von Öl und Gas seien und befürchtete, daß — wenn deren Wirtschaftsstruktur nicht rigoros diversifiziert würde — diese Staaten wegen der in absehbarer Zukunft erschöpften Öl- und Gasvorräte notleidend werden könnten.

Diese Warnung im Bericht an den Kongreß war nur zu berechtigt. Die großen Metropolen Texas, insbesondere Houston, waren schon ab 1985 ein Immobilien-Notstandsgebiet, an dem der Boom zwischen 1983 und 1985 spurlos vorbeigegangen war.

Arizona und New Mexico

Wenn man den Demographen und ihren Statistiken glauben darf, dann werden diese beiden Staaten auch in den 80er Jahren den höchsten Bevölkerungszuwachs der USA erzielen. Sie bieten das, was die Amerikaner als „Post Industrial Culture" — als „nachindustrielle Kultur" — bezeichnen, eine Mischung aus entspanntem Lebensstil mit viel Outdoor-Aktivitäten und Industrieansiedlungen neuester Technologie, wie sie sich in Phoenix, Tucson und Albuquerque zeigt.

Aber die alten Einwohner einiger dieser neuen Ballungszentren sind nicht so ganz glücklich über die Entwicklung. Früher zogen sie nach Phoenix wegen des Klimas und der Freizeitmöglichkeiten und unberührter (aber nicht sehr fruchtbarer) Natur. Inzwischen ist in Phoenix nicht nur die Kriminalitätsrate — prozentual gesehen die zweithöchste in den USA hinter Miami —, sondern auch die Luftverschmutzung so schlimm, daß Pensionäre schon wieder wegziehen.

Doch hinter den Hochrechnungen der Demographen steht ein großes Fragezeichen. Gerade in den beiden Staaten Arizona und New Mexico gibt es einen natürlichen Bremsriegel vor weiterer Bevölkerungsexplosion: die Wasserknappheit.

Südkalifornien

Dieser ferne Westen ist der reichste Staat des Sonnengürtels mit Los Angeles als Metropole. Er ist kosmopolitisch eingestellt und wirtschaftlich diversifiziert.

Doch auch Südkalifornien oder zumindest der größere Umkreis von Los Angeles hat offensichtlich seinen Höhepunkt des Bevölkerungswachstums erreicht. Gestiegene Arbeitskosten, hohe Landpreise und sehr hohe Hauspreise haben Kalifornien für Zuwanderer aus anderen Bundesstaaten weniger attraktiv gemacht. Die jetzigen hohen Neuzuwanderungsraten zeigen weniger einen Zustrom von US-Amerikanern als vielmehr von mexikanischen Emigranten. Als ungelernte Arbeiter tragen sie jedoch dazu bei, daß über 10 Prozent der Einwohner des Großbezirks Los Angeles unterhalb der offiziellen Armutsschwelle leben.

Weniger bekannt ist, daß gerade Kalifornien ein beliebter Zuzugsplatz für Asiaten ist. In Los Angeles gibt es zum Beispiel nicht nur eine

„China Town", sondern inzwischen auch ein „Little Tokyo" und eine „Korea Town". Der Trend in Amerika, sich von Europa ab- und dem pazifischen Raum zuzuwenden, ist am ausgeprägtesten in Kalifornien.

Kaliforniens diversifizierte Wirtschaft ist fast genauso konjunkturanfällig wie die des Nordostens. Nur das schnelle Wachstum einiger Counties wie San Diego oder das Silicon Valley um San José herum hat in den 70er Jahren verhindert, daß Südkalifornien im Sunbelt an letzter Stelle des Bevölkerungswachstums stand.

Diese negativen Zeichen bedeuten jedoch nicht, daß Kalifornien auf dem absteigenden Ast ist. Statt dessen wird eine Stabilisierung und langsamer Zuwachs erwartet.

Wohin nun im Sonnengürtel?

Bei der Entscheidung, wo Sie investieren wollen, sollten Sie einen recht wichtigen Grund in Betracht ziehen: Zwischen Deutschland und der Ost- und Südostküste Amerikas haben Sie 6 bis maximal 7 Stunden Zeitunterschied. Sie können also an Ihrem Büronachmittag mit drüben telefonieren, wo es gerade Vormittag ist.

Bei Investitionen in Kalifornien dagegen haben Sie 9 Stunden Zeitunterschied. Sie schaffen es also nur ganz knapp — wenn überhaupt —, innerhalb der normalen Bürostunden miteinander zu telefonieren und zu telexen. Wenn für Ihr Geschäft dauernde gegenseitige Abstimmungen notwendig sind, dann ist beispielsweise Kalifornien ungünstig. Wenn Sie als Privatmann anlegen und mit Ihren Anwälten und Partnern drüben reden wollen, dann werden Sie für Kalifornien Ihre Abendstunden opfern müssen.

Kontakte vor dem Kauf

Wie kommen Sie überhaupt an interessante Objekte heran?

Ernst-Uwe Winteler

Eine Feststellung ist wohl unbestritten: Was in den Anzeigen überregionaler deutscher Zeitungen an US-Immobilien angeboten wird, ist zu einem großen Teil „Anlage-Schrott". Das hat seinen Grund: Echte Kaufgelegenheiten sind meistens auch in den USA schnell unterzubringen. Wenn aber genügend Zeit ist, um sie in Europa mit Anzeigen und Hochglanzprospekten zu vermarkten, dann besteht offensichtlich in den USA kein schneller Markt dafür.

Wenn man sich die Auslands-Immobilien-Anzeigen der großen überregionalen Zeitungen ansieht, dann muß man entweder annehmen, daß manche der Anbieter dumm sind, es nicht besser wissen oder lügen. Es gibt zum Beispiel einfach keine Ranch in den USA, die eine sichere 15prozentige Jahresrendite bringt. Es gibt keine Farm, bei der eine 8prozentige Rendite garantiert werden kann — wenigstens so lange nicht, wie der Anbieter keinen Sondervertrag mit dem Wettergott hat.

Es ist genauso schwierig für einen Ausländer, in den USA an Gelegenheiten heranzukommen, wie für einen amerikanischen Anleger, der in Europa Grundstücke kaufen will. Sofern Sie sich nicht sehr gut drüben auskennen und wirklich gute Kontakte haben, müssen Sie sich damit abfinden, daß Sie schon gut fahren, wenn Sie eine so weit wie möglich abgesicherte Anlage zu einem Preis bekommen, der den dortigen Marktverhältnissen entspricht.

Ob in den USA, in Europa oder sonstwo, überall gilt die gleiche Rechtsmaxime „caveat emptor", salopp übersetzt „Käufer, paß gefälligst selber auf". Es ist erstaunlich, wie oft Käufer, die in ihrem Heimatland bei Anlagen extrem vorsichtig vorgehen, sich im Ausland ohne Bedenken „bekaufen". Enttäuschungen bleiben da nicht aus. Und zwar nicht, weil irgendein Land Integrität und das andere Unehrlichkeit gepachtet hat, sondern weil außer der räumlichen Distanz auch Unterschiede in der Mentalität und in den Usancen bestehen.

Es ist zugegebenermaßen schwer für Sie, Kontakte für vernünftige amerikanische Immobilien zu bekommen. Zwar können Sie sich über Banken und die großen amerikanischen Börsenmakler-Firmen Unterlagen über jede amerikanische börsennotierte Aktie besorgen lassen. Doch diese Banken oder Börsenmakler sind kaum darauf eingerichtet, amerikanische Immobilienangebote zu beurteilen.

Wie kommen Sie also an vernünftige Kontakte heran? Der Aufwand, den Sie dabei treiben, muß natürlich im Verhältnis zum einzusetzenden Kapital stehen. Für Anleger, die 20 000 bis 30 000 Dollar anlegen wollen, lohnt es sich wirklich nicht, in die USA zu fliegen und dort auf Kontaktsuche zu gehen. 10 bis 20 Prozent des zur Verfügung stehenden Kapitals sind dabei schnell weg.

Wer mit diesen relativ kleinen Beträgen auf den US-Immobilienmarkt gehen will, dem bleibt im Grunde nicht anderes übrig, als beispielsweise Kommanditanteile an Beteiligungsgesellschaften zu erwerben, wie sie auch von einer ganzen Reihe von Anbietern verkauft werden. Und wenn es sich um seriöse Anbieter handelt, dann ist zumindest eine einigermaßen akzeptable Rendite und eine einwandfreie finanzielle Abwicklung gewährleistet.

An welchen Objekten man sich beteiligen sollte und von welchen man lieber die Finger läßt, ist dabei für den 20 000-Dollar-Anleger genauso wichtig wie für denjenigen, der mit höheren Beträgen direkt in ein eigenes Objekt hineingeht. Ich hoffe, daß dieses Buch bei der Objektwahl hilft.

Wenn es sich aber um größere Beträge handelt, dann ist sicherlich eine Reise in die USA lohnend, vorausgesetzt, daß Sie an die richtigen Adressen kommen.

Wenn Sie in den USA eintreffen, ohne dort schon Verbindung zu haben, dann sollten Sie davor über Ihre heimische Handelskammer oder über Ihren Verband oder eventuell direkt ein Gespräch mit einer der Außenstellen der deutsch-amerikanischen Handelskammer anbahnen. Die Kammern müssen sich zwar hauptsächlich auf ihre beitragszahlenden Mitglieder konzentrieren, sind aber meistens recht hilfreich. Wenn sie Ihnen nicht selbst Makler nennen können, dann werden sie Ihnen zumindest Anwälte angeben, die Erfahrung mit internationalen Mandanten haben.

Durch den Kontakt mit guten amerikanischen Anwälten sind Sie schon einen erheblichen Schritt weiter. In Amerika geht nichts — auch nicht ein Grundstückskauf — ohne die Mitwirkung eines erfahrenen Anwalts. Da in den USA Anwälte unerläßlich sind bei allen Geschäftsabschlüssen, haben sie auch einen entsprechend großen Einblick in das Wirtschaftsgeschehen an ihrem Ort und stellen eine hervorragende Auskunftsquelle für Adressen dar.

Wenn Sie sich nicht an die deutsch-amerikanische Handelskammer wenden wollen oder wenn in der Region, an der Sie interessiert sind, keine ist, dann kann Ihre Hausbank Sie an deren Korrespondenzbank in den USA verweisen, die Ihnen mit Adressen weiterhilft.

An amerikanische Handelskammern, die Chambers of Commerce, heranzugehen, ist meiner Erfahrung nach nicht so sehr sinnvoll. Sie vertreten die Interessen der amerikanischen Anbieter, und Sie können nicht erwarten, daß Ihnen irgendwelche Hinweise auf Seriosität beziehungsweise Unseriosität gegeben werden. Genauso gut können Sie auch einen Makler wahllos aus den gelben Seiten des Telefonbuchs auswählen.

Eine gute Auskunftsquelle über Makler und eventuell auch über Objekte sind die amerikanischen Savings & Loan Associations, die S & L's. Da die USA nicht das Universal-Banken-System haben, sind die normalen Geschäftsbanken nur sehr begrenzt auf dem Immobiliensektor tätig. Die S & L's, sparkassenähnliche Institute, sind dagegen aktiv auf dem Hypothekarmarkt tätig und wissen sehr genau, was auf dem Immobiliengebiet los ist.

Doch alleine mit diesen Kontakten ist es leider nicht getan. Sie müssen sich auch immer die Unterschiede zwischen dem europäischen und dem amerikanischen Immobilienmarkt und über Ihre unterschiedlichen Anlageziele, auf die ich schon früher eingegangen bin, im klaren sein.

Ich hoffe, daß auch die nächsten Kapitel dieses Buches Ihnen helfen, sich ein klares Bild zu formen, welche US-Immobilien für Sie richtig sind, damit Sie ganz gezielt den Makler oder Ihren Anwalt danach suchen lassen können.

Die erste Auflage dieses Buches wurde im September 1979, auf dem Höhepunkt des damaligen US-Immobilienbooms, geschrieben. Damals war klar abzusehen, daß einige Immobilienbereiche spekulativ überhitzt waren und entsprechend hatte ich empfohlen zu warten, bis die unvermeidliche Abkühlung interessante Möglichkeiten brächte. 1981 und 1982 drehte sich dann der Markt völlig und es kam zu der Abschwächung und ich empfahl deshalb in der zweiten Auflage Mitte 1983, bei einigen Sachen zuzugreifen, weil es eine ausgesprochene Kaufzeit war.

Jetzt dagegen, Anfang 1987, scheinen wir wieder auf einem Boom-Höhepunkt zu sein, der unter Umständen von einem zusammenbrechenden Immobilienmarkt abgelöst wird, es sei denn, die Inflation kommt wieder auf. Jetzt in „normale" Immobilien zu investieren, wäre heller Wahnsinn. Die Taktik jetzt ist: sich liquide halten und „Bottom Fishing" zu betreiben, das heißt, nach notleidenden Objekten Ausschau zu halten — und dabei kann Ihnen Ihr Anwalt am besten helfen. Bei Bürohäusern ist das Stadium beispielsweise in Houston schon erreicht und wird sicherlich auch auf die anderen Regionen der USA übergreifen. Wahrscheinlich wird ein Rückschlag nicht nur auf Bürohäuser beschränkt bleiben.

Die grundsätzlichen Bemerkungen über die einzelnen Objektarten gelten dabei genauso in einer Rezession wie in einem Boom.

Beurteilung einzelner Objektarten

Acht Kriterien, an denen Sie jede Auslandsanlage messen sollten

Ernst-Uwe Winteler

Es gibt gewisse objektive Kriterien, an denen Sie jede Objektart messen sollten. Sie stammen aus einer Zusammenfassung verschiedenster Auswertungen und Statistiken von Banken und institutionellen Anlegern über die Risiken der einzelnen Anlagemöglichkeiten, insbesondere für nicht-ansässige Ausländer.

Diese Risiken wurden dabei „schulmäßig" benotet: 1 Punkt = sehr gut; 2 Punkte = gut; 3 Punkte = zufriedenstellend; 4 Punkte = ausreichend; 5 Punkte = schlecht; 6 Punkte = sehr schlecht.

Nun zu den einzelnen Kriterien:

1. Verwaltung

Dieses ist der wichtigste Punkt bei jeder Auslandsanlage. Sie muß einfach zu verwalten sein. Sie können keine Anlagen gebrauchen, die tägliche Entscheidungen benötigen und oft kontrolliert werden müssen. Sie können auch keine Anlagen gebrauchen, bei denen die korrekte finanzielle Abwicklung kaum zu überprüfen ist. Daß jede Anlage — egal, welche Objektart — einen gewissen Papierkrieg bedingt (zum Beispiel Steuererklärungen und Jahresabschlüsse), ist unvermeidlich und wird deshalb nicht bei der Bewertung berücksichtigt.

Die meiner Ansicht nach für Ausländer günstigste Möglichkeit ist es, einen amerikanischen Partner zu haben, der selbst Kapital einbringt und als Komplementär (General Partner) für die ordnungsgemäße

Verwaltung haftet. Wenn Sie als Kommanditist (Limited Partner) jedoch — da Sie wahrscheinlich den Großteil des Kapitals aufbringen — die Rechte des General Partners zu sehr beschneiden und sich zu große Einflußmöglichkeiten sichern wollen, dann verlieren Sie neben gewissen steuerlichen Vorteilen unter Umständen den haftungsbegrenzten Status des Kommanditisten. Wenn Sie sich aber auf die Rolle des reinen Kommanditisten beschränken, dann haben Sie wenig Einfluß auf die Geschäftsführung. Dennoch ist dieses im allgemeinen die empfehlenswerte Form der Beteiligung für Sie, der doch recht weit weg vom Schuß wohnt.

Wenn Sie einen wirklich guten Komplementär gefunden haben, zum Beispiel in einem amerikanischen Partner oder in einer von Europa aus geleiteten Kommanditgesellschaft, dann sollten weder Verwaltung noch Kontrolle notwendig sein.

1 Punkt: Weder Verwaltung noch Kontrolle notwendig, weil Limited Partner.
2 Punkte: Verwaltung durch ansässige Verwaltungsfirma. Keine Kontrolle durch Eigentümer notwendig.
3 Punkte: Verwaltung durch ansässige Verwaltungsfirma. Kontrolle durch Eigentümer empfehlenswert, aber nicht unbedingt notwendig.
4 Punkte: Verwaltung durch ansässige Verwaltungsfirma. Kontrolle durch Eigentümer notwendig.
5 Punkte: Verwaltung durch ansässige Verwaltungsfirma. Kontrolle und Mitentscheidung durch Eigentümer unbedingt notwendig.
6 Punkte: Verwaltung durch ansässige Verwaltungsfirma. Kontrolle und Mitentscheidung durch Eigentümer unbedingt notwendig. Korrekte finanzielle Abwicklung unter Umständen kaum zu überprüfen.

2. Eigenkapitaleinsatz

Je größer ein Objekt ist und je mehr Eigenkapital Sie dafür brauchen, desto größer ist der Anteil dieses einen Objekts an Ihrem Gesamtvermögen. Desto weniger können Sie das Risiko streuen. Große Objekte können vielleicht renditemäßig ganz interessant sein, aber wenn Sie dabei zu viele „Eier in einen Korb" packen, dann erreichen Sie eben nicht die gerade mit der Auslandsanlage angestrebte Risikoverteilung. Der Ausweg, das Objekt hoch zu beleihen, um weniger Eigenkapital zu benutzen, ist keine echte Alternative, denn dadurch wird die Anlage nur riskanter.

Wenn Sie also die Wahl haben zwischen einem Objekt, in das Sie einen erheblichen Prozentsatz Ihres Vermögens hineinstecken müssen oder einigen kleineren Objekten, mit denen Sie Ihr Risiko verteilen können, dann würde ich auf jeden Fall die kleineren Objekte nehmen.

Als Limited Partner, der nur einen mehr oder weniger großen Kommanditanteil zeichnen muß, können Sie natürlich Ihr Risiko ganz erheblich verteilen.

1 Punkt: bis   50 000 Dollar Eigenkapital
2 Punkte: bis   150 000 Dollar Eigenkapital
3 Punkte: bis   250 000 Dollar Eigenkapital
4 Punkte: bis   500 000 Dollar Eigenkapital
5 Punkte: bis   750 000 Dollar Eigenkapital
6 Punkte: über   750 000 Dollar Eigenkapital

3. Notfall-Liquidität

Wenn Sie eine Auslandsanlage als Reservekapital oder Notgroschen ansehen, dann ist es zweckmäßig, daß Sie im Notfall schnell Geld herausziehen können, ohne gleich verkaufen oder beleihen zu müssen.

1 Punkt: Laufende Einkünfte. Außerdem kurzfristig Einmalentnahmen von 10 bis 20 Prozent des Eigenkapitals möglich.

2 Punkte: Laufende Einkünfte. Außerdem kurzfristige Einmalentnahmen von 5 bis 10 Prozent des Eigenkapitals möglich.
3 Punkte: Monatliche, mittlere Einkünfte von 4 bis 8 Prozent p.a., jedoch keine zusätzlichen Entnahmen möglich.

4 Punkte: Jährliche, mittlere Einkünfte von 4 bis 8 Prozent p.a., jedoch keine zusätzlichen Entnahmen möglich.
5 Punkte: Jährliche, niedrige Einkünfte von 2 bis 4 Prozent p.a., jedoch keine zusätzlichen Entnahmen möglich.
6 Punkte: Keine Einkünfte und keine Entnahmen möglich.

4. Rendite

Sie sollten bei der Rendite keine Hoffnungen und Aussichten kaufen. Typisch dafür sind Angebote von Bürohäusern und Shopping Centers, die zwar mit negativem Cashflow angeboten werden, aber dafür mit dem Argument, daß die Mietverträge in absehbarer Zeit auslaufen.

Machen Sie es wie die Amerikaner, richten Sie alles nur nach dem derzeitigen Ertrag. Die Möglichkeit, bei auslaufenden Mietverträgen später höhere Mieten zu erzielen, ist ein „Extra", das Sie zwar immer anstreben sollten, das aber nicht die derzeitige, tatsächliche Rendite ersetzt.

1 Punkt: über 10 Prozent p.a. Rendite
2 Punkte: 9 bis 10 Prozent p.a. Rendite
3 Punkte: 6 bis 8 Prozent p.a. Rendite
4 Punkte: 4 bis 6 Prozent p.a. Rendite
5 Punkte: 2 bis 4 Prozent p.a. Rendite
6 Punkte: Keine Rendite

5. Wertentwicklung

Nur bei Landbesitz haben Sie keinen Wertverlust durch Veralterung. Bei Gebäuden ist er unvermeidlich, und die AfA ist dafür ja auch im Grunde als Ausgleich gedacht. Diesen Wertverlust durch Veralterung und Abnützung können Sie unter Umständen durch eine aktive Werterhöhung einschränken oder gar aufheben.

Aktive Werterhöhungen bringen in der Regel höhere Immobiliengewinne als die reinen Renditen einer passiven Investition. Derartige Werterhöhungen sind in den USA meistens — von der Genehmigungspflicht her — einfacher als in Deutschland durchzuführen. Die aktive Werterhöhung bedeutet nicht nur die Renovierung eines heruntergekommenen Gebäudes, sondern sehr viel durchgreifendere Veränderungen. Einige Beispiele: Mietapartments in Eigentumswohnungen (Condos) umwandeln und verkaufen, Wohnhäuser in Bürogebäude umwandeln.

Bei Landbesitz, bei dem Sie sowieso keinen Veralterungs-Wertverlust haben, können Sie durch aktive Werterhöhung zum Teil erhebliche Wertsteigerungen erzielen. Beispielsweise indem Sie bei Bauland eine höhere Bebauungsdichte genehmigt bekommen oder Rohland erschließen und dann als Bauland verkaufen.

1 Punkt: Wertsteigerung weit über Inflationsrate. Kein Wertverlust durch Veralterung. Aktive Werterhöhung möglich.
2 Punkte: Wertsteigerung leicht über Inflationsrate. Kein Wertverlust durch Veralterung.
3 Punkte: Wertsteigerung entspricht Inflationsrate. Kein Wertverlust durch Veralterung.
4 Punkte: Wertsteigerung entspricht Inflationsrate. Risiko des Wertverfalls gering beziehungsweise kann durch aktive Werterhöhung vermindert werden.
5 Punkte: Wertsteigerung entspricht Inflationsrate. Risiko des Wertverlustes hoch. Aussichten für aktive Werterhöhung gering.
6 Punkte: Wertsteigerung unter Inflationsrate. Risiko des Wertverlustes sehr hoch. Keine Ausgleichsmöglichkeiten durch aktive Werterhöhung.

6. Wiederverkauf

Egal, wieviel Sie ursprünglich dafür bezahlt haben, Ihre Anlage ist immer nur so viel wert, wie Sie bei einem Wiederverkauf dafür bekommen.

Lassen Sie also Ihre Immobilien nicht wirklich „immobil" werden, sondern denken Sie auch an den späteren Wiederverkauf. Da Sie im Zweifelsfalle keinen Deutschen finden, der Ihnen die US-Immobilie wieder abkauft, müssen Sie von vornherein darauf achten, daß Sie kein „Fremdenreservat" kaufen. Es darf also kein Objekt sein, in das Einheimische nicht im Traum hineingehen würden oder aus dem sie gar herausflüchten.

Typisch für solche Fremdenreservate sind beispielsweise in Europa gewisse schweizerische Ferienwohnungen oder Hotelapartments, die weit überteuert in uninteressanten Orten für Ausländer erstellt werden. Schweizer würden darin niemals selber investieren. Genauso uninteressant sind auch gewisse Gegenden der USA. Beispielsweise Eigentumswohnungen in gewissen Gebieten bei Miami, aus denen die Weißen wegen der Rassenprobleme wegziehen und die zu reinen Lateinamerikaner-Hochburgen werden. Oder überhaupt Gebiete mit schlechter Lage, in denen Sie Probleme haben, die Mieten zu kassieren.

Diese Möglichkeit, später an Einheimische weiterverkaufen zu können, ist ein wesentlicher Punkt bei der Werterhaltung Ihrer Anlage und wird benotet von 1 Punkt = sehr gut bis 6 Punkte = sehr schlecht.

7. Sonstige Risiken

Von ganz wenigen — einfach schlecht gekauften — Ausnahmen abgesehen, hat reiner Landbesitz weniger Risiken, zumindest in den USA, als Gebäude. Um es einmal ganz salopp auszudrücken: Land kündigt nicht, wenn ihm die Nachbarschaft nicht mehr paßt oder wenn die Konjunktur schlechter wird. Land leckt nicht und bleibt dicht, auch wenn es regnet. Land wird nicht überholt und veraltet nicht.

Genau diese Risiken, nämlich Leerstand, Reparaturanfälligkeit, Abnutzung und Überholtsein durch ein veraltetes Konzept, haben Sie — in mehr oder minder großem Maße — bei allen Gebäuden. Besonders riskant sind dabei Gebäude, die keiner anderen Nutzung zugeführt werden können. Wenn dann der eine Mieter auszieht, können Sie es nur an die gleiche Branche wieder vermieten oder es steht leer.

Diese Risiken werden bei den einzelnen Objektbesprechungen aufgeführt und benotet mit 1 (= sehr geringes Risiko) bis 6 (= sehr hohes Risiko).

8. Eigentumsrecht versicherbar

Auf Grund des in den USA völlig verschiedenen Grundbuchsystems gibt es in den USA die sogenannten „Title Insurance Companies", das heißt, Versicherungsgesellschaften, die Ihren Rechtstitel an einer Immobilie versichern. Darüber ist mehr in dem Kapitel "Zeitlicher und rechtlicher Ablauf eines Immobilienkaufs" gesagt.

Es ist in den USA möglich, eine „Title Insurance" für jede Art von Immobilie zu bekommen. Wenn die Eigentumsrechte an einer Immobilie aber so verworren sind beziehungsweise die Rechtstitel solche Mängel haben, daß die Rechtstitelversicherung sie nicht oder nur stark eingeschränkt versichert, dann sollten Sie sowieso diese Immobilie auf keinen Fall kaufen. Ganz abgesehen von dem Ärger, den Sie wegen der unklaren Eigentumsrechte haben können, werden Sie diese Immobilie auch kaum wieder verkaufen können.

Diese Rechtstitelversicherung ist also nicht abhängig von den verschiedenen Objektarten, sondern nur davon, ob klare Eigentumsverhältnisse bestehen, der Rechtstitel an der Immobilie also lückenlos nachweisbar und damit versicherbar ist. Damit ist die Versicherung der Eigentumsrechte zwar eine Grundvoraussetzung bei US-Immobilienanlagen, hat jedoch nichts mit der Güte einer speziellen Objektart zu tun. Die Versicherbarkeit wird bei allen Objekten vorausgesetzt und deshalb nicht gesondert bewertet.

Gewerbe- und Wohnimmobilien

Shopping Centers

Ernst-Uwe Winteler

Allgemeines

Bei Shopping Centers müssen Sie den Einfluß der folgenden fünf Zukunftstrends beachten:

1. Inflation

Nach einer Studie des Urban Land Institute (ULI) stiegen die Netto-Mieteinnahmen von 1978 bis 1981 bei großen Shopping Malls um 15 Prozent und bei kleineren Shopping Centers (Neighborhood Shopping Centers) um 20 Prozent. Im gleichen Zeitraum stieg jedoch der Preisindex für die Lebenshaltung in den USA, der CPI, um 32 Prozent. Die Mieten hielten also nicht Schritt mit der Inflation in der Zeit der hohen Inflationsraten Ende der 70er Jahre.

Zwar ist zur Zeit die Inflationsmentalität etwas eingedämmt, aber das wird sich sicherlich wieder ändern. Für Sie sind deshalb Shopping Centers nur akzeptabel, wenn ausnahmslos alle Mietverträge Inflationsklauseln haben. Bei Shopping Centers bieten sich dafür die „Percentage Rents" an, also Mietverträge mit einem Fixum und einer prozentualen Umsatzbeteiligung. Dabei sollte auch das Fixum an den Preisindex für die Lebenshaltung gekoppelt sein, denn die Umsatzrenditen sind nur „Hoffnungen und Aussichten". Fest rechnen können Sie nur mit dem Fixum und der Basismiete. Wenn diese Basismiete nicht an die Inflation angepaßt wird, dann werden Ihre Einkünfte bald nicht mehr zur Deckung des Schuldendienstes ausreichen, denn die Kreditkosten werden in jedem Falle steigen.

2. Kosten und Benzinpreise

Große, überdachte Shopping Centers — die Shopping Malls — sind zwar sehr eindrucksvoll, haben aber auch sehr eindrucksvolle Energiekosten. Das Klimatisieren beziehungsweise Heizen der großen Hallen macht das Betreiben derartiger Shopping Malls teuer. Entsprechend hoch sind die Mieten. In Amerika erscheinen jetzt die ersten Warnungen davor, daß sich die Einzelhandelsketten teure Mieten in Shopping Malls nicht mehr leisten können und auf preiswertere Möglichkeiten für ihre Läden umsteigen. Also auf kleinere „offene" Shopping Centers (Strip Design) oder Einzelgeschäfte im Erdgeschoß von Büro- und/oder Wohnhäusern.

Auch höhere Benzinpreise wirken sich auf die Einkaufsgewohnheiten der amerikanischen Konsumenten aus. Derzeit scheint zwar die Macht des OPEC-Kartells gebrochen zu sein, doch zu viel Euphorie ist vielleicht nur ein Zeichen für ein zu kurzes Gedächtnis. Es ist nur wenige Jahre her — nämlich Anfang 1979 — daß überall in den USA, besonders aber in Kalifornien, eine Benzin-Hysterie ausbrach. Stundenlange Warteeien an Tankstellen, mit Waffengewalt erzwungene Benzinabgaben und Panik einer plötzlich immobil gewordenen mobilen Gesellschaft waren die Folge der damaligen Ölkrise.

Die Auswüchse gingen damals als „Kalifornien-Syndrom" in den amerikanischen Sprachschatz ein, und die relativ kurze Zeit der damaligen Benzinverknappung genügte, Shopping Centers auf der grünen Wiese an den Rand der Pleite zu bringen und Supermärkte und Wohnhäuser in Stadtnähe wieder attraktiv zu machen. Obwohl das „Kalifornien-Syndrom" ziemlich verdrängt zu sein scheint, sollten die damaligen Erfahrungen doch eine Richtschnur für zukünftige Anlagen sein, zumal auch der Trend aus anderen Gründen dahin geht, daß die Konsumenten die Anzahl der Einkaufstrips zu Großeinkaufszentren verringern, ihre Einkäufe auf lokale, näher gelegene Geschäfte verlegen und möglichst alle Einkäufe an einem Platz tätigen.

Einzelhändler sollten deshalb, so sagt eine Studie des US Department of Commerce, Gegenmaßnahmen durch ein breiteres Warenangebot ergreifen. Es sei wahrscheinlich, daß die Bevölkerung wieder näher an die Städte heranzieht und daß Einkaufszentren auf der grünen Wiese Konkurrenzschwierigkeiten gegenüber denen in der Stadtmitte haben.

3. Steigende Kriminalität

Die steigende Kriminalität hat Auswirkungen auf die Gestaltung des Centers und auf die Sicherheitsvorkehrungen.

4. Mehr mitarbeitende Frauen

Die höhere Zahl der mitarbeitenden Frauen wirkt sich auf die Öffnungszeiten und wiederum auf die Sicherheitsvorkehrungen des Centers aus.

5. Änderung des Lebensstils

Das zunehmende Qualitätsbewußtsein der Amerikaner und das Interesse an einer aktiven Freizeitgestaltung haben Auswirkungen auf das Warenangebot und die Gestaltung des Centers.

Anlegerfallen

Oft kommen Shopping Centers auf den Markt, die einen oder gar mehrere der folgenden Nachteile aufweisen. Dabei genügt schon ein Nachteil alleine, um ein Shopping-Center-Angebot unattraktiv zu machen:

1. *Kurzfristige Verträge mit Hauptmietern:* Mietverträge mit Hauptmietern (Anchor Tenants) sollten noch mindestens 15 Jahre laufen. Sie riskieren sonst, daß beim Auszug eines Hauptmieters Ihre an-

deren Mieter ebenfalls ausziehen, weil das gesamte Shopping Center an Attraktivität verliert.

2. *Langfristige Verträge mit Satelliten-Mietern:* Satelliten- Mieter sind das Gegenteil von Hauptmietern. Mit diesen kleineren Mietern sollten nur relativ kurzfristige Mietverträge bestehen, damit Sie immer die Zusammensetzung der Läden ändern und Mieter mit ungenügendem Umsatz feuern können.

3. *Schlechte Ladenmischung:* Der Hauptfehler bei Shopping Centers. Die Zusammensetzung der Läden hält oft nicht Schritt mit den sich ändernden Einkaufsgewohnheiten der Umgebung. Langfristige Satelliten-Mietverträge (siehe oben) machen es Ihnen unmöglich, die richtige „Geschäftsmischung" zu erzielen.

4. *Defensiv-Mieter:* Große Ketten, die eine florierende Filiale in einem Shopping Center haben, mieten sich oft in nahegelegene andere Shopping Centers ein, um ihre gutgehende Filiale vor Konkurrenz zu schützen. Nehmen Sie keinen Mieter, bei dem Sie annehmen können, daß er sich bei Ihnen nur einnistet, um sein anderes Hauptgeschäft vor Konkurrenz zu schützen. Sinkt dann bei flauer Wirtschaft der Umsatz allgemein, so macht die Kette zunächst diese defensiv gemieteten Läden dicht, um den Zulauf zu der einen gutgehenden Filiale zu vergrößern.

5. *Verkaufsautomaten:* Im Freien aufgestellte Verkaufsautomaten (Getränke und so weiter) ziehen unter Umständen eine rowdyhafte Zusammenballung von Jugendlichen an, die die reguläre Kundschaft des Centers abschreckt.

Eine weitere Anlegerfalle sind die *Umsatzangaben*. Sie sollten, wie erwähnt, auf jeden Fall am Umsatz Ihrer Ladenmieter beteiligt sein. Ein — allerdings sehr oft begangener — Fehler ist es jedoch, sich dabei auf die Selbstangaben des Mieters zu verlassen. Vor allem die kleineren Mieter kommen dabei zu sehr in Versuchung, durch niedrige Umsatzangaben die Umsatzbeteiligung des Vermieters zu sparen. Es gibt in den USA Firmen, die darauf spezialisiert sind, diese Umsatzzahlen zu überprüfen.

Ihre Mietverträge sollten deshalb folgende Punkte vorsehen:

1. Sie haben das Recht, ein- oder mehrmals jährlich die Bücher der Mieter zwecks Umsatzprüfung einzusehen beziehungsweise einsehen zu lassen.
2. Wird bei Buchprüfungen festgestellt, daß der Mieter die Umsatzzahlen zu Ihren Ungunsten falsch angegeben hat, muß er die Kosten der Prüfung tragen.
3. Bedingen Sie sich gegebenenfalls Einsicht in die Steuererklärungen des Mieters aus. Vielleicht versucht der Mieter, Sie um einen Teil Ihrer Umsatzrendite zu bringen. Er wird jedoch in den USA kaum riskieren, falsche Steuererklärungen abzugeben. Einblick in die Steuererklärungen, aus denen sich der Umsatz ergibt, spart Ihnen zwar nicht Ihre eigene Prüfung (weil die Abgabe der Steuererklärung zu spät erfolgt), kann aber zu einem späteren Zeitpunkt Ihr Prüfergebnis verifizieren.

Empfehlungen

Der Wert eines Shopping Centers wird neben der Rendite von drei Faktoren beeinflußt: Lage, Baujahr, Mieterzusammensetzung.

Bei der *Lage* sollten Sie nur Innenstadt oder gute, dicht besiedelte Wohngegenden am Stadtrand akzeptieren.

Beim *Baujahr* müssen Sie beachten, daß bei Neubauten oder Fast-Neubauten keine Umsatzzahlen bestehen oder diese wegen der Kürze der Zeit nicht aussagekräftig sind. Das Risiko bei derartigen Neubauten oder noch nicht voll etablierten Shopping Centers ist deshalb höher als bei denen, die mindestens 3 bis 5 Jahre alt sind.

Die *richtige Mieterzusammensetzung* ist das A und O eines Shopping Centers. Für fast alle Gegenden der USA gibt es Statistiken über Durchschnittsumsatz und Durchschnittsmiete je Quadratfuß-Bruttofläche pro Jahr. Diese können Sie zu Vergleichszwecken heranziehen. Sie zeigen Ihnen auch, ob die Mieten in dem Shopping Center, an dem Sie interessiert sind, unter oder über dem Durchschnitt liegen.

Beurteilung

1. Verwaltung

Die Verwaltung ist die Crux bei Shopping Centers: Sie haben Haupt- und Nebenmieter und sind neben der Festmiete auf Umsatzbeteiligungen angewiesen. Sie müssen auch aufpassen, daß die richtige Ladenmischung erhalten bleibt. Von der Ferne aus ist das überhaupt nicht zu machen. Sie brauchen also eine dort ansässige, gute Verwaltungsfirma oder sollten vorzugsweise Kommanditist, also Limited Partner, sein in einer Kommanditgesellschaft mit einem amerikanischen Partner als Komplementär.

Verwaltung Direktbesitz: *5 Punkte*
Verwaltung als Limited Partner: *1 Punkt*

2. Eigenkapitaleinsatz

Für ein vernünftiges Shopping Center mit guter Ladenmischung und ungefährlicher Beleihungshöhe müssen Sie mit einem Eigenkapitaleinsatz von 500 000 bis 750 000 Dollar rechnen.

Eigenkapitaleinsatz Direktbesitz: *5 Punkte*
Eigenkapitaleinsatz als Limited Partner: *1 Punkt.*

3. Notfall-Liquidität

Zwar bekommen Sie laufende Einkünfte, jedoch sind keine zusätzlichen Einmal-Entnahmen möglich.

Notfall-Liquidität: *3 Punkte*

4. Rendite

Das Objekt sollte mindestens 6 Prozent auf das eingesetzte Eigenkapital bringen.

Rendite: *3 Punkte*

5. Wertentwicklung

Das Risiko eines Wertverlustes ist bei Shopping Centers hoch. Die genannten Zukunftstrends können Ihr Shopping Center relativ schnell veralten lassen. Bei länger andauernder Rezession mit hoher Arbeitslosigkeit ist außerdem die Kaufkraft der Bevölkerung so geschwächt, daß unter Umständen nicht der Mindestumsatz erzielt wird, ab dem Sie eine Umsatzbeteiligung bekommen.

Langfristige Konjunkturaussichten und Konsumverhaltensweisen unterliegen derzeit so tiefgreifenden Veränderungen, daß die Zukunft nur sehr schwer einzuschätzen ist. Die Gefahr des Wertverlustes durch ein überholtes Konzept ist deshalb hoch. Die Chancen der Werterhöhung durch Umwandlung in „Eigentumsläden" ist bei Shopping Centers relativ gering.

Wertentwicklung: *5 Punkte*

6. Wiederverkauf

Unter der Voraussetzung, daß Sie einen akzeptablen Cashflow von 6 bis 8 Prozent zum Zeitpunkt des Wiederverkaufs bieten können und daß auch für die folgenden Jahre gleiche Erträge gewährleistet scheinen, sind die Wiederverkaufsmöglichkeiten noch ausreichend.

Wiederverkauf: *4 Punkte*

7. Sonstige Risiken

Ihr Hauptproblem ist — abgesehen von der oben beschriebenen Gefahr des Wertverlustes — daß Sie Ihr Shopping Center immer interessant genug für die Hauptmieter halten müssen, die wiederum andere Mieter, die Satellitenmieter, anziehen. Wird Ihr Shopping Center durch eine sich verändernde Nachbarschaft (zum Beispiel Zuzug von mehr farbiger Bevölkerung) oder auch durch eine schlechte Ladenmischung uninteressant, dann versucht unter Umständen der Hauptmieter, aus einem langfristigen Mietvertrag auszusteigen.

Es nützt auch wenig, wenn Sie bei einem Rechtsstreit über die Erfüllung des Mietvertrages siegen würden. Der Hauptmieter läßt dann unter Umständen lieber die Ladenfläche in Ihrem Shopping Center leerstehen und bezahlt die Miete weiter, als daß er sich laufend noch größere Verluste mit dem Weiterbetrieb des Geschäftes einhandelt. Ist aber erst der Hauptmieter weggezogen und Sie haben einen leeren Laden, den Sie nicht umgehend an einen gleichwertigen Mieter weitervermieten können, dann zieht das Shopping Center weniger Käufer an. Entsprechend weniger interessant wird es auch für die anderen Mieter. Auch die werden dann versuchen, aus den Verträgen herauszukommen.

Die sonstigen Risiken sind also hoch.

Sonstige Risiken: *4 Punkte*

Zusammenfassung - Shopping Center:
Als Direktbesitz: *29 Punkte*
Als Limited Partner: *21 Punkte*

Bürohäuser

Allgemeines

Die überhitztesten Märkte sind Denver und Houston. Benjamin Holloway, Vizepräsident der Immobilienabteilung der Equitable Life Insurance, meint, daß daran nicht zuletzt auch ausländische Investoren schuld sind. „Viele Leute gehen einfach blind hinein und wollen ein Bürogebäude. Und das soll unbedingt in Houston sein."

Seit 1985 sind Houston und Denver Bürohaus-Notstandsgebiete. Sie sind geradezu — wie die Amerikaner sagen — "Neutronenbomben-Städte": unversehrt dastehende, leere Gebäude und keine Menschen.

Der Konkurrenzkampf der Bauträger um die Vermietung des neu auf den Markt kommenden Büroraums zwingt dazu, alle möglichen Anreize zu bieten. Üblich sind derzeit 6 Monate mietfreie Benutzung für einen 3-Jahres-Mietvertrag und bis zu 18 Monate mietfrei für einen 5-Jahres-Vertrag. Manche Bauträger sind schon so weit, daß sie die Umzugskosten bezahlen, auf Inflations-Index-Klauseln verzichten und sogar für den Abschluß eines langfristigen Mietvertrages den Mietern zusätzlich noch eine Barvergütung geben.

Das finanzielle Blutbad auf dem Bürohausmarkt, das sich jetzt schon in Houston und Denver abspielt, wird wohl auch auf den anderen US-Markt übergreifen. Und wenn es zu einem Blutbad kommt, sind alle Investoren, die mit Fremdkapital arbeiten, viel gefährdeter als die amerikanischen Versicherungsgesellschaften und Pensionskassen, deren Finanzlage es ohne weiteres gestattet, auch den schlimmsten Rezessionssturm abzuwettern.

Anlegerfallen

1. Nachteil kleiner Bürohäuser
2. Unterschiedliche Betriebszeiten
3. Nutzflächen-Differenz
4. Mangelnde Mieterbonität

1. Nachteil kleiner Bürohäuser

Die großen Pensionskassen und Versicherungsgesellschaften kauften vor allem große Gebäude, da ihr Portefeuille sonst zu unübersichtlich wird. Damit wurden im Vergleich zu früher prozentual mehr große Bürohäuser geschaffen.

Große Bürohäuser in sehr guten Lagen — und nur diese wurden von den institutionellen Anlegern akzeptiert — haben jedoch drei erhebliche Vorteile gegenüber dem kleinen Bürohaus:

1. Sie bieten dem Mieter eine Prestige-Adresse. Firmen, die die Wahl haben, in ein Bürohaus zu ziehen, das jeder Taxifahrer kennt, oder in irgendein völlig unbekanntes kleines Ding, mieten sich meistens — wenn sonst die Konditionen gleich sind — in das große Gebäude ein.

2. Große Bürohäuser verteilen das Leerstandsrisiko auf Dutzende oder gar Hunderte von Einzelmietern. Es ist sehr unwahrscheinlich, daß in den großen Bürohäusern zum gleichen Zeitpunkt 20 oder 30 Prozent der Mieter kündigen. In einem kleinen Bürohaus mit 3 oder 4 Mietparteien führt jedoch der Wegzug eines einzigen Mieters schon zu einer 25- beziehungsweise 33prozentigen Leerstandsrate.

3. Sicherheit in einem Gebäude ist ein wichtiges Vermietargument. Wenn ein Gebäude, das Sie kaufen wollen, kein eigenes Sicherheitssystem hat — sei es durch Fernsehüberwachung oder durch Portiers, die am Empfang sitzen — dann ist es fraglich, ob Sie in einem härter werdenden Markt gute Mieten durchbringen oder überhaupt Ihre jetzigen Mieten beibehalten können. Bei kleinen Bürohäusern sind die Kosten für eine derartige Bewachung viel zu hoch.

Bei gleichen Mieten in der gleichen Stadt hat das kleinere Bürohaus deshalb keine Chancen gegenüber dem größeren Bürohaus. Geringere Mieten jedoch bringen eine entsprechend geringere Rendite, da die Erstellungskosten pro sq.ft. vermietbaren Raums für ein kleines oder ein großes Bürogebäude nicht so weit auseinander liegen wie die erzielbaren Mieten.

2. Unterschiedliche Betriebszeiten

Entscheidend ist, wie viele Stunden und Tage das Bürogebäude geöffnet sein muß. Man unterscheidet 5 1/2-Tage-, 6-Tage- oder 7-Tage-Gebäude, und das können wiederum 24-Stunden-, 12-Stunden- oder 10-Stunden-Gebäude sein. Die Mietverträge müssen genau festlegen, wann das Bürogebäude geöffnet sein muß. Es macht einen erheblichen Unterschied in den Energie- und Bewachungskosten aus, ob es sich um ein 5 1/2- oder ein 7-Tage-Gebäude handelt. Diese verschiedenen Gebäudetypen können nicht pauschal als Bürogebäude miteinander verglichen werden.

Ein Beispiel aus der Praxis: Ein Anleger kauft ein Bürogebäude mit 200 000 sq.ft. Nutzfläche und stellt nach dem Kauf fest, daß 10 000 sq.ft. an eine Reederei vermietet sind, die von hier aus über ihre Nachrichtensysteme 24 Stunden pro Tag, 7 Tage in der Woche mit ihren Schiffen auf hoher See in Verbindung steht.

Dieses Gebäude hatte das übliche zentrale Energiesystem. Deshalb mußten die gesamten 200 000 sq.ft. Nutzfläche klimatisiert werden und die Wächter mußten im Gebäude zirkulieren. 24 Stunden am Tage, 7 Tage die Woche und das alles für einen Mieter, der von den 200 000 sq.ft. nur 10 000 belegt hat.

Der Eigentümer baute schließlich — da er der Reederei wegen eines langfristigen Mietvertrages nicht kündigen konnte — für einige hunderttausend Dollar völlig neue dezentrale Energieversorgungssysteme ein. Damit konnte dann stockwerksweise klimatisiert und beheizt werden statt ununterbrochen das ganze Gebäude.

3. Nutzflächen-Differenz

Der oft nicht beachtete Unterschied zwischen Brutto-Nutzfläche und Netto-Nutzfläche kann zu einer Anlegerfalle führen.

Vielleicht sind Sie an einem Büro-Mietobjekt interessiert, das man Ihnen anbietet mit 200 000 sq.ft. Nutzfläche und Einkünften von 4 Millionen Dollar per annum. Vielleicht meinen Sie, daß die Miete von 20 Dollar pro sq.ft. ohne Schwierigkeiten anzuheben sei, da für die gleiche Lage Mieten von 30 Dollar pro sq.ft. verlangt und bezahlt werden.

In Wirklichkeit kann sich dann herausstellen, daß die Ihnen angegebenen 200 000 sq.ft. Brutto- statt Netto-Nutzfläche sind. Wenn es ein

Gebäude mit schlechter Raumausnutzung ist, dann haben Sie vielleicht nur 120 000 sq.ft. Netto-Nutzfläche. Der Mietpreis beträgt also nicht 20 Dollar, sondern 33,34 Dollar pro sq.ft. Netto-Nutzfläche, und das ist eine relativ hohe Miete, die Sie kaum anheben können.

Vergewissern Sie sich also stets, was an Netto-Nutzfläche vorhanden ist und nach welcher Berechnungsgrundlage diese Netto-Nutzfläche errechnet wurde. Die eine Möglichkeit ist BOMA (Abkürzung für „Building Owners and Managers Association"), das ist die Hausbesitzerverbands-Berechnung. Die zweite ist die sogenannte NEW YORK-Berechnung.

Wenn es um die Boma-Berechnung geht, so ist das die tatsächliche Nutzfläche ohne Einrechnung der Außenwände. Bei der New York-Berechnung aber mißt man von der Außenseite der Außenwand des Gebäudes bis zum Mittelpunkt des mittleren Raumes. Bei der New York-Netto-Nutzfläche sind also nicht nur die Außenwände enthalten, sondern auch die Toiletten und die Notausgangstreppen. Sie haben also in der New York-Berechnung eine wesentlich höhere Netto-Nutzfläche angegeben als bei der Boma.

4. Mangelnde Mieterbonität

Gerade bei einem kleinen Bürohaus ist die Mieterbonität — wegen der Gefahr des plötzlichen Leerstands — ausschlaggebend. Überprüfen Sie deshalb, ob die Einhaltung langfristiger Mietverträge gewährleistet scheint.

Oft kommen jetzt in Europa Bürohäuser auf den Markt mit einer Bank als einzigem und langfristigem Mieter. Da in den meisten Ländern Europas Banken sichere Mieter sind, läuft der europäische Anleger oft in eine Falle, denn die meisten dieser „Bankmieter" sind nichts weiter als „Savings & Loan Associations (S & L)". Das sind sparkassenähnliche Institute, von denen es zwar einige wenige sehr große, aber auch Tausende von kleinen gibt, die Privatleuten gehören und bei weitem nicht die Sicherheiten bieten wie etwa eine Bank in Deutschland.

Fast die Hälfte aller amerikanischen S & L's sind in finanziellen Schwierigkeiten. Es ist deswegen schwierig, ein Gebäude mit einer S & L als langfristigem Mieter in den USA zu verkaufen. Also wird versucht, dieses Objekt auf Europäer abzuladen. Eine S & L ist für Sie aber nur akzeptabel, wenn sie finanziell über jeden Zweifel erhaben ist.

Empfehlungen

Die beste Empfehlung für einen Kauf ist derzeit, abzuwarten, bis das als unvermeidlich angesehene „Blutbad" auf andere Gebiete der USA übergegriffen hat. Dann erst sollten Sie Notverkäufe erwerben.

Als Lage sollten Sie nur Innenstadt oder gute, dicht besiedelte Gegenden am Stadtrand akzeptieren, gegebenenfalls auch in einem Büropark. Beachten Sie dabei auch:

1. Nachbarschaft
2. Bauausführung (allgemeiner Bauzustand, Fassade, Parkplatz, Klimatisierungs- und Heizsystem, Möglichkeit einer variablen Raumaufteilung).
3. Günstig sind ein oder mehrere Hauptmieter, denen Sie zwar Sonderkonditionen einräumen müssen, aus deren Mieteinnahmen Sie aber unter Umständen den gesamten Schuldendienst abdecken können. Mit solchen Hauptmietern sollten Sie langfristige Mietverträge abschließen, mit den übrigen Mietern kurzfristige Verträge.
4. Am günstigsten sind Netto-Mieten, bei denen der Mieter sämtliche Kosten einschließlich Reparaturen, Verwaltergebühren, Heizungs- und Klimakosten sowie Grundsteuern übernimmt.
5. Die Mietverträge sollten Inflationsgleitklauseln beinhalten und auch eine Anpassung bei höhren Grundsteuern oder Energie- und Reinigungskosten vorsehen.

Beurteilung

1. Verwaltung

Die Verwaltung ist nur durch eine ansässige Verwaltungsfirma möglich, die auch die Vermietungen übernimmt beziehungsweise veranlaßt. Sie müßten jährlich die Bücher kontrollieren und sich die letztendliche Entscheidung über Anhebung der Mieten oder Gewährung von Mietanreizen sowie über Reparaturen und so weiter vorbehalten.

Verwaltung als Direktbesitz: *5 Punkte*
Verwaltung als Limited Partner: *1 Punkt*

2. Eigenkapitaleinsatz

Bei ungefährlicher Beleihungshöhe benötigen Sie für ein mittleres Bürogebäude mindestens 500 000 bis 750 000 Dollar Eigenkapital.

Eigenkapitaleinsatz Direktbesitz: *5 Punkte*
Eigenkapitaleinsatz als Limited Partner: *1 Punkt*

3. Notfall-Liquidität

Sie haben zwar laufende Einkünfte, jedoch sind keine zusätzlichen Einmal-Entnahmen möglich.

Notfall-Liquidität: *3 Punkte*

4. Rendite

Für ein mittleres Bürogebäude etwa 6 Prozent.

Rendite: *3 Punkte*

5. Wertentwicklung

Das Risiko eines Wertverfalls ist bei Bürogebäuden niedriger als bei Shopping Centers. Energiesparende Bauausführung und Verkabelung oder Verkabelungsmöglichkeit für zukünftige Kommunikationsanforderungen verringern die Veralterungsgefahr.

Langfristig gesehen — das heißt zum Ende dieses Jahrhunderts — sind die Zukunftsaussichten jedoch sehr ungewiß. Positiv wirkt sich der allgemeine Trend zu einer wachsenden Dienstleistungsgesellschaft aus. Sehr negativ dagegen kann sich der jetzt schon abzeichnende Trend auswirken, daß Arbeitskräfte durch Kleincomputer-Terminals aus dem Bürogebäude ausgelagert werden und zu Hause arbeiten. Freiberufler, wie Anwälte oder Consultants, sowie mittleres Management und Schreibkräfte können dann eventuell ihre Arbeiten von zu Hause aus erledigen, ohne teuren Büroraum in Verwaltungsgebäuden zu besetzen. Einige große US-Konzerne sind dabei bereits im Versuchsstadium und verzeichnen erhebliche Kosteneinsparungen.

Die Möglichkeit einer aktiven Werterhöhung besteht nur in der Aufteilung des Gesamt-Bürogebäudes in einzelne Eigentumsbüros.

Wertentwicklung: *5 Punkte*

6. Wiederverkauf

Unter der Voraussetzung eines angemessenen Cashflows zum Zeitpunkt des Wiederverkaufs sind die Wiederverkaufsaussichten befriedigend, sofern die Voraussetzungen unter Punkt 7 beachtet wurden.

Wiederverkauf: *3 Punkte*

7. Sonstige Risiken

Ein Bürogebäude zum jetzigen Zeitpunkt zu den normalen Angebotspreisen zu kaufen, ist extrem riskant, da der Preisverfall auf dem Bürohausmarkt vorauszusehen ist.

Die Gesamtbewertung geht deshalb davon aus, daß ein Objekt entweder aus einer Zwangsversteigerung erworben wird oder als Notverkauf, der kurz vor der Zwangsversteigerung steht. In diesem Falle sind die sonstigen Risiken noch annehmbar.

Sonstige Risiken: *4 Punkte*

Zusammenfassung - Bürohäuser:
Direktbesitz: *28 Punkte*
Limited Partner: *20 Punkte*

Lagerhäuser, Industriegebäude, „Mini Warehouses"

Allgemeines

Obwohl alles unter den Begriff Lagerhäuser fällt, müssen Sie klar unterscheiden zwischen den „normalen" Lagerhäusern und den „Mini"- Lagerhäusern, den „Mini Warehouses".

Für die normalen Lagerhäuser oder kleinen Industriegebäude gelten weitgehend die gleichen Voraussetzungen wie auch in Deutschland, also Verfügbarkeit von Bahnanschlüssen, Rampenhöhen und all die weiteren Dinge, die in der Industrie gefragt sind.

"Mini Warehouses" dagegen sind ein Komplex von garagenähnlichen Kleinstlagerhäusern, die an Geschäftsleute und Kleingewerbetreibende vermietet werden.

Anlegerfallen

Ob Lagerhäuser, kleine Industriegebäude oder „Mini Warehouses", es sind alles relativ leicht zu beurteilende Objekte. Bei den üblichen

Lagerhäusern und kleinen Industriegebäuden ist die Hauptgefahr das Leerstandsrisiko. Denn wenn bei einem Gebäude der Mieter auszieht, dann ist eben der Leerstand 100 Prozent. Lagerhäuser und kleine Industriegebäude sind deshalb noch konjunkturabhängiger als „Mini Warehouses".

Die große Gefahr bei „Mini Warehouses" ist eine nicht zentrale Lage oder ein Überhang an derartigen Objekten, der dadurch gefördert wird, daß „Mini Warehouses" den Ruf haben, hohe Renditen zu bringen.

Empfehlungen

Lagerhäuser und kleine Industriegebäude sollten Mehrzweckgebäude (Multi Purpose) sein, also nicht für einen ganz speziellen Industriezweig gebaut, sondern, wenn Ihr Mieter auszieht, auch für andere Branchen zu gebrauchen. Diese Lagerhäuser beziehungsweise Industriegebäude sollten in einem gut gelegenen, modernen Industriepark liegen. Nach der letzten Rezession zu urteilen, sind große Gebäude ab 60 000 sq.ft. sehr viel konjunkturanfälliger als kleine oder mittlere Gebäude bis maximal 50 000 sq.ft.

Für „Mini Warehouses" gibt es drei Grundregeln:

a) Sie müssen sehr zentral gelegen sein, denn 60 Prozent der Benutzer dieser „Mini Warehouses" sind Geschäftsleute und Kleingewerbetreibende, die nicht weit fahren wollen, um Nachschub vom — wegen des Platzmangels im Innenstadtgeschäft — dorthin ausgelagerten Warenbestand zu holen.

b) Die zweite Faustregel ist, daß ein „Mini Warehouse" -Komplex nur interessant ist, wenn in dem Einzugsbereich für dieses Objekt nicht mehr als 100 sq.ft. überdachte „Mini" -Lagerfläche pro tausend Einwohner bestehen.

c) Die dritte Regel: Der „Mini Warehouse" -Komplex sollte an die Straßenbeleuchtung angeschlossen sein. Das erleichtert die Bewachung und ermutigt die Mieter, auch in den Abendstunden ihre Lager zu benutzen.

Beurteilung

1. Verwaltung

Die Verwaltung der üblichen Lagerhäuser und kleinen Industriegebäude ist relativ einfach, zumal Sie meistens langfristige Mietverträge haben. Es ist angebracht, regelmäßig zu kontrollieren, ob das Gebäude in einwandfreiem Zustand gehalten wird.

Der Verwaltungsaufwand bei „Mini Warehouses" ist wegen der großen Anzahl der zu vermietenden Einzel-Lagerboxen und des dauernden Mieterwechsels außerordentlich hoch. Das A und O hierbei ist die Verwaltung durch eine darin versierte ansässige Verwaltungsfirma. Sie sollten in stetem Kontakt mit dieser Firma stehen, um bei neuen wirtschaftlichen Situationen schnell entscheiden zu können.

Verwaltung von Lagerhäusern/Industriegebäuden bei Direktbesitz: *3 Punkte*
Verwaltung von Lagerhäusern/Industriegebäuden als Limited Partner: *1 Punkt*
Verwaltung von Mini Warehouses bei Direktbesitz: *5 Punkte*
Verwaltung von Mini Warehouses als Limited Partner: *1 Punkt*

2. Eigenkapitaleinsatz

Liegt bei beiden Objektarten zwischen 150 000 und 250 000 Dollar.

Eigenkapitaleinsatz Direktbesitz: *3 Punkte*
Eigenkapitaleinsatz Limited Partner: *1 Punkt*

3. Notfall-Liquidität

Monatliche Einkünfte, jedoch keine zusätzlichen Einmal-Entnahmen möglich.

Notfall-Liquidität: *3 Punkte*

4. Rendite

Bei Lagerhäusern und kleinen Industriegebäuden etwa 6 bis 8 Prozent. Es sollten möglichst langfristige sogenannte „Triple Net" -Verträge sein, bei denen der Mieter neben der reinen Miete auch sämtliche Kosten einschließlich Reparaturen und Grundsteuern zahlt. Inflations-Gleitklauseln sind unbedingte Voraussetzung.

"Mini Warehouses" bringen bei guter Auslastung über 10 Prozent per annum. Der „Break Even Point" wird im allgemeinen schon bei 40 bis 50 Prozent Auslastung erreicht. Die Mietverträge sollten kurzfristig sein. Eine Inflations-Gleitklausel ist dann nicht nötig.

Rendite Lagerhäuser/Industriegebäude: *3 Punkte*
Rendite Mini Warehouses: *1 Punkt*

5. Wertentwicklung

Um die Gefahr eines Wertverlustes bei Lagerhäusern und Industriegebäuden weitgehend zu vermindern, sollte es sich um Mehrzweckgebäude handeln, die außerdem von vornherein so gebaut sind, daß gegebenenfalls ein Teil als Büro abgetrennt und klimatisiert werden kann.

Interessant im Hinblick auf die Wertentwicklung ist dagegen, "Mini Warehouses" nur als Übergangslösung zu bauen. Möglichst billig, damit sie gerade 5 bis 7 Jahre halten. Unter Umständen nur nebeneinandergestapelte Container. Voraussetzung: Die „Mini Warehouses" werden von vornherein auf ein Grundstück gebaut, das mit hoher Wahrscheinlichkeit im Wert steigt, weil sich innerhalb dieser 5 bis 7 Jahre die schnell wachsenden amerikanischen Großstädte bis an die früher auf der grünen Wiese errichteten Lagerhäuser herangeschoben haben. Nach 5 bis 7 Jahren werden also einfach diese Billig-Warehouses umgebulldozert, um Platz zu machen für den Bau von Bürohäusern oder Wohnhäusern.

In diesem Falle sind die „Mini Warehouses" per Termin eine Spekulation auf Grundstückswertsteigerung, die aber per Kasse nicht nur keine Kosten verursacht, sondern vor allem auch noch eine Rendite durch die Vermietung der Lagerhäuser bringt.

Wertentwicklung Lagerhäuser/Industriegebäude: *5 Punkte*
Wertentwicklung Mini Warehouses mit Grundstückspotential: *1 Punkt*

6. Wiederverkauf

Gute Lage und Rendite vorausgesetzt:

Wiederverkauf Lagerhäuser/Industriegebäude: *4 Punkte*
Wiederverkauf Mini Warehouses mit Grundstückspotential: *1 Punkt*

7. Sonstige Risiken

Bei Lagerhäusern/Industriegebäuden ist das Hauptrisiko der drohende Leerstand nach Ablauf des langfristigen Mietvertrages mit einem Mieter.

Das Hauptrisiko bei Mini Warehouses ist ein Überhang an Lagerkapazität durch neu erbaute Konkurrenzanlagen. Im übrigen aber ist das Leerstandsrisiko begrenzt, da es sich auf eine Vielzahl von Mietern verteilt.

Sonstige Risiken Lagerhaus/Industriegebäude: *4 Punkte*
Sonstige Risiken Mini Warehouses mit Grundstückspotential: *2 Punkte*

Zusammenfassung
Lagerhäuser/Industriegebäude als Direktbesitz: *25 Punkte*
Lagerhäuser/Industriegebäude als Limited Partner: *21 Punkte*
Mini Warehouses mit Grundstückspotential bei Direktbesitz: *16 Punkte*
Mini Warehouses mit Grundstückspotential als Limited Partner: *10 Punkte*

Hotels und Motels

Allgemeines

Für Beteiligungen an amerikanischen Hotels oder Motels wird oft mit dem Argument geworben, daß sie einen hohen Inflationsschutz bieten, da die Zimmerpreise im Grunde täglich angepaßt werden könnten. Dabei wird allerdings die Kehrseite der Medaille verschwiegen, daß nämlich genauso blitzartig die Belegungsraten sinken, wenn sich die Wirtschaftslage verschlechtert.

Wenn Sie dennoch an eine Investition im Hotelbereich denken, sollten Sie sich über folgende Entwicklung im klaren sein:

1. Hotelexperten erwarten, daß die großen Hotelketten Ende der 80er Jahre 70 Prozent aller Hotelzimmer in den USA beherrschen beziehungsweise über ihr Reservierungssystem erfassen — verglichen mit derzeit 55 Prozent beziehungsweise nur 20 Prozent in den 60er Jahren.

2. Die technische Entwicklung treibt die Hotels zur Errichtung von Telekonferenz-Systemen.

Mit der audiovisuellen Kommunikation können Firmen und Kongreßveranstalter in einem Land eine Konferenz abhalten und diese gleichzeitig in ein oder mehrere Hotels in anderen Ländern ausstrahlen. Die Kongreßteilnehmer brauchen dabei nur das ihnen nächstgelegene Hotel aufzusuchen und sparen entsprechend Zeit und Fahrkosten. Nach Schätzungen der US-Hotelindustrie besteht für die Hotels die Gefahr, daß der internationale Geschäftsverkehr erheblich schrumpft und daß ein internationales Telekonferenznetz auch kleineren Firmen die Möglichkeit gibt, für geringe Gebühren audiovisuelle Konferenzschaltungen vorzunehmen.

Nur die großen Hotels werden eigene Telekonferenznetze errichten können, um Firmen und Gruppen dieses System auf Tages- oder Stundenbasis zur Verfügung zu stellen.

3. Das nächste Jahrzehnt ist ein Marketing-Jahrzehnt. Die neuen Promotion-Methoden mit Zeitungscoupons und Rabatten der Fluggesellschaften und Autovermietfirmen sind ein Vorgeschmack dessen, was auf die Industrie zukommt.

4. Für Hotels der oberen Preisklasse stehen zwei Wege offen: Das unpersönliche Großhotel oder das kleine, intime Luxushotel mit sehr persönlichem Service. Typisch für das Großhotel ist das Amfac-Hotel beim Dallas/Fort Worth Flughafen mit 1 400 Zimmern in zwei Türmen, die durch Brücken und Elektrowagen miteinander verbunden sind. Ein Beispiel für das kleine persönliche Hotel ist die 10-Millionen-Dollar-Umwandlung des früheren Water Tower Inn in Chicago in das Luxushotel Park Hyatt. Beide Extreme werden von Hotelketten beherrscht und sind nur dadurch rentabel.

5. Suite-Accommodation ist ein weiterer Teilbereich, der in den letzten Jahren an Bedeutung zunimmt. Suite-Hotels bieten im allgemeinen weder Konferenzeinrichtungen noch eine große Restaurantauswahl. Statt dessen bieten sie Suiten mit Wohn- und Schlafzimmern, Küchen und Bad. Sie sind besonders attraktiv für Familien und für Geschäftsleute, die gerne in größeren, halbprivaten Räumen ihre Besprechungen abhalten.

Anlegerfallen

Nur sehr wenige Anleger können oder wollen ein Großhotel oder auch "nur" ein kleines, aber extrem teures Luxushotel finanzieren. Und selbst wenn sie es täten, dann wird es ein Desaster, wenn sie nicht an das Reservierungssystem einer der großen Ketten angeschlossen sind. Was Ihnen also bleibt, ist die Beteiligung an Hotels, die von einer Kette verwaltet werden, oder der Kauf eines kleinen Motels.

Ein Franchise-Vertrag mit einer amerikanischen Kette ist jedoch keine sichere Straße zum Erfolg. Franchise-Nehmer können sehr schnell alleine „im Regen" stehen. Ein Beispiel dafür ist die Ramada-Hotelgruppe. In einem Versuch, das Ramada-Image aufzubessern, wurden zwischen 1978 und 1982 110 Franchise-Hotels aus der Gesamtkette von 530 Hotels hinausgeworfen. Wie Jürgen Bartels, damaliger Präsident der Ramada-Hotelgruppe in einem Interview mit der „International Herald Tribune" sagte, wurde den Franchise-Nehmern oft nur eine Woche Zeit gelassen, um sich zu entscheiden, entweder den Service und die Räume ihres Hotels zu verbessern oder auf die Fortführung des Franchise-Vertrages zu verzichten.

Wenn Sie sich dagegen ein kleines, unabhängiges Motel kaufen, so ist dieses im allgemeinen — besonders in den letzten Jahren — ziemlich billig zu haben. Doch das mit gutem Grund: Während die großen Motelketten wenigstens noch einigermaßen zurechtkommen, hat der kleine, private Motelbesitzer, der nicht an das Reservierungssystem einer Kette angeschlossen ist, bei den gestiegenen Kosten große Schwierigkeiten, sich über Wasser zu halten.

Außerdem handeln Sie sich mit einem kleinen, unabhängigen Motel erhebliche Verwaltungsprobleme ein. Ein solches Objekt ist für Sie von Europa aus genausowenig zu verwalten, wie ein Amerikaner die korrekte Abwicklung und Führung eines kleinen, unbekannten Hotels in Europa von den USA aus überwachen könnte.

Nur ein Beispiel: Zwar wird der Großteil der Hotelübernachtungen in den USA mit Kreditkarten bezahlt, doch ein Teil ist nach wie vor ein Bargeschäft. Sie können unmöglich kontrollieren, ob nicht nachts ein paar Zimmer vom Nachtportier auf eigene Rechnung gegen bar vermietet wurden. Da es in den USA üblich ist, bei Gästen, die keine Kreditkarte vorweisen können, die Übernachtungspreise im voraus zu verlangen, ist es in den Abend- oder Nachtstunden sehr leicht unbeaufsichtigt möglich, Zimmer gegen bar zu vermieten, ohne das abzurechnen. Das ist nicht US-typisch, sondern die Gefahr bei allen Geschäften, in denen viel mit Bargeld gearbeitet wird.

Empfehlungen

Der Sprecher des Helmsley-Spear-Konzerns, der zahlreiche große Luxushotels besitzt, sagte: „Jeder Investor, der heute noch ein Hotel baut, hat sehr viel Mut." Oder wird irregeführt, könnte man dazufügen.

Für den Hotel/Motel-Sektor kann man guten Gewissens keine Empfehlungen abgeben, mit Ausnahme der einzigen: Lassen Sie die Hände weg davon. Das sind in Anbetracht der auf die Hotelindustrie zukommenden Trends vorprogrammierte Enttäuschungen.

Beurteilung

1. Verwaltung

Bei einem kleinen, unabhängigen Hotel beziehungsweise Motel erfolgt die Verwaltung durch lokale Verwalter oder eine Verwaltungsfirma. Dabei ist Kontrolle und Mitentscheidung durch Sie absolut notwendig. Die korrekte finanzielle Abwicklung ist jedoch unter Umständen kaum zu überprüfen.

Bei Beteiligung an einem an eine Kette angeschlossenen Hotel erfolgt die Verwaltung durch die Managementgesellschaft der Kette. Sie haben praktisch kein Mitspracherecht.

Verwaltung Direktbesitz: *6 Punkte*
Verwaltung Limited Partner: *1 Punkt*

2. Eigenkapitaleinsatz

Kleinere unabhängige, gut gelegene Motels ab 250 000 Dollar.

Für größere Kettenhotels mehrere Millionen Dollar. Als Limited Partner jedoch sehr viel geringere Beträge.

Eigenkapitaleinsatz Direktbesitz: *4 Punkte*
Eigenkapitaleinsatz Limited Partner: *1 Punkt*

3. Notfall-Liquidität

Zwar bekommen Sie laufende Einkünfte, jedoch sind keine zusätzlichen Einmal-Entnahmen möglich.

Notfall-Liquidität: *3 Punkte*

4. Rendite

Im günstigsten Fall können 6 bis 8 Prozent p.a. erwartet werden.

Rendite: *3 Punkte*

5. Wertentwicklung

Von den Baulichkeiten her liegt die Wertsteigerung unter der Inflationsrate. Das Risiko des Wertverlustes ist sehr hoch.

Ein manchmal beschrittener Weg ist es, Hotels und Motels in Eigentumswohnungen umzuwandeln. Dagegen wehren sich jedoch die Stadtväter der betreffenden Stadt oft vehement, denn dadurch würde nicht nur das Bettenangebot am Ort geringer, sondern eine derartige Umwandlung ist auch nach vielen Bauzonenplänen unzulässig. Die Umwandlungskosten eines Hotels in ein Condominium (Eigentumswohnungen) sind außerdem viel höher als die von einem Apartmentblock in Eigentumswohnungen. Im Gegensatz zu einem Hotel haben Apartments — um nur ein Beispiel zu nennen — Platz und Rohrleitungen für die Küchen sowie Wanddurchbrüche zu den anderen Zimmern.

Selbst wenn im günstigsten Falle eine Umwandlung von Motels in Eigentumswohnungen möglich wäre, sind die Gewinnaussichten deshalb nicht sehr groß.

Deshalb: Wertentwicklung: *6 Punkte*

6. Wiederverkauf

Schlecht.

Wiederverkauf: *5 Punkte*

7. Sonstige Risiken

Abgesehen von den Zukunftstrends, die sich negativ auf alle nicht entsprechend ausgerüsteten Hotels auswirken, sind die Hotelbelegungsraten auch von der allgemeinen Wirtschaftslage und — in Feriengebieten — vom Wetter abhängig. In manchen Gebieten, in denen Ausländer einen Großteil der Gäste ausmachen, wie zum Beispiel in Südflorida, auch vom Dollarkurs. Miamis Hoteliers erlebten zum Beispiel einen tiefen Einbruch der Belegungsraten, als auf Grund des 1983/84 gestiegenen Dollarkurses und der Devisenbeschränkungen in gewissen lateinamerikanischen Ländern die Gäste aus diesen Ländern nur noch spärlich eintrafen.

Sonstige Risiken: *5 Punkte*

Zusammenfassung
Hotels/Motels als Direktbesitz: *32 Punkte*
Hotels/Motels als Limited Partner: *24 Punkte*

Schnellimbiß (Fast Food)

Allgemeines

Franchises der Schnellimbiß-Kette McDonald's gelten als eine Art Lizenz zum Gelddrucken. Doch McDonald's ist das Paradepferd im "Fast Food" -Bereich, das nur zu gerne von Verkäufern immer wieder vorgezeigt wird. Doch erstens können Sie in den USA keine Franchise von McDonald's erwerben, und zweitens ist McDonald's — in einigem Abstand gefolgt von Burger King und Wendy's — auf Grund seines erstklassigen, straffen Managements nach wie vor ein Ausnahme-Paradepferd.

Was Ihnen angeboten wird, sind entweder die Franchises von kleineren Ketten oder ein Pachtvertrag für das Restaurantgebäude derartiger Ketten oder — noch schlimmer — eines "Tante-Emma" - Imbisses. Beides wimmelt von

Anlegerfallen

Eine Franchise zu übernehmen und damit zu verdienen, bedeutet praktisch einen Fulltime-Job. Sie müssen einen Manager einsetzen. Sie müssen täglich Kleinentscheidungen fällen. Wenn es sich nicht um ganz große Ketten handelt, die ausnahmslos sämtliche Speisen zentral an die Lizenz-Restaurants liefern, können Sie überhaupt nicht nachkontrollieren, wieviel Umsatz und Gewinn an Ihnen vorbeigehen, weil der Manager auf eigene Rechnung einkauft. Bei einem „Tante-Emma" -Imbiß ist dieses sowieso vollkommen unkontrollierbar, da dort alles selbst eingekauft wird.

Eine Franchise zu übernehmen, ist deshalb völlig unangebracht für einen ausländischen, dort nicht-ansässigen Anleger und wird deshalb hier auch gar nicht weiter beurteilt.

Die andere Alternative wäre die Verpachtung von Grundstück, Gebäude und Geschäftsausstattung an eine Fast-Food-Kette. Dabei wird im allgemeinen eine Netto-Pacht angeboten sowie eine Umsatzbeteiligung, sofern gewisse Mindestumsätze überschritten werden.

Hier besteht das Problem, die Umsätze zu kontrollieren. Zumindest haben Sie dabei die gleichen Schwierigkeiten wie schon bei Shopping Centers beschrieben.

Die Gefahren einer Beteiligung an Fast Food-Gebäuden werden auch nicht durch eine kontinuierliche Wertsteigerung des Objektes ausgeglichen. Im Gegenteil: Bei Apartment- und Bürohäusern und bei Shopping Centers können Sie die verschiedensten Mieter unterbringen beziehungsweise neu finden. In Lagerhäusern können Sie genausogut Maschinenteile wie Teddybären stapeln. Ein Restaurant jedoch können Sie nur als solches benutzen. Nur dafür ist es baulich konzipiert. Und wenn es an diesem Platz eingeht, dann dürfte es schwer oder unmöglich sein, einen anderen Restaurant-Mieter zu finden, der das Risiko auf sich nimmt, ebenfalls dort einzugehen. Denn dann ist offensichtlich der Platz falsch.

Empfehlungen

Wenn Sie überhaupt auf den Fast Food-Sektor gehen wollen, dann sollten Sie nur die reine Immobilie erwerben und sehr langfristig an die Kette zurückverpachten. In manchen Pachtverträgen müssen Sie die Geschäftsausstattung miterwerben. Voraussetzungen dabei sind,

1. daß die Bonität der Kette eine Einhaltung des Pachtvertrages ohne jeden Zweifel erwarten läßt,
2. daß Ihre Basispacht an den Inflationsindex oder — wenn möglich — an die Zinsentwicklung gekoppelt ist, da Sie sich nur auf diese Basispacht für die Bedienung des Schuldendienstes verlassen können,
3. daß Sie am Umsatz beteiligt sind und
4. daß Sie das Recht haben, die Umsätze zu kontrollieren.

Wenn diese Punkte nicht erfüllt sind, ist von einer Anlage von vornherein abzuraten. Die folgende Beurteilung geht deshalb davon aus, daß diese Voraussetzungen erfüllt sind:

Beurteilung

1. Verwaltung

Erheblicher Verwaltungsaufwand wegen der Überprüfung der Umsätze.
Verwaltung Direktbesitz: *4 Punkte*
Verwaltung Limited Partner: *1 Punkt*

2. Eigenkapitaleinsatz

Ab 250 000 Dollar pro Einzelrestaurant.
Eigenkapitaleinsatz Direktbesitz: *4 Punkte*
Eigenkapitaleinsatz Limited Partner: *1 Punkt*

3. Notfall-Liquidität

Zwar monatliche Einkünfte, jedoch keine zusätzlichen Entnahmenmöglich.
Notfall-Liquidität: *3 Punkte*

4. Rendite

Ist im allgemeinen wegen des sehr viel höheren Risikos bei Fast Food Shops höher als zum Beispiel bei Bürogebäuden und sollte bei 8 bis 10 Prozent p.a. liegen.
Rendite: *2 Punkte*

5. Wertentwicklung

Das Gebäude ist für keinen anderen Verwendungszweck als für ein Restaurant zu benutzen. Nur der relativ geringe Anteil des darunterliegenden Landes dürfte sich im Wert erhöhen. Das ist jedoch kein Ausgleich für den Wertverlust des Gebäudes.

Wertentwicklung: *6 Punkte*

6. Wiederverkauf

Sehr schlecht.

Wiederverkauf: *6 Punkte*

7. Sonstige Risiken

Bei Fast Food-Restaurants besteht immer die Gefahr, daß sich — wenn es gut läuft — sehr schnell ein Konkurrenz-Restaurant nebenan etabliert. Dann ist Ihre Umsatzrendite in Gefahr. Ist ein kleiner Mieter nicht finanziell kräftig genug, um dann eine finanzielle Durststrecke durchzuhalten, kann Ihr Restaurant leerstehen. Bei einer großen Kette kann es Ihnen passieren, daß diese zwar die Miete weiter bezahlt, den Laden aber trotzdem leerstehen läßt, da dieses billiger kommt als der Weiterbetrieb mit Verlust. Änderungen der Nachbarschaft und Konjunktur wirken sich ebenfalls unverhältnismäßig stark auf den Fast Food-Sektor aus.

Sonstige Risiken: *6 Punkte*

Zusammenfassung
Schnellimbiß (Fast Food) als Direktbesitz: *31 Punkte*
Schnellimbiß (Fast Food) als Limited Partner: *25 Punkte*

Apartementhäuser

Allgemeines

Wohngebäude haben einen großen Vorteil: Vielleicht ändern sich in Zukunft die Einkaufsgewohnheiten und damit das Konzept von Shopping Centers. Vielleicht ändern sich durch zu Hause aufgestellte Computer-Terminals die Arbeitsgewohnheiten von Büroarbeiten und damit die Nachfrage nach Büroraum. Eines aber wird sich sicherlich nicht ändern: Die Menschen müssen immer irgendwo wohnen. Von den Zukunftsaussichten her bieten also Wohnimmobilien im allgemeinen eine konstantere Anlage als Gewerbeimmobilien.

Sie haben allerdings in den USA bei Apartmenthäusern eine sehr hohe Mieterfluktuation und entsprechend hohe Reparatur- und Verwaltungskosten, da der amerikanische Mieter überhaupt nicht zu vergleichen ist mit dem deutschen Mieter. Bei den prozentual sehr niedrigen Anzahlungen für ein Haus oder eine Eigentumswohnung kann es sich in normalen Zins- und Konjunkturzeiten fast jeder leisten, eine Eigentumswohnung oder ein Haus zu kaufen. Als Mieter haben Sie also entweder Kurzmieter, die nicht kreditwürdig genug sind, um eine Hypothek zu bekommen oder die nur auf den Moment warten, an dem die Zinsen niedriger sind, um sich ein Haus zu kaufen. Oder Sie haben Mieter, die gerade neu in die Stadt gezogen sind und die Zeit überbrücken, bis sie in ihrem neuen Job etabliert sind und ein Haus gefunden haben.

Institutionelle Anleger, also Versicherungsgesellschaften und Pensionskassen, gehen wegen der Mieterfluktuation, der hohen Verwaltungskosten und der Gefahr von Mietpreiskontrollen (siehe "Anlegerfallen") nur noch ungern in Apartmenthäuser hinein. Diese Gesellschaften geben sogar nur noch selten Hypotheken darauf, weil sie zu oft notleidend werden.

Das ist das große Problem bei neuen Mietshäusern: Sie erzielen in den USA für Neubauten oft keine Kostenmieten, eben weil viele, die sich eine Kostenmiete leisten können, sich lieber ein Haus oder eine Wohnung kaufen. Es lohnt sich deshalb oft nicht mehr, in den USA Apartmenthäuser zu bauen — es sei denn, kleinere Mengen für den Luxusmarkt.

Wenn Sie überhaupt ein Apartmentgebäude kaufen, dann ist es nur interessant, wenn

1. das Gebäude — wegen der rationelleren Verwaltung — mindestens 30 Einheiten hat,
2. es in einem Gebiet liegt, in dem keine Gefahr einer Mietpreiskontrolle besteht,
3. es aus Notverkäufen oder Zwangsversteigerungen erheblich unter dem Neubauwert erworben werden kann (möglichst noch unter Übernahme günstiger Alt-Hypotheken)

Anlegerfallen

Die größte Gefahr bei einem Apartmenthauskauf sind

1. Falscher Betriebskostenansatz
2. Verschlechterung der Nachbarschaft
3. Schlechte Verwaltung
4. Gefahr der Mietpreiskontrollen

1. Falscher Betriebskostenansatz

Für einen Verkauf wird manchmal mit einer „doppelten Buchführung" gearbeitet. Eine tatsächliche und eine frisierte, um das Objekt interessant zu machen. Lassen Sie sich deshalb die Betriebskostenabrechnungen der vergangenen 3 bis 5 Jahre und die Steuererklärungen zeigen. Wenn die in der Steuererklärung deklarierten Einnahmen mit der Betriebskostenabrechnung übereinstimmen, können Sie davon ausgehen, daß hier nichts frisiert wurde.

Sehen Sie sich auch genau an, wer bisher die Verwaltung gemacht hat. Unter Umständen ist es der bisherige Besitzer gewesen oder er hat zumindest einen Teil der Verwaltungsarbeiten selbst erledigt. In diesem Fall sind die von ihm ausgewiesenen Betriebs- beziehungsweise Verwaltungskosten geringer als die, die Sie zu zahlen haben werden.

2. Verschlechterung der Nachbarschaft

Das würde einen nachhaltigen Wertverlust Ihrer Wohnimmobilie bedeuten. Es ist eine Binsenwahrheit, muß aber doch wiederholt werden: Apartment-Komplexe (wie jede andere Wohnimmobilie) nahe bei einer „schlechten" Gegend sind viel gefährdeter als die, die von einer unerwünschten Gegend weit entfernt, inmitten guter Wohngebiete eingebettet sind.

3. Schlechte Verwaltung

Die meisten ausländischen Eigentümer von Apartmenthäusern beschweren sich, daß die Rendite zu niedrig sei, weil die Mieteinnahmen zu gering oder die Betriebskosten zu hoch sind. Oder daß die Mieten nicht schnell genug angepaßt werden oder der Verwalter sich nicht genug um die Apartments kümmert, so daß das Objekt verwahrlost.

Als ganz grobe Faustregel gilt, daß Vorsicht geboten ist, wenn Ihre Netto-Mieteinnahmen unter 40 Prozent oder über 55 Prozent der Brutto-Mieteinnahmen liegen. Sehr niedrige Netto-Einnahmen bedeuten, daß entweder die Mieten zu gering festgelegt sind oder aber die Verwaltungskosten zu hoch sind. Außerordentlich hohe Netto-Einnahmen sind nicht unbedingt ein Zeichen für einen guten Verwalter, sondern können auch bedeuten, daß die Instandhaltung vernachlässigt wird. Diese Gefahr besteht insbesondere dann, wenn die Verwaltungsgesellschaft nur am Mietertrag beteiligt ist. Sie will dann natürlich für einige Jahre möglichst hohe Mieteinnahmen erzielen unter dem Motto „Nach uns die Sintflut" — und das geht zwangsläufig auf Kosten der laufenden Reparaturen und Instandhaltung.

4. Gefahr der Mietpreiskontrollen

Mit Mietpreiskontrollen haben Sie sicherlich in Deutschland genug schlechte Erfahrungen gemacht. Derartige „Mietbremsen" breiten sich auch in den USA immer mehr aus. Dazu braucht es nur eine Bürgerinitiative und Druck auf die Stadtverwaltung und Sie haben eine Mietpreisverordnung. Wenn diese Frage von örtlichen Bürgervereinigungen aufgebracht wird, dann sollten Sie das Objekt nur kaufen, wenn Sie von vornherein die Gewißheit haben, daß Sie es dann in Eigentumswohnungen umwandeln können (siehe "Empfehlungen").

Diese Gefahr der Mietpreiskontrollen ist ganz ernst zu nehmen. Kalifornien, in dem schon mehr als 50 Gemeinden „Rent Controls" eingeführt haben, ist ein warnendes Beispiel dafür, wie schnell Immobilien, die den Mietpreiskontrollen unterliegen, im Wert fallen — bis nahezu zur Unverkäuflichkeit.

Immobilienfirmen, deren Anlagen den Mietpreiskontrollen unterliegen, erlaubt man nicht einmal die Firmenliquidation, da dieses unter Umständen bedeuten würde, daß die Mieter ausziehen müßten. Klagen der „Landlords", der Grundbesitzer, daß sie durch diese Gesetzgebung in einer Art unfreiwilliger Knechtschaft ("Involuntary Servitude") gegenüber ihren Mietern gehalten würden, fruchten nichts.

Die Gerichte stellten sich, vor allem in Kalifornien — bisher geradezu unglaublich für Amerika — auf den Standpunkt, daß schließlich zwei Wege offen stünden, dieser Knechtschaft zu entfliehen: entweder die Immobilie zu verkaufen oder sie zu verschenken. Aber die Immobilie ist gerade wegen dieser Mietpreiskontrollen und der daraus resultierenden extrem niedrigen Erträge nahezu unverkäuflich. Auch der andere Weg, es einfach zu verschenken, ist schließlich nicht jedermanns Idee von Eigentum.

Empfehlungen

1. Günstige Einstandspreise
2. Stadtnahe, gute Lage

3. Möglichkeit, in Eigentumswohnungen umzuwandeln
4. Energiekosten auf Mieter abwälzen
5. Mieten schrittweise anheben

1. Günstige Einstandspreise

Günstige Einstandspreise schaffen Sie auf 3 Arten:

a) Notverkäufe und Zwangsversteigerungen
b) Kauf unterbewerteter Objekte

Zu a): Diese Möglichkeiten sind beschrieben im Kapitel „Risiko mindern — Gewinn erhöhen" unter dem Unterkapitel „Notverkäufe und Zwangsversteigerungen".

Zu b) — Kauf unterbewerteter Objekt — gibt es einige Hinweise, die gerade auf Apartmenthäuser oft zutreffen: Am interessantesten sind manchmal — auf den ersten Blick paradoxerweise — Apartmenthäuser, die von großen Management-Gesellschaften verwaltet werden. Und zwar von Firmen, die eine feste Verwaltungsgebühr bekommen, ohne Beteiligung am Ertrag. Versetzen Sie sich bitte einmal in die Lage des Angestellten, der dieses Objekt für die Firma verwaltet: Der ist sicherlich nicht überbezahlt. Möglicherweise ist er ein Beamtentyp, dessen größtes Interesse darin besteht, keine Probleme zu haben. Wenn er das Haus hundertprozentig vermietet hat, wird ihm seine Geschäftsleitung keinen Ärger machen. Und wenn die Mieten so niedrig sind, daß der einzelne Mieter das ganz genau weiß und es daher nicht wagt, ihn für irgendwelche Probleme zu bemühen, um nicht gekündigt zu werden, dann hat er auch von dieser Seite keinen Ärger zu erwarten. Er ist also höchst selbstzufrieden und hat einen völlig problemfreien Job. Für Sie als Käufer aber ist dieses Objekt eine gute Gelegenheit.

Ein unterbewertetes Gebäude haben Sie oft auch, wenn der Eigentümer selber im Haus wohnt und sich während der letzten Jahre selbst darum gekümmert hat. Alle Mieter sind mit ihm befreundet, und er ist stolz darauf, daß alle gut mit ihm zurechtkommen. In vielen Fällen haben Sie hier ein Objekt, bei dem die Mieten so niedrig liegen, daß Sie sie nach einem Kauf anheben können. Auch bei Eigentümern, die stolz darauf sind, daß ihre Apartmenthäuser in den letzten Jahren immer zu hundert Prozent belegt waren, können Sie fast sicher davon ausgehen, daß die Mieten zu niedrig liegen.

Ein weiteres Beispiel sind die Immobilien, die durch die „armen Verwandten" verwaltet werden. Der erfolgreiche Geschäftsmann gibt dem armen Verwandten die Möglichkeit, etwas zusätzlich zu verdienen, indem er seine Immobilie verwaltet. Das letzte in der Welt, was der arme Verwandte mit seinem reichen Onkel haben will, sind Schwierigkeiten. Leerstehende Wohnungen würden ihm Schwierigkeiten machen. Also vermietet er gelegentlich zu niedrigen Mieten, um keinen Ärger zu bekommen.

2. Stadtnahe, gute Lage

Denken Sie bitte an das früher beschriebene "Kalifornien-Syndrom": Die Preise für Gebäude und Baugrundstücke, die etwas weiter von der Stadt entfernt waren, fielen in Kalifornien bei der damaligen Ölkrise innerhalb weniger Tage drastisch.

Nehmen Sie deshalb in weiser Voraussicht ähnlicher Probleme nur Stadtlage oder direkten Stadtrand in guter Wohngegend. Damit sind Sie auch gerüstet für den allgemeinen Trend der Amerikaner, wieder näher zur Stadt zu ziehen.

3. Möglichkeit, in Eigentumswohnungen umzuwandeln

Sehr interessant bei Apartmenthäusern ist die Möglichkeit, sie später in Eigentumswohnungen, sogenannte Condominiums (kurz "Condos"), umzuwandeln. Ideal ist es, ein Objekt zu kaufen unter dem Vorbehalt der Erteilung der Genehmigung zur Umwandlung in Eigentumswohnungen. Mit einer solchen „Vorneweg" -Bestätigung sind Sie bei eventueller, späterer Einführung von Mietpreiskontrollen gut gerüstet.

Leider ist es aber nur selten möglich, solche Bestätigungen vor dem Kauf zu erhalten, da sich das Genehmigungsverfahren über Monate, manchmal Jahre, hinziehen kann. Auf jeden Fall sollten Sie aber diese Genehmigung gleich nach dem Kauf beantragen, damit Sie diese Wahl der Umwandlung immer für den Fall der Fälle haben.

4. Energiekosten auf Mieter abwälzen

In den meisten Gebieten der USA ist es noch üblich, Elektrizität und Gas in die Mietpreise einzuschließen. Eine kalifornische Untersuchung zeigt, daß der Energieverbrauch in Apartments um 45 Prozent sinkt, wenn die Mietwohnungen eigene Zähler bekommen und Gas und Elektrizität vom Mieter bezahlt werden müssen. Es lohnt sich deshalb, in bereits bestehende Apartments nachträglich Einzelzähler einzubauen, und zwar sowohl für Elektrizität als auch für Gas und Wasser. Im Hinblick auf eine spätere Umwandlung in Eigentumswohnungen wäre das sowieso notwendig.

5. Mieten schrittweise anheben

Bei massiven Mietanhebungen besteht immer die Gefahr, daß einige Mieter ausziehen. Machen Sie es lieber in kleinen Schritten. Heben Sie die Mieten nur ganz leicht an. Eine 300-Dollar-Miete zum Beispiel nur um 15 Dollar pro Monat. Niemand zieht aus, denn der Umzug alleine würde mindestens 10 Monatsmieten verschlingen. Die Mieter zahlen also 15 Dollar pro Monat mehr. 15 Dollar pro Monat sind 180 Dollar netto pro Jahr pro Wohnung. Bei 30 Einheiten sind das 5 400 Dollar im Jahr, und mit dem 10fachen Cashflow kapitalisiert, wären das immerhin 54 000 Dollar Mehrwert Ihres Objektes. Dieses scheibchenweise Erhöhen können Sie mehrmals im Jahr machen, damit Sie insgesamt gut über der Inflationsrate und den steigenden Verwaltungskosten liegen.

Beurteilung

1. Verwaltung

Die Verwaltung muß durch eine ansässige Verwaltungsfirma durchgeführt werden. Ihre Kontrolle und Mitentscheidung ist jedoch unbedingt notwendig, es sei denn, Sie sind Limited Partner.

Verwaltung bei Direktbesitz: *5 Punkte*
Verwaltung als Limited Partner: *1 Punkt*

2. Eigenkapital-Einsatz

Auch bei günstiger Beleihung sind bei der Minimalgröße von 30 Einheiten ab 500 000 Dollar Eigenkapital notwendig.

Eigenkapital-Einsatz bei Direktbesitz: *5 Punkte*
Eigenkapital-Einsatz als Limited Partner: *1 Punkt*

3. Notfall-Liquidität

Sie erhalten monatliche Einkünfte, haben jedoch keine Möglichkeit, zusätzliche Entnahmen zu erzielen mit Ausnahme leichter Mieterhöhungen.

Notfall-Liquidität: *3 Punkte*

4. Rendite

Rendite auf das Eigenkapital sollte bei 8 bis 10 Prozent p.a. liegen.

Rendite: *2 Punkte*

5. Wertentwicklung

Gemessen an allen anderen Gewerbe- oder Wohnimmobilien haben Apartmenthäuser das größte Wertsteigerungspotential wegen der Aussicht auf Umwandlung in Eigentumswohnungen. Der Wertverlust durch Abnutzung kann damit mehr als ausgeglichen werden.

Unter der Voraussetzung, daß eine spätere Umwandlung in Eigentumswohnungen möglich ist:

Wertentwicklung: *2 Punkte*

6. Wiederverkauf

Da es sehr schwierig ist, Alt-Hypotheken auf Apartmentgebäude von neuen Käufern übernehmen zu lassen, und wegen der Schwierigkeiten mit der Verwaltung sind die Wiederverkaufsmöglichkeiten als Apartmenthaus im ganzen (also nicht bei Aufteilung in Eigentumswohnungen) nur ausreichend.

Wiederverkauf: *4 Punkte*

7. Sonstige Risiken

Zwei ganz erhebliche Risiken sind nicht auszuschalten: Die überraschende Einführung von Mietpreisbindungen und die Verweigerung der Genehmigung zur Umwandlung Ihrer Apartments in Eigentumswohnungen.

Sonstige Risiken: *5 Punkte*

Zusammenfassung - Apartmenthäuser:
Als Direktbesitz: *26 Punkte*
Als Limited Partner: *18 Punkte*

Ein- und Zweifamilienhäuser, Eigentumswohnungen, Reihenhäuser

Allgemeines

Leider beginnen viele ausländische Investoren ihren Einstieg auf dem amerikanischen Markt ausgerechnet mit einem Ein- oder Zweifamilienhaus oder einer Eigentumswohnung. Sie wollen es vermieten und erst einmal sehen, wie diese erste Anlage in Amerika läuft. Und das wird fast immer ein Desaster, zumindest was die Rendite betrifft.

Viele Anleger glauben, mit einem Haus oder einer Wohnung eine Art "zweites Bein in Amerika" zu haben. Auch wenn Verkäufer diesen Irrglauben kräftig nähren, wird er dadurch nicht richtiger. Ein Haus oder eine Wohnung dort ist kein Zufluchtsort „für den Fall der Fälle", denn es erleichtert weder eine Einwanderung noch zieht es automatisch eine Aufenthaltsgenehmigung nach sich. Dafür sind ganz andere Kriterien maßgebend, auf die noch später in diesem Buch eingegangen wird.

Schon auf den vorigen Seiten wurde bei den Apartmenthäusern erwähnt, welche Mieterfluktuation Sie in den USA erwarten können. Das ist im kleinen bei einem Haus oder einer Eigentumswohnung dasselbe wie im großen bei einem Apartmentgebäude mit dreißig oder mehr Einheiten. Es ist gar nicht so ungewöhnlich, daß Sie zwei- oder dreimal jährlich neue Mieter haben. Und selbst wenn Ihre Mieter nur alljährlich einmal wechseln, dann kostet es Sie dennoch ein Zwölftel Ihrer Miete, alleine schon deswegen, weil zwischen neuem Mietvertrag und Einzug — und Beginn der Mietzahlung des neuen Mieters — einige Zeit vergeht. Denn Sie müssen ja auch die Wohnung inzwischen wieder instandsetzen. Und wenn die Familie, die vorher drin war, den Garten nicht richtig gepflegt hat, dann kostet es Sie möglicherweise zwei Monatsmieten, um diesen wieder in einen guten Zustand zu versetzen. Vielleicht dürfen Sie auch noch das Haus neu anstreichen.

Bei einer Eigentumswohnung haben Sie natürlich nicht die Kosten eines Gartens, der Anstriche und so weiter, aber Sie haben recht massive monatliche Verwaltungskosten. Reihenhäuser (Townhouses) fallen übrigens in den USA auch unter den Begriff "Eigentumswohnungen". Reihenhauskomplexe werden in den meisten Fällen auch durch eine Eigentümergemeinschaft verwaltet, unterliegen den Einschränkungen von Eigentümer-Statuten und kosten Sie im allgemeinen Verwaltungskosten.

Sich in den USA ein Haus oder eine Wohnung zu kaufen, lohnt sich nur für Sie, wenn Sie selber darin wohnen können. Sei es, weil Sie beruflich mehrere Monate im Jahr am gleichen Ort in den USA verbringen (und dabei hoffentlich steuerlich nicht in die "Ansässigkeit" rutschen) oder weil Sie genau wissen, daß Sie in zwei oder drei Jahren nach Amerika ziehen und inzwischen schon jedes Jahr einige Zeit dort verbringen wollen.

Was ist nun besser — Haus oder Eigentumswohnung? Leichter zu verkaufen ist ein Haus in einer erstklassigen Wohngegend. Doch wenn Sie das Haus nur wenige Monate im Jahr bewohnen und es sonst leerstehen lassen, riskieren Sie Einbruchdiebstähle. Falls Sie es also nicht immer bewohnen, sollten Sie entweder eine Eigentumswohnung mit guter Bewachung kaufen oder ein Haus mit einer abgeschlossenen Einliegerwohnung. Deren Dauermieter paßt auf Ihr Haus auf und zahlt Ihnen noch eine Miete, die Ihnen Schuldendienst und Grundsteuerlast erleichtert.

In der Vergangenheit — und damit wird natürlich von Verkäufern immer wieder argumentiert — waren die Wertsteigerungen von Häusern die reinste Freude für deren Besitzer. In den Jahren 1981, 1982 und Anfang 1983 dagegen stieg zwar im US-Gesamtdurchschnitt der Wert eines Hauses oder einer Wohnung noch leicht, lag aber deutlich unter der Inflationsrate.

Bei wieder zunehmender Inflation werden sicherlich auch die Haus- und Wohnungspreise wieder schnell steigen. Wie schnell, ist aber nicht vorherzusagen, denn das hängt von der Einkommensentwicklung der Bevölkerung ab.

Anlegerfallen

1. Garantierte Renditen
2. Stadtferne
3. Grundsteuererhöhungen
4. Verwaltungskosten

1. Garantierte Renditen

Verkäufer, die Ihnen für einige Jahre Renditen garantieren, haben in der Regel diese von vornherein in den Preis eingebaut. Es ist praktisch nicht möglich, für eine einzelne Wohnung oder ein einzelnes Haus eine Rendite zu erzielen, wenn das Objekt gleichzeitig gut instandgehalten werden soll. Die Verwaltung ist so aufwendig, daß sie die Rendite auffrißt. Die einzige Ausnahme ist die gemeinschaftliche Verwaltung einer größeren Zahl von Häusern oder Wohnungen.

2. Stadtferne

Weit außerhalb liegende Häuser werden oft mit dem Argument angeboten, daß solche Entfernungen für die USA nichts Außergewöhnliches sind. Außergewöhnlich sicherlich nicht, aber eben auch nicht mehr so beliebt oder akzeptiert wie früher. Der Trend ist ganz klar weg von den entfernten Vororten und zurück zur Stadt. Dazu trägt einmal bei, daß die Menschen länger leben und weniger Kinder haben und zum zweiten die Angst vor einer neuen Ölkrise. Obgleich stadtnahe Häuser teurer sind als die entfernteren Vorstadthäuser, halten sie sich dennoch im Preis besser. Die Werterhaltung Ihres Hauses oder Ihrer Wohnung ist also in einer guten, stadtnahen Lage gesicherter.

3. Grundsteuererhöhungen

Grundsteuern in guten Wohngegenden sind in den USA (zumal es dort keine Einheitswerte gibt) bedeutend höher als beispielsweise in

Deutschland. In Neubaugebieten kann anfangs die Grundsteuer noch niedrig sein, doch ist das keine Garantie für die Zukunft. Sowie Schulen und Einkaufszentren entstehen, werden sich die Grundsteuern in rascher Folge erhöhen, da die Immobilienschätzwerte der ganzen Nachbarschaft sich ebenfalls nach oben entwickeln.

4. Verwaltungskosten

Die jährlichen Verwaltungskosten einer Eigentumswohnung oder eines Reihenhauses in den USA sind recht massiv, wobei die Verwaltungskosten einer Eigentumswohnung sicherlich noch wesentlich unter den Verwaltungskosten für ein einzeln stehendes Haus liegen.

Empfehlungen

1. Bauzustands-Gutachten
2. Verbindliche Auskunft über Gemeinschaftskosten
3. Verwaltungsübernahme

1. Bauzustands-Gutachten

Ziehen Sie bei jedem Altbau einen — von Ihnen bezahlten — Gutachter hinzu. Eine Begutachtung dauert etwa 1 bis 1 1/2 Stunden, kostet Sie zwischen 100 und 150 Dollar und gibt Ihnen — von versteckten Mängeln abgesehen — einen guten Eindruck vom Bauzustand des Gebäudes. Außerdem haben Sie, wenn einige Fehler aufgeführt sind, eine gute Verhandlungsgrundlage, den Preis zu drücken. Ziehen Sie dabei nur Gutachter heran, die nicht darauf aus sind, von Ihnen den Reparaturauftrag zu bekommen.

2. Verbindliche Auskunft über Gemeinschaftskosten

Verlangen Sie verbindliche Auskünfte vom Verkäufer über sämtliche anfallenden Zusatzkosten, wie Straßenkosten, Gemeinschaftsabgaben für die Siedlung, Abwasser und Müllabfuhr. Daß diese Kosten sich im Laufe der Jahre erhöhen, ist natürlich unvermeidlich.

4. Verwaltungsübernahme

Vereinbaren Sie vor dem Kauf, zu welchen Konditionen eine Hausverwaltungsfirma Ihr Haus oder Ihre Wohnung vermietet. Auch wenn ein Haus leersteht, muß es regelmäßig überwacht werden. Bei einer leerstehenden Eigentumswohnung in einem bewachten Block ist dieses nicht extra notwendig.

Beurteilung

Es wird nur von Direktbesitz ausgegangen. Es gibt kaum gute Einzelhausobjekte, in die Sie als Limited Partner hineingehen können. Außerdem entspräche dieses kaum der „Eigentumsidee" eines Hauskäufers.

1. Verwaltung

Verwaltung ist nur möglich durch eine ansässige Verwaltungsfirma. Kontrolle durch Sie und Mitentscheidung über notwendige Reparaturen und Mietpreiserhöhungen sind unbedingt notwendig.

Einzelhäuser zu vermieten oder auch nur überwachen zu lassen, ist immer umständlicher oder zumindest teurer als bei Eigentumswohnungen. Weniger Verwaltungskosten — aber nicht unbedingt weniger Probleme — haben Sie natürlich, wenn Sie Ihr Haus leerstehen lassen. Doch das ist dann keine Kapitalanlage mehr, sondern ein Hobby und wird hier nicht berücksichtigt.

Verwaltung:
Ein- und Zweifamilienhäuser: *5 Punkte*
Eigentumswohnungen, Reihenhäuser: *4 Punkte*

2. Eigenkapital-Einsatz

Im allgemeinen sind weder für Eigentumswohnungen noch für Einfamilienhäuser mehr als 50 000 Dollar Eigenkapital nötig.

Eigenkapital-Einsatz: *1 Punkt*

3. Notfall-Liquidität

Bei vermieteten Häusern und Wohnungen ist die Rendite wegen der hohen Verwaltungskosten so niedrig, daß Sie höchstens durch Vernachlässigung der Instandhaltung für eine gewisse Zeitlang etwas mehr herausziehen können.

Häuser und Wohnungen: *5 Punkte*

4. Rendite

Auch im günstigsten Falle bringen Ihnen wegen der hohen Verwaltungs- und Instandsetzungskosten sowie der unvermeidlichen Leerstandsraten durch Mieterwechsel Häuser und Wohnungen allerhöchstens 2 bis 4 Prozent per annum.

Häuser und Wohnungen: *5 Punkte*

5. Wertentwicklung

Nachdem die weit über der Inflationsrate liegenden Preissteigerungen für Wohnhäuser und Eigentumswohnungen auf ein normales Maß zurückgeführt wurden, ist anzunehmen, daß in Zukunft, auf längere Sicht gesehen, die Wertsteigerung sowohl bei Häusern als auch bei Wohnungen zumindest der Inflationsrate entspricht. In Wohngebieten ist es nicht möglich, Häuser oder Wohnungen einem anderen, gewinnbringenderen Verwendungszweck zuzuführen.

Das Risiko des Wertverfalls eines Einzelhauses ist in einem guten Wohngebiet gering. Bei Eigentumswohnungen ist das Risiko größer, da Sie darauf angewiesen sind, daß die Gemeinschaft der Eigentümer das Haus gut instandhält. Sonst wird Ihre Wohnung bei einer allgemeinen Vernachlässigung im Wert mit nach unten gezogen.

Wertentwicklung Ein- und Zweifamilienhäuser: *4 Punkte*
Wertentwicklung Eigentumswohnungen, Reihenhäuser: *5 Punkte*

6. Wiederverkauf

Für Ein- und Zweifamilienhäuser beziehungsweise Eigentumswohnungen/Reihenhäuser besteht — von ganz schweren Rückschlägen abgesehen, wie zum Beispiel Anfang/Mitte 1982 — in den USA immer ein breiter Wiederverkaufsmarkt.

Da Amerikaner fast immer — von älteren Ehepaaren oder Singles abgesehen — das Einfamilienhaus der Eigentumswohnung vorziehen, ist der Wiederverkaufswert für Ein- und Zweifamilienhäuser höher als von Eigentumswohnungen.

Wiederverkauf Ein- und Zweifamilienhäuser: *3 Punkte*
Wiederverkauf Eigentumswohnungen/Reihenhäuser: *4 Punkte*

7. Sonstige Risiken

Bei beiden Objektarten — Ein- und Zweifamilienhäusern und Eigentumswohnungen/Reihenhäusern — besteht das Hauptrisiko in der Verschlechterung der Nachbarschaft durch Zuzug von entsprechenden Bevölkerungsgruppen.

Bei unvermieteten Ein- und Zweifamilienhäusern besteht außerdem die große Gefahr von Einbrüchen. Diese Einbruchsgefahr ist in einem bewachten Komplex von Eigentumswohnungen sehr viel geringer, auf der anderen Seite jedoch haben Eigentumswohnungen auf Grund kürzlicher Gerichtsentscheidungen der USA zwei ganz erhebliche Risiken:

a) In Florida wurde sowohl in erster als auch in zweiter Instanz der Klage einer Eigentümergemeinschaft stattgegeben: Danach wurde einem Kaufinteressenten unter Hinweis auf die Statuten der Eigentümergemeinschaft der Kauf der Eigentumswohnung untersagt, weil der Käufer nicht selbst dort wohnen wollte. Eine solche Rechtslage macht Vermietungsaussichten für Eigentumswohnungen zunichte. Da auch diesbezügliche Änderungen der Statuten ohne weiteres nachträglich mit einer Mehrheit der Eigentümergemeinschaft eingeführt werden können, ist dieses ein erhebliches zusätzliches Risiko bei Eigentumswohnungen und Reihenhäusern, die im allgemeinen ebenfalls Eigentümer-Gemeinschaftsstatuten unterliegen.

b) Das zweite Risiko ist eine verkaufseinschränkende Gesetzgebung. Nach einem kürzlich ergangenen Urteil hat ein Mieter ein Vorkaufsrecht auf die von ihm gemietete Eigentumswohnung und eine Stadt das Recht, einem Eigentumswohnungsbesitzer, der diese Wohnung vermietet, vorzuschreiben, daß er die Wohnung nur an seinen Mieter verkaufen kann.

Sonstige Risiken:

Vermietete Ein- und Zweifamilienhäuser: *4 Punkte*
Vermietete Eigentumswohnungen/Reihenhäuser: *5 Punkte*

Zusammenfassung
Ein- und Zweifamilienhäuser: *27 Punkte*
Eigentumswohnungen und Reihenhäuser: *29 Punkte*

Teilzeiteigentum (Time Sharing)

Allgemeines und Anlegerfallen

"Ein Apartment in den Florida Keys für 995 Dollar" oder „Einmal zahlen — für immer kostenlos Urlaub machen". Das sind zwei der typischen Werbesprüche, mit denen in den USA (und ähnlich auch in Europa) für „Time Sharing", zu neu-deutsch „Teilzeiteigentum", geworben wird.

Da das Geschäft mit Ferienhäusern und Apartments nicht mehr so gut lief, kamen amerikanische Immobilienverkäufer auf die Idee, diese Immobilien jetzt teelöffelweise zu verkaufen, nämlich pro Woche. Die amerikanischen Time Sharing-Verkäufer meinen zwar, daß diese Idee auf amerikanischem Mist gewachsen ist, aber in Wirklichkeit kommt sie aus Berlin. 1958 hatte der spätere Gründer der Schweizer Teilzeiteigentumsfirma Hapimag, Alexander Nette, das „Teilapartment" und den „kostenlosen Urlaub" im „Weltring" geschaffen. Nettes System wurde dann von einer ganzen Reihe anderer Verkäufer im IOS-Stil mit Ferienfonds, wie Interfer, Vacanza oder Suninvest ("Sonne im Privatbesitz") vertrieben.

Als eine Legion westdeutscher Ärzte, Anwälte und anderer Anleger sich geprellt fühlte, übernahm die Frankfurter Staatsanwaltschaft. Danach wurde es relativ still um diese Idee.

Jetzt feiert sie fröhliche Wiedergeburt in den USA. Vor allem in Amerikas Schneegebieten und im früheren Traumland der New Yorker Pensionäre, in Florida. Seitdem wegen Südfloridas Rassen- und Kriminalitätsproblemen der Absatz an Immobilien stockt, werden vor allem die „Schrott-Immobilien", das heißt, schlecht verkäufliche Ferienhäuser und Apartments, aber auch Hotels und Motels als Time Sharing-Objekte verkauft. Eine große Zielgruppe dafür sind europäische — und darunter besonders wieder deutsche — Anleger. An sich sollten die es besser wissen, aber da es jetzt aus Amerika kommt, wird es dennoch gekauft.

Da nur wenige Menschen Lust haben, sich auf die nächsten 20 oder mehr Jahre ein für allemal mit ihrem Urlaubsziel festzulegen, verkaufen die Gesellschaften die Objekte nicht nur, sondern verwalten in der Regel auch mehrere derartiger Time Sharing-Objekte an verschiedenen Orten oder sind einem Verwaltungsring angeschlossen.

Das ganze steht und fällt mit der Seriosität dieser Ringtausch-Organisationen. Selbst wenn die Firma lange weiterbesteht, haben Sie keine Garantie, daß dieser Ringtausch wirklich funktioniert. Wenn niemand zu der von Ihnen gekauften Zeit in Ihr Apartment ziehen will, dann müssen Sie für ein anderes Apartment genauso bezahlen wie sonst irgendwo in einem Hotel. Und selbst wenn Sie das Glück haben, daß Ihre eigene Wohnung vermietet wird, Sie aber zu einer teureren Zeit irgendwo Ferien machen wollen, als Sie selber gekauft haben, dann müssen Sie einen Ausgleich zahlen.

Auch die Wertsteigerung solcher Time Sharing-Anteile, mit der immer wieder geworben wird, gibt es einfach nicht. Dieses angebliche Eigentum ist allenfalls nur ein Nutzungsrecht. Als Eigentümer eingetragen ist entweder die gesamte Gruppe der Teilzeit-Eigentümer, die untereinander eine Nutzungsvereinbarung treffen, oder die Verkaufsgesellschaft oder ein sonstiger Treuhänder, der dann mit den einzelnen Nutzungsberechtigten Verträge abschließt. Rechtlich sind es aber Miet- und keine Kaufverträge. Diese Nutzungsrechte verfallen manchmal schon nach 20 oder 30 Jahren entschädigungslos. Entsprechend weniger wird dann jedes Jahr Ihr verbleibender Nutzungswert. Von Wertsteigerungen ist da gar nicht zu reden.

Selbst wenn Sie in seltenen Fällen als Miteigentümer eingetragen sind, dann nützt Ihnen im Falle der Pleite diese angebliche Sicherheit nur sehr wenig. Zu jeder Entscheidung müssen Sie die Mehrheit der Mit-Eigentümer unter einen Hut bekommen. Nicht nur die Ring-Organisationen kosten viel Geld, sondern auch die Gebäudeverwaltung des Apartments — egal, ob es nun vermietet ist oder nicht.

Dabei ist es unwahrscheinlich, daß es dauernd vermietet ist, denn gerade Ferienobjekte sind im allgemeinen nur für wenige Monate zu vermieten, und das reicht nicht für eine Rendite. In der Nebensaison ist die Chance einer Vermietung gleich null. Wenn größere Reparaturen anfallen oder das ramponierte Mobiliar erneuert werden muß und Sie einmal die jährlichen Verwaltungsgebühren zusammenrechnen, zahlen Sie in jedem Falle drauf.

Viele ,,Eigentümer", die das nicht länger mitmachen wollen, stellen dann einfach ihre Zahlungen ein, auch wenn sie dadurch unter Umständen ihren Anteil verlieren. Wenn dieser Anteil aber nicht weiterzuverkaufen ist, müssen die verbleibenden Teilzeit-Eigentümer immer höhere Kosten zahlen, es sei denn, sie riskieren, daß das ganze Objekt überschuldet wird.

Auch billig ist diese ganze ,,Anlage" nicht, sondern sogar meistens ganz kräftig überteuert. Jedes Objekt muß an 20 oder mehr Kunden verkauft werden, um alle 52 Jahreswochen zu verkaufen. Das kostet ganz erhebliche Vertriebsprovisionen. In Feriengebieten muß außerdem die Hochsaison sehr viel teurer bezahlt werden als die tote Saison. Wenn Sie sich bei Time Sharing-Angeboten die Mühe machen, die Verkaufspreise für alle Wochen zusammenzuzählen — also die Kosten der Gesamtwohnung auszurechnen — so werden Sie entdecken, daß diese oft zwei- bis dreimal teurer sind als der sonst dort übliche Preis einer vergleichbaren Wohnung.

Empfehlungen

Nur eine: Lassen Sie die Hände weg von Time Sharing — zumindest in den USA. Das ist keine Kapitalanlage, sondern höchstens ein Hobby. Und auch als Hobby bald etwas, das nur Geld kostet, aber wenig Freude macht.

Beurteilung

Es gibt meines Wissens keine Möglichkeit, Limited Partner zu sein.

1. Verwaltung

Solange dieses durch einen Vermietungsring gemacht wird, müssen Sie sich relativ wenig darum kümmern — allerdings kostet es Sie laufende Verwaltungsgebühren, die recht massiv sein können und im allgemeinen nach einigen Jahren noch kräftig ansteigen.

Verwaltung: *3 Punkte*

2. Eigenkapitaleinsatz

Das ist der einzige Lichtblick bei dieser „Anlage". Der Eigenkapitaleinsatz geht von 2 000 Dollar nach oben, bis durchschnittlich 7 000 bis 8 000 Dollar pro Eigentumswoche. In gewissen Orten noch mehr.

Eigenkapitaleinsatz: *1 Punkt*

3. Notfall-Liquidität

Die Anteile sind praktisch nie zu beleihen. Es ist auch nicht möglich, in irgendeiner Form eine zusätzliche Rendite zu erzielen.

Notfall-Liquidität: *6 Punkte*

4. Rendite

Nicht nur keine Rendite, sondern fast immer ein Zuschußbetrieb.

Rendite: *6 Punkte*

5. Wertentwicklung

Meistens erheblicher Wertverfall, der durch keine Maßnahmen ausgeglichen werden kann.

Wertentwicklung: *6 Punkte*

6. Wiederverkauf

Kaum oder nur zu erheblichen Abschlägen zu verkaufen.

Wiederverkauf: *6 Punkte*

7. Sonstige Risiken

Ein Zusammenbruch oder ein schlechtes Arbeiten des Vermietrings wertet das Objekt vollends ab. Unvorhersehbare Möblierungs- und Reparaturkosten oder Entscheidungen einer Mehrheit von Miteigentümern sind weitere erhebliche Risiken.

Sonstige Risiken: *6 Punkte*

Zusammenfassung - Teilzeiteigentum (Time Sharing):
34 Punkte

Landbesitz

Ernst-Uwe Winteler

Landwirtschaftlicher Besitz — Farmen, Ranches, Forstland

Allgemeines

Als ausländischer Anleger, der in US-Immobilien geht, haben Sie — darauf bin ich schon früher in diesem Buch eingegangen — meistens völlig andere Zielsetzungen als amerikanische Anleger, die für die steuerlichen Vorteile aus Gewerbe- und Wohnimmobilien deren erhebliche Nachteile in Kauf nehmen. Sie haben schon Investitionen in Europa, und Sie suchen vor allem Schutz gegen Krisen und auch die politische Sicherheit einer Investition in den USA.

Guter landwirtschaftlicher Besitz in den USA — also Farmen, Ranches und Forstland — bietet eine ganz andere Sicherheit als Gewerbe- und Wohnimmobilien — vorausgesetzt natürlich, das Land ist richtig ausgesucht, zu einem guten Preis gekauft und wird richtig verwaltet. Im Vergleich zu städtischen Immobilien hat landwirtschaftlicher Besitz vor allem vier Vorteile:

1. Es gibt nur einen begrenzten Vorrat guten landwirtschaftlich nutzbaren Landes. Bürogebäude, Einkaufszentren und Wohnhäuser können überall gebaut werden, aber tausend Hektar Flußuferland, fünftausend Hektar Weideland oder hundert Hektar Forstland können nur schwer dupliziert werden.

Neues Land aus Wüsten oder Sumpf urbar zu machen, ist so aufwendig, daß es sich im Verhältnis zum Kauf bestehenden Nutzlandes kaum lohnt. In Nevada zum Beispiel gibt das BLM (Bureau of

Land Management) sehr billiges Wüstenland unter strengen Auflagen ab, unter denen es urbar gemacht und bewässert werden muß. Doch dieses Urbarmachen kostet durchschnittlich 800 Dollar pro acre, und das ist mehr, als man in einigen Gebieten der USA für bereits kultiviertes Land zahlen muß.

2. Bei allen Gebäuden gibt es eine Abnutzung — die durch die Abschreibung ausgeglichen werden soll — und einen Obsoleszenz-Faktor, eine Wertminderung durch Änderung der Umstände.

   Wer kann voraussagen, was in vierzig Jahren passiert? Vielleicht ist Benzin so teuer geworden, daß sich der auf dem Auto beruhende derzeitige Lebensstil in den USA völlig verändert hat. Vielleicht werden die Einkäufe über Kabelfernsehen erledigt. Wenn Sie also sichere Investitionen suchen, dann sehen diese anders aus als langfristig diejenigen, die nur nach Einkommen und Cashflow beurteilt werden. Landwirtschaftliches Nutzland bietet sich dabei an, denn es ist weder der Abnutzung noch der Obsoleszenz unterworfen.

3. Landwirtschaftliches Nutzland steht in normalen Zeiten niemals "leer". Ackerbau- oder Weideland wird traditionellerweise pro Saison ge- und verpachtet. Vielleicht bekommen Sie als Verpächter nicht ganz den Preis, den Sie wollen, doch es gibt immer etwas dafür, und der Preis läßt sich mit ein paar Telefonanrufen feststellen. In dieser Beziehung gleicht Land einer fungiblen Ware. Wegen dieser leichten Vermarktung von Land verpachten Landeigentümer — normale wirtschaftliche Bedingungen vorausgesetzt — meistens nie länger als ein Jahr, da sie wissen, daß sie am längeren Hebel sitzen.

   Forstland erhöht sich sogar im Wert, wenn Sie sich gar nicht darum kümmern oder nicht ernten, denn die Bäume wachsen weiter. Vielleicht nicht ganz so schnell, als wenn der Wald gut verwaltet wird, aber ziemlich witterungs- und pflegeunabhängig. Und für einen Holzeinschlag bekommen Sie immer sehr schnell Preisangebote.

4. Amerikanisches landwirtschaftliches Nutzland weist seit 1930 eine durchschnittliche jährliche Wertsteigerung auf, die über der jeweiligen US-Inflationsrate liegt. In den starken Inflationsjahren von 1977 bis 1982 kamen — insbesondere bei Farmen — extreme Preisausschläge nach oben vor, die jedoch seit 1982 wieder nach unten korrigiert werden. Ranchpreise entwickelten sich nicht so unregelmäßig. Bei Forstland ist der Verlauf am gleichmäßigsten.

Wenn man alle drei Arten des landwirtschaftlichen Nutzlandes ansieht und auch die Preiskorrekturen bei Farmland in Betracht zieht, ist immer noch während der vergangenen 50 Jahre ein Wertzuwachs entsprechend der jeweiligen US-Inflationsrate festzustellen.

Allerdings ist landwirtschaftlicher Besitz nicht von vornherein gut, sicher und geeignet. Sie können bei Farmen und Ranches ganz erheblich schief liegen, wenn Sie eigenbewirtschaften oder wenn sie falsch verwaltet werden. Bei Forstland sind die Risiken wesentlich geringer. Darauf wird in den Gegenüberstellungen von Farmen, Ranches und Forstland noch näher eingegangen.

Restriktionen bei Ausländerbesitz

In den USA, wie in vielen anderen Ländern, reagiert man irritiert darauf, wenn Ausländer große Flächen landwirtschaftlichen Landes kaufen. Das war auch bis Ende der 70er Jahre eine Quelle der Besorgnis unter den Farmern der USA. Die inzwischen veröffentlichte Statistik über den Ausländerbesitz von landwirtschaftlichem Land in den USA zeigt allerdings, daß der gesamte ausländische Besitz in der US-Landwirtschaft weniger als 1 Prozent der Nutzfläche ausmacht. Seitdem sind die besorgten Stimmen praktisch völlig verschwunden. Im Gegenteil, ausländische Käufe werden jetzt oft als begehrte Marktstütze empfunden.

Allerdings haben einige Bundesstaaten — zum großen Teil aus dem vorigen oder Anfang dieses Jahrhunderts — Restriktionen für Ausländer beim Kauf von landwirtschaftlichem Land eingeführt.

Sie sollten deshalb vor einem Kauf bei dem zuständigen Agricultural Department und der Rechtstitel-Versicherung verbindliche Bestätigungen bekommen, daß Sie berechtigt sind, das Land direkt als natürliche Person oder indirekt über eine juristische Person zu erwerben. Den Kaufvertrag sollten Sie nur vorbehaltlich einer derartigen Genehmigung abschließen.

Farmen: Anlegerfallen und Empfehlungen

Nach einem Bericht des US-Landwirtschaftsministeriums (US Department of Agriculture) war die Kaufkraft der amerikanischen Farmer Ende 1986 so niedrig wie im März 1933, also während der schlimmsten Monate der großen Depression.

Betroffen von dieser Misere sind vor allem Amerikas Familienfarmen. Das sind die Farmen, die noch im Familienbesitz sind und zum Lebensunterhalt dienen müssen. „Gentleman Farms", also Farmen und auch Ranches, die Hobby und Abschreibeobjekt zusammen sind, oder Farmen, die Teil eines großen industriellen Konzerns sind, haben diese Schwierigkeiten naturgemäß sehr viel weniger, weil sie einen finanziell starken Partner im Rücken haben, der nicht von ihnen finanziell abhängt.

Die amerikanischen Farmfamilien drückt vor allem eine Liquiditätskrise. Es ist ihre Unfähigkeit, den Schuldendienst für die großen Bodenflächen zu leisten, die sie sich während der Boomjahre von 1979 bis 1980 angeschafft haben. In diesem Jahrzehnt stieg der durchschnittliche Preis amerikanischen Farmlandes von unter 300 Dollar pro acre bis auf 1 700 Dollar, und die Gesamtschulden der amerikanischen Farmer stiegen von 50 Milliarden auf 200 Milliarden Dollar — so viel Schulden wie Brasilien und Mexiko zusammen haben.

Amerikas Farmen sind jetzt etwa eine Billion Dollar wert, also die fast unvorstellbare Zahl von tausend mal tausend Millionen Dollar. Doch sie erbringen nur etwa 20 Milliarden Dollar, also etwa 2 Prozent, jährliches Einkommen nach dem Schuldendienst, der alleine 20 Milliarden im Jahre an Zinszahlungen verschlingt.

In den letzten Jahren fielen die Preise so schnell, daß der Wert einiger Farmen schon weit unter dem Hypothekenbeleihungswert liegt.

Seit den vergangenen zehn Jahren sind ausländische Käufer für die US-Farmer lebenswichtig. Noch 1980/81 nahm das Ausland ein Drittel der gesamten US-amerikanischen Maisproduktion, die Hälfte der Sojabohnen-Ernte und zwei Drittel des US-Weizens ab. Doch der hohe Dollarkurs verteuerte amerikanische Waren und machte kanadische und argentinische Getreidekäufe interessanter.

Rekordernten und nachlassende Verkäufe trieben die Getreidepreise seit Anfang der 80er Jahre nach unten. Statt zu derart gedrückten Preisen zu verkaufen, lagern viele Farmer ihr Getreide ein und hoffen, daß sie später mehr dafür bekommen. Wie kritisch das Lagerproblem inzwischen ist, zeigen Beispiele aus allen Landwirtschaftsstaaten der USA. Leere Binnenschiffe und ausgediente Eisenbahnwagen, Flugzeughangars, ja sogar Fußballfelder werden als Lagerstätten benutzt. In Minnesota und Dakota füllten die Farmer ihre Scheunen und Geräteschuppen mit Getreide und ließen lieber Traktoren und Mähdrescher im Freien. Ein verlassenes Kohlebergwerk bei Quincy (Illinois) und ein Munitionsdepot bei Hastings (Nebraska) wurden sogar für die Aufnahme von Überschußgetreide vorbereitet. Dennoch überwintern immer noch große Mengen Getreide im Freien, nur durch Planen abgedeckt. Iowa-Farmer schlugen vor, im Winter Mais statt Öl zu verfeuern, und Regierungsstellen in Nebraska promoteten gar Popcorn für Verpackungszwecke, nämlich als Ersatz für die stoßdämpfenden Styroporkugeln.

Ausländische Getreidekäufer, insbesondere die Getreideunterhändler der Sowjetunion, machten gegenüber den Amerikanern ganz klar, daß sie sich nicht in schnelle Käufe drängen lassen, sondern abwarten wollen, bis der Markt noch weiter nach unten geht. Damit schafften sie es, die USA in der zweiten Hälfte 1986 zu weitgehender Subventionierung der Getreidepreise zu bringen — noch unter den Weltmarktpreisen.

Wenn Sie unbedingt in Farmen investieren wollen, dann könnte jetzt die Zeit zum Kauf sein. Notverkäufe guter Farmen zu 20 bis 50 Prozent unter dem Preis von vor 5 Jahren sind an der Tagesordnung. Selbst unbelastete Farmen rutschen schnell in die roten Zahlen, da die Marktpreise einfach nicht ausreichen, um die Produktionskosten zu decken.

Wenn Sie ein Eigenkapital von mindestens einer halben Million Dollar in einem Objekt binden wollen oder können und es sich auch leisten können, eventuell einige Jahre Verluste zu machen, ist dieses deshalb unter Umständen die richtige Kaufzeit — sofern Sie selber etwas von der Landwirtschaft verstehen.

Falls Sie jedoch weder etwas davon verstehen noch bereit sind, eine lange finanzielle Durststrecke durchzustehen, heißt es nach wie vor bei Farmen: Hände weg! Die jetzige Krise zeigt nur zu klar, welche Risiken in der US-Landwirtschaft liegen und wie wenig der Verkäuferspruch stimmt, daß eine Farm die sicherste Sache der Welt sei.

Die Risiken und Erträge einer Farm hängen neben diesen Marktabhängigkeiten vor allem ab von der Güte der Farm und von der Art der Bewirtschaftung.

1. Farmbewertung

Die wichtigsten Faktoren sind:

a) Topographie? Bergig oder flach?

b) Temperatur? Wie lang ist die Anbausaison? In Süd-Minnesota haben Sie vielleicht eine drei- bis viermonatige Saison für Feldfrüchte, während Sie in Nord-Mexiko am Rio Grande neun Monate Anbausaison haben.

c) Regenmenge?

d) Bodenqualität?

e) Überschwemmungsgefahr? Gerade das beste, tiefgelegene Flußuferland kann überschwemmt werden. Ist Ihr Land durch Dämme geschützt? Haben Sie eine gute Entwässerung, so daß Sie im Frühjahr keine nassen Äcker haben?

f) Größenordnung? Eine Farm von 100 acres hat heutzutage in den USA nur noch einen Wert für den Bauern nebenan. Ein bedeutender Pächter wird dieses kleine Ding nicht einmal anrühren, wenn er es umsonst bekommt, denn das Land muß groß genug sein, um moderne Maschinen und moderne Management-Methoden anzuwenden. Sie brauchen also eine gewisse Mindestgröße, damit das Grundstück in der heutigen Situation einen Pachtwert hat.

g) Nähe der Absatzmärkte und Verkehrsverbindungen?

h) Künstliche Bewässerung? Liegt die Farm im Süd- oder Mittelwesten in einem Gebiet ausreichenden Regenfalls und kann sie künstlich bewässert werden, obwohl dieses nicht unbedingt notwendig wäre? Falls ja, stieg der Landwert in der Vergangenheit schneller als bei dortigen Farmen ohne die Möglichkeit der zusätzlichen Bewässerung.

Im Westen, wo ohne künstliche Bewässerung nichts geht, richten sich die Landwerte nach Ernteerzeugnis und Wasserangebot. Ein Beispiel: In Nebraska wurden in den letzten zehn Jahren immer mehr Farmen künstlich bewässert und trotzdem gingen die Farmlandpreise zum Teil herunter. Der Grund: Nebraskas künstlich bewässertes Farmland ist für die Maisproduktion geeignet und der Verfall der Maispreise drückte auf die Farmlandpreise.

Im Südwesten dagegen hat das Absacken des Grundwasserspiegels die Farmlandpreise negativ beeinflußt. Größere Bohrtiefen und damit höhere Pumpkosten haben dazu beigetragen. Zwischen Phoenix und Tucson rechnet man damit, daß die wirtschaftliche Grenze der künstlichen Bewässerung bald erreicht ist. Entsprechend haben sich die Landpreise dort stabilisiert.

Grundsätzlich kann man sagen, daß eine gute Farm ohne künstliche Bewässerung sicherer ist als eine mit künstlich bewässertem Land. Bei künstlich bewässertem Land wirkt sich die Inflation bei der größeren Zahl von Arbeitskräften, den Unterhaltungsarbeiten und Maschinenkosten mehr aus. Außerdem können Sie Sorgen mit dem Grundwasserspiegel bekommen. Ein großer Teil Ihres Kapitals ist in Maschinen festgelegt, die Abnutzung statt Wertsteigerung erfahren — Ihnen allerdings auch im allgemeinen ein etwas höheres Jahreseinkommen und eventuell Steuerabschreibungen bieten. Bei nicht künstlich bewässertem Land sind Sie dagegen Trockenheiten mehr ausgesetzt.

i) Informationen über Bodenqualität und angemessenen Kaufpreis? Die dem Bundeslandwirtschaftsministerium (United States Department of Agriculture — USDA) unterstehenden Bundesbehörden SCS und ASCS haben Büros in fast allen landwirtschaftlich intensiv genutzten Landkreisen.

Der SCS (Soil Conservation Service) bietet dem Farmer kostenlose technische Beratung auf den Bereichen der Erosionskontrolle, Drainage, Wasserqualität, Überschwemmungsverhinderung und Umweltschutz.

Der ASCS (Agricultural Stabilization and Conservation Service) ist ebenfalls eine Beratungsstelle für Farmer. Er gibt finanzielle Unterstützung für die Bodenqualitätserhaltung und -verbesserung sowie bei katastrophalen Wetterfolgen. ASCS kontrolliert auch die Kontingentierung von zum Beispiel Tabak und Erdnüssen und gibt Förderungsdarlehen beim Bau von Lagertrocknungs- und Umweltschutzanlagen.

2. Art der Bewirtschaftung

Risiken und Erträge einer Farm hängen auch weitgehend davon ab, ob Sie als Eigentümer auf einer Cashlease- oder Sharecrop-Basis arbeiten, die Bewirtschaftung durch einen „Contract Operator" durchführen lassen oder selbst die Eigenbewirtschaftung vornehmen und dabei alle Risiken auf sich nehmen, wie zum Beispiel Arbeitskräfte, Wetter, Überflutungen, Dürre und Maschinenausfälle.

Cash Lease (Barpacht)

a) Bei Cash Leases hängt die Pacht nicht vom Ernteergebnis ab. Die Kreditwürdigkeit des Pächters ist das einzige Risiko. Es kann noch dadurch verringert werden, daß die halbe Pacht im voraus bei Saisonbeginn bezahlt werden muß. Allerdings ist es — vor allem in schlechten wirtschaftlichen Zeiten — sehr oft nahezu unmöglich, einigermaßen akzeptable Cash Leases durchzubringen. Lieber verzichten die angrenzenden Farmer auf eine zusätzliche Pachtung dieser Fläche, als sich mit einem Fixum festzulegen.

b) Falls Sie eine Cash Lease erreichen, ist die unbezahlte Pacht durch ein vorrangiges Pfandrecht auf die Ernte gesichert. Mit anderen Worten: Falls der Pächter pleite geht, wird Ihre Pacht aus dem Ernteerlös ausgezahlt, und zwar vorrangig vor eventuellen Forderungen von Banken gegen den Pächter.

Sharecrop Lease (Ernteanteilspacht)

a) Bei einer Sharecrop-Pacht stellt der Grundeigentümer (=Landlord) das Land zur Verfügung, zahlt die Grundsteuern und üblicherweise die Hälfte der Saat- und Düngekosten. Der Pächter stellt Arbeitskräfte, Maschinenausrüstung und zahlt die andere Hälfte der Saat- und Düngekosten. Der Grundeigentümer erhält dafür die Hälfte der Getreideernte frei Silo oder ab Feld.

b) In trockenen Gebieten, in denen Kosten für Arbeiten, Saat und Bewässerung unverhältnismäßig hoch im Verhältnis zum Pachtwert des Landes und zum Gesamtwert der Ernte sind, wird oft vereinbart, daß der Grundeigentümer nur ein Drittel, der Pächter jedoch zwei Drittel der Ernte erhält. Manchmal sogar nur ein Viertel zu drei Viertel.

c) Andererseits kann eine Sharecrop Lease auch an den Getreidepreis gekoppelt werden: Da die Kosten für Arbeitskräfte, Maschinen, Dünger und Saatgut Festkosten, der Ernteerlös jedoch variabel ist, könnte der Grundeigentümer — indem er die Pacht zum Beispiel an einen Warentermin-Index anbindet — bei einem höheren Getreidepreis auch einen höheren Ernteanteil vereinbaren.

d) Um die Ertragsrisiken einer Sharecrop-Pacht zu reduzieren, kann ein Teil des voraussichtlichen Ernteerlöses durch Wiederverkäufe mit 12- oder 18-Monatsverträgen an den Warenterminbörsen abgedeckt werden. Schließlich ist dieses die ursprüngliche Funktion der Warenterminbörsen. Die Spekulation (von der sonst hauptsächlich bei Warentermingeschäften geredet wird) dient ja im Grunde nur dazu, einen großen, funktionsfähigen Markt zu schaffen, der sowohl Erzeugern als auch Verbrauchern erlaubt, diese Risiken abzusichern.

Eigenbewirtschaftung

Falls Sie jedoch keinen Pächter finden, der das von Ihnen gewünschte Pachtarrangement eingeht, dann haben Sie in den meisten Gebieten noch die Möglichkeit, das Land durch einen "Contract Operator" bewirtschaften zu lassen, wobei Sie zwar dessen Saat-, Dünge- und Erntekosten bezahlen müssen, aber auch den gesamten Ernteerlös erhalten.

Für dieses „Custom Contracting" können Sie große Firmen engagieren. Es gibt Contracting-Firmen mit 300 und mehr Leuten, die eigene Saat- und Erntemaschinen haben und während der Saison mit eigenen Werkstattwagen bei Ihnen vorbeikommen und säen beziehungsweise ernten. So etwas ist in Europa zwar kaum bekannt, aber üblich in den USA, und diese Firmen können es sehr viel billiger machen, als Sie es selber können. Es ist bei den großen Weizen- und Maisfarmen sehr ungewöhnlich, daß die Ernte von den Besitzern selber noch durchgeführt wird.

Um die Risiken der Eigenbewirtschaftung zu reduzieren, kann — genau wie bei Sharecrop-Pachten — ein Teil der Ernte auf Termin verkauft werden.

3. Sonderformen bei Farmen

Zwei auch unter den Allgemeinbegriff „Farmen" fallende Sonderformen sind Gemüsefarmen und Pflanzungen.

Gemüsefarmen

Dieses ist das riskanteste Geschäft auf dem ganzen Agrarmarkt. Enorme Gewinne und Verluste können aus einer einzigen Saison resultieren. Preise für Gemüsearten wie Sellerie, Salate, Kohl, Tomaten schwanken um bis zu 50 Prozent in der Woche. Im Gegensatz zu Getreide sind die Produkte der Gemüsefarmen praktisch nicht lagerfähig. Der Preis hängt ausschließlich davon ab, wie frisch die Erzeugnisse sind.

Gemüsefarmen sind außerordentlich arbeitsintensiv. Ein Streik zur Erntezeit bedeutet ein völliges Desaster. Wenn Sie es in einem guten Erntejahr schaffen, den Markt zu beliefern, bevor die meisten anderen Anbieter auf den Markt kommen, erzielen Sie vielleicht 30 Prozent höhere Preise als 3 Wochen später. Aber das geschieht vielleicht einmal in 5 Jahren. Vielleicht kommen Sie das nächste Mal mit allen anderen auf den Markt und erzielen nur eine 2prozentige Rendite, um im dritten Jahr vielleicht sogar 10 Prozent zu verlieren.

Dieses ist kein Geschäft für Amateure oder nicht-ansässige Eigentümer. Unter keinen Umständen ist dieses für Ausländer zu empfehlen, die die amerikanischen Methoden, den Arbeitsmarkt und die Absatzmärkte nicht richtig kennen und sich nicht ständig selbst um das Geschäft kümmern können.

Bei der zusammenfassenden Beurteilung von Farmen werden deshalb Gemüsefarmen nicht bewertet.

Weinanbau, Zitrusplantagen und andere Pflanzungen

Während Sie bei der üblichen Farmbewirtschaftung möglichst nur als Grundbesitzer auftreten und dem Pächter die Marktrisiken überlassen, kann dieses bei Plantagen, bei denen die Büsche oder Bäume den Wert des Grundbesitzes ausmachen, genau verkehrt sein. Hier müssen Sie als Grundbesitzer eine strikte, direkte Kontrolle ausüben, um nicht zu erleben, daß ein nachlässiger Pächter durch falsch behandelte Bäume, durch unsachgemäße Anwendung von Insektiziden oder —

bei Trockengebieten — durch ungenügende Bewässerung unwiderrufliche Schäden an den Bäumen beziehungsweise Büschen und damit an Ihrer Investition anrichtet.

Die meisten Pflanzungen, seien es Zitrus- oder Mandelpflanzungen, erreichen die volle Produktionsreife nicht vor dem sechsten oder siebten Jahr, und der Höhepunkt ist oft schon nach dem zwanzigsten Jahr überschritten. Nur wenn von Anfang an laufend Neupflanzungen als Ersatz unproduktiv gewordener Weinstöcke, Zitrusbäume und so weiter durchgeführt werden, ist die Lebensdauer einer derartigen Pflanzung nicht beschränkt. Durch Neupflanzprogramme und Instandhaltung sind natürlich die jährlichen Unkosten entsprechend höher. Ein an einem Nettoerlös beteiligter Pächter ist oft mehr daran interessiert, in wenigen Jahren so viel wie möglich aus der Pflanzung herauszuholen, als auf den langfristigen Werterhalt für den Grundeigentümer zu achten.

Eine produktionsreife, gut angelegte Plantage in einem Weinbau- beziehungsweise Zitrusgebiet, in dem Wasser nicht allzu teuer ist, sollte circa 8 bis 12 Prozent Netto-Cashflow bringen. Dabei muß man allerdings bedenken, daß die tatsächliche (und nicht nur die steuerliche) Abschreibung der Bäume beziehungsweise Weinstöcke sich auf 2 bis 4 Prozent jährlich beläuft, daß die tatsächlichen Abnutzungssätze für Bewässerungsanlagen noch höher sind und daß natürlich auch die Arbeitskosten laufend steigen. Wenn alles gut läuft, kann eine voll produzierende Wein- beziehungsweise Zitruspflanzung einen 7- bis 9prozentigen Ertrag bringen, sofern ein sehr gutes Management dahintersteht.

Auf Grund der hohen Risiken (schwankende Marktpreise, Fröste, Arbeitskraftprobleme, Krankheitsbefall) und des hohen Überwachungs- und Management-Einsatzes ist nicht nur der Weinanbau, sondern das gesamte Pflanzungsgeschäft äußerst riskant und nichts für Amateure. Am riskantesten sind dabei die Anlagen in Zitrusplantagen. Auch bei Netto-Barpachten sind sie nicht geeignet für Sie als nicht-ansässiger Eigentümer, da, wie bereits erwähnt, ein unfähiger oder nachlässiger Pächter in zwei oder drei Jahren mehr Schaden an den Pflanzungen anrichten kann, als Sie jemals an Pacht zurückbekommen.

Falls Sie jedoch unbedingt auf dieser Investition bestehen, dann sollten Sie zumindest die Arbeit Ihrer Pächter oder Betriebsgesellschaft laufend durch unabhängige Inspektoren oder eine unabhängige Management-Firma überwachen lassen, um Schaden weitgehend zu vermeiden.

Diese Art von landwirtschaftlichem Besitz ist eine Investition, bei der man von vornherein sagen kann, daß die tatsächlichen Resultate niemals die Einkommensversprechungen der Verkäufer erfüllen. Dieser Besitz ist so wenig geeignet für ausländische Eigentümer, daß auch er bei der Beurteilung von Farmen nicht bewertet wird.

Ranches: Anlegerfallen und Empfehlungen

General Oppenheimer, einer der größten amerikanischen Ranchbesitzer und gleichzeitig Inhaber einer großen Management-Gesellschaft, zitiert oft ein Sprichwort, das auf einer alten schottischen Geschichte basiert und aus dem Gälischen übersetzt wurde. Es lautet: „Es gibt drei Arten Geld zu verlieren: Rennpferde, Frauen und Rinderzucht. Rennpferde ist die schnellste, Frauen die angenehmste, aber Rinderzucht die sicherste Art, Geld zu verlieren."

Ich hoffe, daß die Überlegungen dieses Buches Sie davon abhalten, mit Rinderzucht Geld zu verlieren.

Eine Ranch ist für denjenigen, der sie selbst bewirtschaftet, völlig unromantisch und höchst riskant. Das Cowboy-Leben ist höchstens im Fernsehen ganz interessant. Einen Bankier aber macht es nervös, daß die Fleischpreise in einem Jahr dem Rancher ein hervorragendes Ergebnis bringen — und ihn im anderen Jahr nahezu ruinieren können.

Bei Viehzucht kann außerdem durch Nachlässigkeit oder sonstige Versäumnisse schwerer Schaden am Vieh angerichtet werden. Der ausländische Investor, der weder auf einem Traktor sitzen noch hinter seinen Kühen hergaloppieren will, kann dieses Risiko vermeiden, indem er seinen Besitz verpachtet als „Grassland", als Weideland. „Grassland" bringt weniger Rendite als Farmland, ist aber auch weniger riskant und noch leichter zu verpachten. Ein Telefonanruf an das BLM, das „Bureau of Land Management", an das „Animal Husbandry Department" der lokalen Universität oder an eine Lokalbank gibt sofort eine Übersicht über die zu erwartenden Pachten.

"Grassland" wird geradezu börsenmäßig bis zu 6 Monaten im voraus gehandelt. Im Februar eines jeden Jahres können Sie jede Bank zum Beispiel in Western Nebraska anrufen und fragen: „Wie ist der Grasmarkt für 11 Monate alte Stiere von 450 Pounds im Scotts Bluff-Gebiet?" Die Antwort ist zum Beispiel: „42 Dollar geboten, 45 Dollar gefragt." Bieten Sie dann Ihr Gras zu 42 Dollar pro Tier an und haben genügend Gelände, dann können Sie 100 000 Tiere in ein oder zwei Telefonanrufen zusammenbekommen. Falls Sie jedoch 46 Dollar pro Kopf verlangen, bekommen Sie nicht ein einziges Tier.

Eigentümer einer Ranch zu sein, deren Grasfläche auf einer Pro-Vieh-Pacht saisonweise verpachtet wird (mit gewissen Vorsichtsmaßnahmen gegen Übergrasen), ist damit wahrscheinlich neben Forstland das Ungefährlichste und Sicherste, was es auf dem landwirtschaftlichen Gebiet gibt.

Falls der Ranchbesitzer für das von den Pächtern eingebrachte Vieh einige Arbeiten übernimmt (Zusammentreiben, Unterhalt der Tränkvorrichtungen, kleinere Veterinärarbeiten, Verabreichen von Salz oder Winterfutter), dann kann die Netto-Rendite etwas höher ausfallen. Doch dieses ist für die meisten ausländischen Anleger wohl kaum möglich.

Falls Sie als Ranchbesitzer das Vieh selbst anschaffen und die vollen Marktrisiken auf sich nehmen, schwankt Ihr Jahresergebnis zwischen Verlust in einem Jahr und — möglicherweise hohen — Gewinnen im nächsten Jahr. Ein derartiges Risiko ist jedoch nicht anzuraten für Sie als nicht-ansässigen Eigentümer, und Sie sollten sich deshalb auf die Verpachtung der Ranch als "Grassland" beschränken oder auf eine sonstige Verpachtung, die dem Pächter das Marktrisiko aufbürdet.

Einige weitere Empfehlungen:

1. Überzeugen Sie sich beim Kauf einer Ranch genau, daß Sie auch die Wasserrechte eines angrenzenden Baches oder Flusses haben. Das klingt zwar selbstverständlich, ist es aber keineswegs.
2. Eine Ranch, die mehr Land pro Stück Vieh, dafür aber weniger Arbeitskräfte, Brennstoffe, Dünger und Maschinenkosten benötigt, bietet langfristig größere Sicherheit und weniger Management-Kopfschmerzen.
3. Falls Sie mit einer Firma arbeiten, die für Sie Vieh kauft oder verkauft, dann achten Sie darauf, daß diese mit der "Packers and Stock Yards Division" des US Department of Agriculture registriert und unter dem „Federal Act" versichert ist. Das USDA (US Department of Agriculture) überprüft jede Firma, bevor sie versichert wird, auf ihre geschäftliche Vergangenheit und verlangt Offenlegung ihrer finanziellen Verhältnisse.

Eine der größten amerikanischen Ranch-Management-Gesellschaften hat noch einen weiteren Rat für ihre Kunden im Ranchgeschäft: "Geben Sie sich niemals ab mit einem Mann, der die folgenden drei Attribute aufweist: Cowboy-Stiefel mit Monogramm, einen fetten Bauch, der über den Gürtel hängt, und einen Diamantring am kleinen Finger." Jedesmal, wenn die Firma diese firmeninterne Regel nicht beachtete, fiel sie herein und verlor Geld.

Um es nüchterner auszudrücken: Die moderne Bewirtschaftung verlangt keine schillernden Typen als Manager, sondern kühle Verwalter.

Sonderformen bei Ranches

Zwei Abarten des Ranchbetriebes sind die

Milchwirtschaft und Viehmast

Während beide Betriebsarten zwar zum Ranchbetrieb gehören, so wird doch erstens relativ wenig Land dafür gebraucht, und zweitens kaufen Sie im Grunde einen Industriebetrieb und keine Ranch.

Sowohl in der Milchwirtschaft als auch in der Viehmast ist es nützlich, wenn Sie außer dem für Ihren Betrieb notwendigen Land noch angrenzendes Land haben, auf dem Sie Vieh während gewisser Wartezeiten grasen lassen können oder auf dem Sie Futtermittel anbauen können.

Dieses ist jedoch nicht unbedingt notwendig, und viele große Viehwirtschafts- und Mastbetriebe arbeiten erfolgreich ohne dieses Extraland.

Auf Grund der hohen Arbeits- und Ausrüstungskosten ist derzeit in den USA ein Milchwirtschaftsbetrieb mit weniger als 100 Milchkühen nicht nur kaum mehr konkurrenzfähig, sondern hat sogar das Problem, die Milch loszuwerden, da es sich für die Milchsammelstellen kaum lohnt, den Betrieb wegen einer derart kleinen Menge anzufahren. Vor dem Kauf eines Milchwirtschaftsbetriebes sollten Sie sich außerdem genau über die behördlichen Vorschriften informieren, die diesen Markt beziehungsweise den Absatz regeln.

Ein Viehmastbetrieb muß sogar eine Kapazität von mindestens 10 000 Stück Vieh haben, um überhaupt in den USA konkurrenzfähig zu sein. Wegen der frachtintensiven, großen benötigen Futtermittelmengen ist es unbedingt notwendig, daß ein Viehmastbetrieb direkt dort angesiedelt ist, wo Getreide und Heu günstig bezogen werden können.

Milchwirtschaft und Viehmast sind im allgemeinen nicht für einen ausländischen Anleger zu empfehlen und in der Sicherheit überhaupt nicht zu vergleichen mit einer Ranch, die auf Grasland-Basis verpachtet wird. Beide Sonderformen werden deshalb auch nicht bei der Beurteilung von Ranches bewertet.

Verwaltung von Ranches und Farmen

Gute landwirtschaftliche Management-Gesellschaften haben Verbindungen zu zuverlässigen Ranchern oder Farmern in den von ihnen bearbeiteten Gebieten. Wenn Sie einen Pachtvertrag abschließen, wird der Rancher oder Farmer Ihr Pächter. Wenn Sie die Eigenbewirtschaftung wählen, wird er der sogenannte "On-Site-Manager".

Praktisch unmöglich ist es jedoch für den abwesenden Anleger, egal, ob Verpachtung oder Eigenbewirtschaftung, von der Ferne aus Pächter beziehungsweise On-Site-Manager zu überwachen oder alle mit der Farm oder Ranch zusammenhängenden Verwaltungsarbeiten zu erledigen. Dieses sollten Sie einer guten Management-Gesellschaft übertragen. Üblicherweise betragen die Gebühren dafür — je nach Arbeitsaufwand — zwischen 5 bis 10 Prozent der Pacht beziehungsweise der erwirtschafteten Nettoerträge.

Zusammenfassung

Das Ernte- oder Zuchtergebnis kann niemand garantieren. Eine zuverlässige, erfahrene Management-Firma, die auf dem landwirtschaftlichen Sektor spezialisiert ist, kann jedoch das Risiko beziehungsweise Ihren Gewinn entscheidend zu Ihren Gunsten beeinflussen.

Bei der Auswahl einer Management-Gesellschaft sollten Sie auch auf Ihren Versicherungsschutz achten. Die Gesellschaft sollte

a) einen „Fidelity Bond" haben, das heißt, eine Veruntreuungs-Police, die Sie gegen Unehrlichkeit, Veruntreuungen und andere Vergehen von Angestellten schützt. Es kann sein, daß das Top-Management der Firma absolut in Ordnung ist, aber daß ein kleiner Angestellter Ihnen Schaden zufügt. Außerdem sollte sie

b) eine sogenannte „Errors and Omission Policy" haben, eine "Irrtumsversicherung".

Zwei weitere Vorsichtspunkte beim Kauf oder Betrieb einer Ranch beziehungsweise Farm:

1. In Farm- und Ranchangeboten lesen Sie oft, daß weiteres Land vom BLM, dem Bureau of Land Management, gepachtet ist oder

werden kann. Dieses ist eine US-Bundesstelle, die Bundesland für Farm- und Weidezwecke verpachtet. Allerdings ist die Verpachtung derartiger Ländereien nur an Amerikaner zulässig. Für Sie ist also eine Farm oder Ranch völlig uninteressant, deren Wirtschaftlichkeit von diesem Pachtland abhängt. Ob als Ausweg der Kauf über eine US-Gesellschaft übrigbleibt, muß Ihr Rechtsberater von Fall zu Fall abklären.

2. Eigentümer von Farmen, die keine Silos haben und deshalb das Getreide bei Lagerfirmen einlagern, sollten wissen, daß ein Risiko beim Konkurs der Lagerfirma besteht: Die Rechtslage ist nicht eindeutig, ob das gelagerte Fremdgetreide aus der Konkursmasse ausgesondert wird. Eine Entscheidung aus dem Jahre 1982 aus Missouri besagt, daß es Teil der Konkursmasse der Lagerfirma ist. Resultat in diesem speziellen Fall: Pleiten einiger Farmer.

Wenn Sie also woanders einlagern, lassen Sie von Ihren Anwälten in einem Lagervertrag mit Eigentumsvorbehalt eindeutig klären, daß Ihr Getreide beim Konkurs der Lagerfirma aus der Masse ausgesondert wird.

Forstland: Anlegerfallen und Empfehlungen

Echte Anlegerfallen, wie sie gang und gäbe sind bei Gewerbe- und Wohnimmobilien, gibt es praktisch nicht bei Forstland. Es ist ein sehr transparenter Markt, bei dem Boden- und Holzwerte relativ leicht zu schätzen sind.

Ein ganz wesentlicher Vorteil von Forstland gegenüber Farmen und Ranches ist die unkomplizierte, leicht zu kontrollierende Verwaltung und Abrechnung der Holzernten. Die leider nur zu oft bei Farmen vorkommenden Tricks bei der Ernteabrechnung (zum Beispiel Verkauf eines Ernteanteils als angebliche Ernte der daneben liegenden Farm des Pächters) sind bei Forstland unmöglich. Die Holzfirmen geben Preisangebote auf den stehenden Holzbestand ab und nehmen den Holzeinschlag mit eigenem Personal und Maschinen vor.

Die US-amerikanische Investmentbank Morgan Stanley & Co. führte deshalb auch in einer Untersuchung auf, daß Forstland besonders attraktiv als Anlage für Ausländer sei, da es einen erheblich höheren Ertrag als Farmland bringt und weniger Managementprobleme aufwirft. Außerdem böte Forstland nach einem Kahlschlag immer noch die Möglichkeit, das Land in Farmland umzuwandeln.

Auf dem Holzmarkt der USA zeichnet sich eine in Zukunft immer schärfer werdende Verknappung — und damit Verteuerung — ab. Hierzu trägt nicht nur das voraussichtliche jährliche Wachstum des Holzverbrauchs um circa 3 Prozent, sondern auch die beträchtliche Abnahme des Welt-Waldbestandes bei. Die „Global 2000" -Studie erwartet, daß im Jahre 2000 etwa 40 Prozent der jetzt noch bestehenden Waldgebiete in den Entwicklungsländern abgeholzt sind. Die amerikanische Studie sagt voraus, daß die Realpreise von Holzprodukten erheblich ansteigen werden.

Interessant ist, daß neben den Holzkonzernen, die ja schon immer Forstland aufgekauft haben, jetzt auch zunehmend branchenfremde US-Konzerne, so zum Beispiel Tenneco, Bendix, ITT, Mobil und British American Tobacco, wegen der langfristig guten Gewinnaussichten Forstland kaufen. Eine weitere Anlegergruppe sind die privaten Investoren, die schon jetzt 73 Prozent des Forstlandes in den Südstaaten der USA besitzen. Sie vergrößern ihren Besitz zum Teil erheblich, weil sie erkannt haben, daß gerade in inflationären Perioden Forstland einen hervorragenden Inflationsschutz darstellt und daß sich Wiederaufforstung und intensive Waldpflege auszahlen.

Obgleich es — wegen der auffallenden Anzeigen und sonstigen Werbung — so scheint, als ob in Europa vor allem US-Farmen und -Ranches verkauft werden, so trügt der Schein. Die großen ausländischen Anleger, die in USA in Land investieren, tun dieses nicht in Ranches oder Farmen, sondern in Forstland. Das geschieht still und ohne viel Fanfaren, aber dafür in einem Maß, das dem "normalen" Anleger kaum bekannt ist. Die seit 1979 geführten Statistiken des US-Landwirtschaftsministeriums zeigen, daß von dem gesamten von Ausländern gehaltenen amerikanischen landwirtschaftlichen Land etwas über die Hälfte Wald sind, etwa ein Viertel Weideland (Ranches) und nur knapp über 10 Prozent Anbauflächen (Farmen).

Daß auch bei Forstlandkäufen einige Hinweise beachtet und Maßstäbe angelegt werden müssen, um „richtig" zu kaufen, ist selbstverständlich, und dabei sollen Ihnen die folgenden Empfehlungen helfen.

Wo kaufen Sie Forstland am günstigsten?

Für eine Forstlandanlage sollten Sie nur die Südoststaaten der USA in Betracht ziehen, da

a) alle Indikatoren darauf hinweisen, daß Holz aus den Südoststaaten einen prozentual höheren Wertzuwachs haben wird als aus den anderen Gebieten der USA,
b) die holzverarbeitende Industrie — und damit die miteinander konkurrierenden Abnehmer — sich zunehmend auf den Südosten der USA konzentriert und
c) die erheblichen Forstlandaufkäufe branchenfremder US-Konzerne in den Südoststaaten diesen Trend erhärten.

Es gibt verschiedene Gründe, daß der Südosten der USA immer mehr Hauptholzlieferant der Nation wird, unter anderem:

1. Die wegen des *warmen Klimas* extrem lange Wachstumsperiode von circa 300 Tagen pro Jahr.
2. Die sehr *hohen Niederschlagsmengen* (über 1000 Millimeter pro Jahr). Sie begünstigen nicht nur im Zusammenhang mit dem warmen Klima ein schnelleres Wachstum, sondern verhindern auch weitgehend großflächige Waldbrände.
3. Die *verkehrsgünstige Lage* der Südoststaaten
4. Die *guten Bodenqualitäten.*
5. Die *noch relativ niedrigen Preise.*

In den Südoststaaten sollten Sie wiederum nur in denjenigen Bundesstaaten investieren, die den höchsten Anteil an Forstland im Verhältnis zu ihrer Gesamtfläche haben. Dort haben Sie das größte Angebot an Forstland und das dichteste Netz der holzverarbeitenden Abnehmer. Die Staaten mit dem höchsten Waldanteil sind: Alabama und Georgia mit je 67 Prozent Waldanteil sowie South Carolina und North Carolina mit je 64 Prozent Waldanteil

Welches Forstland sollten Sie kaufen?

Bei der Bestimmung des angemessenen Preises eines Forstlandes müssen verschiedene Kriterien beachtet werden:

a) Der „Site-Index" (Standortindex), der die Bodenqualität beziehungsweise die Ertragskraft des Bodens bezeichnet
b) Die Baumarten
c) Die Anzahl der Bäume pro acred
d) Die Entfernung, und damit die Transportkosten, zum nächsten holzverarbeitenden Abnehmer

Zusammen mit einer Besichtigung des Zustandes des Forstlandes (zum Beispiel Schädlingsbefall) läßt sich der Marktpreis recht genau abschätzen.

Kleine Flächen von 100 bis 300 acres sind sogar manchmal preisgünstiger als große zusammenhängende Flächen. Im richtigen Gebiet gelegene kleine Flächen bringen dabei keine wesentlich höheren Verwaltungskosten. Sie bieten aber die Möglichkeit, auch mit kleineren Beträgen günstiges Forstland zu erwerben oder die Anlage auf mehrere kleine Flächen zu diversifizieren und dadurch das Risiko weiter zu mindern.

Wie erreichen Sie ein hohes Wertsteigerungspotential?

Sie können nicht damit rechnen, daß Sie ohne weiteres an eine "Gelegenheit" von Forstland herankommen.

Ein von vornherein „eingebautes" Wertsteigerungspotential erreichen Sie aber dadurch, daß Sie Forstland kaufen, das an zukünftige Baulanderschließungen angrenzt. Es gibt einige Erschließungsgesellschaften, die in den interessanten Südoststaaten der USA derartige „Rural Subdivisions" (ländliche Erschließungen) vornehmen. In der derzeitigen wirtschaftlichen Lage sind diese oft bereit, an Sie derartige Forstlandareale zu vermitteln, die durch eine später angrenzende Erschließung aufgewertet würden.

Um diese günstigen Möglichkeiten wahrzunehmen, sollten Sie bei der Auswahl des Grundstücks möglichst flexibel sein. Einige der Voraussetzungen, die das Grundstück erfüllen muß: befestigter Straßenanschluß, bestehende Versorgungsleitungen, Stadtnähe, landschaftliche Schönheit. Diese Voraussetzungen geben Ihnen wiederum die Gewißheit, daß Ihr Landwert noch stärker als üblich steigen wird.

Erträge aus Forstland

Forstland bringt Ihnen Erträge auf drei Ebenen:

a) *Wertsteigerung des Landes:* Auf die letzten 50 Jahre gesehen, entsprach die Wertsteigerung des Landes mindestens der jeweiligen Inflationsrate.

b) *Baumwachstum:* Jährlich 7,5 bis 9,5 Prozent.

c) *Erhöhung der Holzpreise:* Jährlich 2 bis 4 Prozent über der jeweiligen Inflationsrate.

Es ist sowohl eine langfristige, passive Investition möglich, die auf Wertsteigerungen abzielt, als auch eine aktive Anlage, die jährlich oder in größeren Abständen Erträge aus Holzernten bringt.

Bei landschaftlich und größenmäßig geeigneten Objekten können weitere, zum Teil recht erhebliche Einkünfte aus der Vergabe von Angel-, Jagd- und Campingrechten erzielt werden.

Forstarbeiten und Verwaltung

Bei Forstland fallen vor allem Arbeiten an zur Feuer- und Schädlingsbekämpfung sowie zur Durchführung des Holzeinschlags und der Wiederaufforstung. Sie sollten auf keinen Fall die angebotenen Verwaltungsverträge amerikanischer Holzkonzerne akzeptieren, da diese fast immer mit einem Holz-Vorkaufsrecht gekoppelt sind. Dieses Vorkaufsrecht bedeutet in der Praxis, daß Sie keine vernünftigen Konkurrenzangebote bekommen und damit nicht die Höchstpreise erzielen können. Die außerdem oft in derartigen Verträgen vereinbarten jährlichen Mindestholzernten würden Ihre Erträge weiter vermindern.

Die Ertragsaussichten sind für Sie als Forstlandbesitzer in den nächsten Jahrzehnten so günstig, daß es für Sie uninteressant ist, sich derart zu binden. Statt dessen sollten Sie einen Vertrag mit einem Forstberater abschließen.

Finanzierung

Viel interessanter als die — teuren — Hypotheken von Banken oder Versicherungsgesellschaften ist die Finanzierung durch den Verkäufer. Private Forstlandbesitzer in den USA haben das Land sehr oft belastungsfrei und sind meistens bereit, eine Anzahlung von 30 bis 50 Prozent zu akzeptieren und den Rest selbst zu Bedingungen zu finanzieren, die weit günstiger als die kommerziellen Hypotheken sind. Ein Beispiel: Festzins von 10 Prozent p.a. auf 10 Jahre, davon die ersten zwei Jahre tilgungsfrei und kein Damnum bei früherer Rückzahlung.

Beurteilung —
Farmen, Ranches, Forstland

Farmen (Ackerbau)

1. Verwaltung

Güte der Farmanlage hängt weitgehend von einem guten Management beziehungsweise einem guten Pächter ab. Zum Teil erhebliche Probleme, da die Cash Lease (Barpacht) zwar sicherer ist, aber von Pächtern oft nicht eingegangen wird. Der Eigentümer ist deshalb meistens auf die Sharecrop Lease (Ernteanteilspacht) angewiesen, die Risiken der Preisschwankungen und Diebstahlsmöglichkeiten ausgesetzt ist.

Verwaltung Farmen: *6 Punkte*

2. Eigenkapitaleinsatz

Bei gutem Flußuferland mindestens 700 acres = 600 000 bis 1 Million US-Dollar Kaufpreis. Unter den derzeitigen Marktverhältnissen trägt eine Farm nur maximal 20 Prozent Beleihung zu Marktzinsen. 4 000 bis 5 000 acres sind das Maximum für einen Manager und seine Leute. Wer an einer noch größeren Investition interessiert ist, sollte — als Ausgleich gegen lokale Wetterunbillen — lieber eine zweite Fram in einem anderen Gebiet als eine noch größere Farm erwerben.

Eigenkapitaleinsatz Farmen: *5 Punkte*

3. Notfall-Liquidität

Schlecht. Im allgemeinen nur halbjährliche oder jährliche niedrige Pachteinkünfte. Keine Möglichkeit zur Einmal-Entnahme größerer Beträge.

Notfall-Liquidität Farmen: *5 Punkte*

4. Rendite

2 - 3 Prozent p. a. Ertrag bei Cash Lease
2 - 4 Prozent p. a. bei Sharecrop lease

Ernteeinkommen ist gewöhnliches Einkommen (Ordinary Income) und unterliegt der Einkommen- bzw. Körperschaftsteuer. Abschreibungen nur auf Gebäude, Bewässerungsanlagen, Maschinenausrüstung und Zäune.

Rendite Framen: *5 Punkte*

5. Wertentwicklung

Teurer Ausgangspreis (500 bis 4 000 Dollar/acre). Wird sicherlich im Wert steigen, sofern beim Ankauf nicht überteuert. Wegen des höheren Preises sind die Aussichten für Preissteigerungen bei nichtlandwirtschaftlicher Verwendung schlechter als bei Ranches oder Forstland. Bei Verwendung als Farmland seit den 30er Jahren durchschnittliche Landwertsteigerung entsprechend der Inflationsrate.

Wertentwicklung Farmen: *3 Punkte*

6. Wiederverkauf

Für gut gelegene Areale durchschnittliche Wiederverkaufsmöglichkeit.

Wiederverkauf Farmen: *3 Punkte*

7. Sonstige Risiken

Je nach Wetter und Marktlage können die erzielten Preise erheblich schwanken. Dieses kann nur bis zu einem begrenzten Zeitraum durch kostspielige Lagerung ausgeglichen werden.

Äußere Einflüsse:

a) Hurricans und Tornados:
   Eine von Wirbelstürmen „gelegte" Ernte ist praktisch verloren

b) Insekten und Krankheiten:
   Die trotz Schädlingsbekämpfungsmitteln auftretenden Schäden führen zu einer Verminderung des Ernteertrages

c) Übermäßige Regenfälle:
   Erhebliche Ernteeinbußen

d) Dürre:
   Erhebliche Ernteeinbußen

e) Feuer:
   Für die noch stehende Ernte keine Gefahr. Nur Gefahr bei Gebäuden.

Sonstige Risiken Farmen: *2 Punkte*

Zusammenfassung:
Farmen: *29 Punkte*

Ranches (Viehzucht)

1. Verwaltung

Verwaltungsaufwand bei Verpachtung als Weideland gering, bei Eigenbewirtschaftung sehr hoch. Dabei zum Teil erhebliche Probleme. Deshalb wird nur Verpachtung als Weideland empfohlen und beurteilt.

Verwaltung Ranches: *3 Punkte*

2. Eigenkapitaleinsatz

Um wirtschaftlich zu sein, sollte die Ranch minimal 800 Stück Vieh ganzjährig halten können. 1 000 Stück wären noch besser. Ranches in dieser Größe kosten zwischen 1 bis 1,8 Millionen Dollar. Unter den derzeitigen Marktverhältnissen trägt eine Ranch nur maximal 20 Prozent Beleihung zu Marktzinsen. Als oberes Limit bieten 5 000 Stück Vieh die maximale Effizienz von Management, Arbeitskräften und Maschinen.

Eigenkapitaleinsatz Ranches: *6 Punkte*

3. Notfall-Liquidität

Schlecht. Im allgemeinen nur halbjährliche oder jährliche niedrige Pachteinkünfte. Keine Möglichkeit zur Einmal-Entnahme größerer Beträge.

Notfall-Liquidität Ranches: *5 Punkte*

4. Rendite

Weidelandverpachtung 2 - 3 Prozent p.a.
Verpachtung der Gesamtranch 2 - 4 Prozent p.a.

Pachtverträge sind gewöhnliches Einkommen (Ordinary Income) und unterliegen der Einkommen- beziehungsweise Körperschaftsteuer. Abschreibungen auf Gebäude, Bewässerungsanlagen, Maschinenausrüstung und Zäune. Außerdem spezielle Steuervergünstigung bei eigener Viehzucht.

Rendite Ranches: *5 Punkte*

5. Wertentwicklung

Billiger Ausgangspreis (50 bis 500 Dollar/acre). Aussichten einer Preissteigerung für nicht-landwirtschaftliche Verwendung (falls nahe an einer Stadt, einer Autostraße oder einem Ferienzentrum) größer als bei Farmland. Bei Verwendung als Ranchland seit den 30er Jahren durchschnittliche Landwertsteigerung entsprechend der Inflationsrate.

Wertentwicklung Ranches: *3 Punkte*

6. *Wiederverkauf*

Für gut gelegene Areale durchschnittliche Wiederverkaufsmöglichkeit.

Wiederverkauf Ranches: *3 Punkte*

7. *Sonstige Risiken*

Der Pachtertrag bei Ranches ist Schwankungen weniger unterworfen als bei Farmen.

Äußere Einflüsse:

a) Hurricans und Tornados:
Nur Gebäude, Tränkanlagen und Zäune gefährdet

b) Insekten und Krankheiten:
Insektenfraß des Weidelandes und Vieherkrankungen können zu hohen Ausfällen führen

c) Übermäßige Regenfälle:
Eventuell notwendig, zugekauftes Futter zu verwenden und entsprechende Ertragseinbußen

d) Dürre:
Sofern kein ausreichender Grundwasservorrat, erhebliche Ausfälle durch Notverkäufe und Notschlachtungen

e) Feuer:
Für das Weideland keine Gefahr. Nur Gefahr für Gebäude.

Sonstige Risiken Ranches: *2 Punkte*

Zusammenfassung
Ranches: *27 Punkte*

Forstland (Wald)

1. Verwaltung

Für die meisten Gebiete besteht auch bei kleinen Flächen keine Schwierigkeit, diese durch einen Forstberater (Consulting Forester) mitbewirtschaften zu lassen. Verwaltungsaufwand ist gering und leicht nachzuprüfen.

Verwaltung Forstland: *2 Punkte*

2. Eigenkapitaleinsatz

Wirtschaftliche Forstverwaltung (je nach Gegend) schon ab 40 bis 100 acres, das heißt etwa von 50 000 bis 150 000 Dollar. Unter den derzeitigen Marktverhältnissen trägt Forstland (bei 25jährigem Weichholzbestand) bis etwa 40 Prozent Beleihung zu Marktzinsen. Bei einer größeren Investition ist es empfehlenswert, statt einer einzigen großen Fläche mehrere kleine Areale im gleichen Management-Gebiet zu kaufen, weil das Risiko von Schädlingsbefall oder Feuer dadurch weiter vermindert wird.

Eigenkapitaleinsatz Forstland: *2 Punkte*

3. Notfall-Liquidität

Gut. Bei geeignetem Waldbestand (25jähriges Nadelholz im Südosten der USA) kann jederzeit durch verstärkte Ausdünnung oder Holzernte als Schnittholz kurzfristig höherer Betrag entnommen werden.

Notfall-Liquidität Forstland: *1 Punkt*

4. Rendite

Inflationsbereinigte Holzwertsteigerung 2 - 4 Prozent p.a. Dazu kommt das Baumwachstum von jährlich 7,5 - 9,5 Prozent. Die Steuer kann teilweise durch die „Depletion Allowance", eine Abschreibung auf den ursprünglichen Holzwert, neutralisiert werden. Abschreibungen nur auf Gebäude, Maschinenausrüstung und Zäune; außerdem Steuervergünstigung für Kosten der Wiederaufforstung. Trotz des hohen Durchschnittsertrages wird die Rendite wegen der schwankenden Holzpreise nur mit 3 statt 2 Punkten beurteilt.

Rendite Forstland: *3 Punkte*

5. Wertentwicklung

Mittlerer Ausgangspreis (500 bis 2 000 Dollar/acre). Aussichten für Preissteigerungen bei nicht-landwirtschaftlicher Verwendung (falls nahe an einer Stadt, einer Autostraße oder einem Ferienzentrum) besser als bei Farmen und Ranchland. Bei Verwendung als Forstland seit den 30er Jahren durchschnittliche Landwertsteigerung entsprechend der Inflationsrate.

Wertentwicklung Forstland: *3 Punkte*

6. Wiederverkauf

Für gut gelegene Areale durchschnittliche Wiederverkaufsmöglichkeit.

Wiederverkauf Forstland: *3 Punkte*

7. Sonstige Risiken

Wetter hat kaum Einfluß. Bei schlechter Marktlage ist es nicht nötig, Holz zu schlagen, da das Holz ja weiter mit durchschnittlich

8,5 Prozent p.a. wächst und damit bessere Marktpreise abgewartet werden können.

Äußere Einflüsse:

a) Hurricans und Tornados:
75 - 85 Prozent des Holzwertes, der durch einen Wirbelsturm „umgelegten" Bäume kann noch verwertet werden

b) Insekten und Krankheiten:
50 - 75 Prozent des Holzwertes der befallenen Bäume kann üblicherweise verwertet werden

c) Übermäßige Regenfälle:
Keine negativen Einflüsse

d) Schäden im allgemeinen nur bei sehr jungem Baumbestand (jünger als 10 Jahre)

e) Feuer:
Hohe Boden- und Luftfeuchtigkeit der Forsten im Südosten der USA vermindern die Brandgefahr erheblich. Stehendes Kiefernholz brennt nur schwer. Feuerschneisen vermindern die Gefahr weiter. Feuerrisiko ist versicherbar.

Sonstige Risiken Forstland: *2 Punkte*

Zusammenfassung
Forstland: *16 Punkte*

Gewerbliche Baugrundstücke

Allgemeines

Mit gewerblichen Baugrundstücken sind Grundstücke innerhalb eines Stadtbereichs gemeint, die als Bauland für Gewerbe- und Apartmentgebäude ausgewiesen und voll erschlossen sind oder an denen die Versorgungsleitungen bereits entlanglaufen. Das können entweder Baulücken sein oder Grundstücke, die noch ein abbruchreifes Gebäude haben.

Es ist eine sehr sichere und unkomplizierte Anlage, die nur den Nachteil hat, daß sie praktisch keinerlei Rendite bringt. Statt dessen kostet sie sogar die oft recht hohen städtischen Grundsteuern.

Dabei gibt es manchmal einige Auswege, die jedoch bei der Beurteilung nicht in Betracht gezogen werden, da sie nicht immer möglich sind:

1. Bei Baulücken: Die Vermietung als Parkflächen

2. Bei abbruchreifen Gebäuden: Die Weitervermietung zu einer sehr niedrigen Miete

3. Bei unbebauten Grundstücken: Die Errichtung von Mini Warehouses. Gegebenenfalls lohnt sich nur die Aufstellung von Containern statt der Bau der kleinen garagenähnlichen Mini Warehouses. Dann gilt hierfür die Beurteilung von Mini Warehouses.

Anlegerfallen

Ein negatives „Re-Zoning", das heißt, eine Verschlechterung der Bebauungsvorschriften ist kaum zu befürchten, denn falls das durchgeführt würde, müßten Sie in den meisten Bundesstaaten dafür entschädigt werden.

Die einzige wirkliche Gefahr ist eine Verschlechterung der Nachbarschaft. Auch bei Baugrundstücken ist deshalb die Lage von ausschlaggebender Bedeutung. Es genügt keine gute Lage, sondern es muß eine erstklassige Lage sein.

Empfehlungen

Es gibt zwei Möglichkeiten, den Wert des Grundstücks erheblich zu steigern:

1. Die Durchführung einer für Sie günstigen „Re-Zoning", also einer Änderung der Bebauungsvorschriften zu Ihren Gunsten. Das kann entweder eine größere Bebauungsdichte sein oder eine Veränderung im Verwendungszweck, zum Beispiel die zukünftige Verwendung für gewerbliche Zwecke statt davor für Wohnzwecke. Eine günstige „Re-Zoning" zu erhalten, ist nicht immer möglich, sollte aber das Hauptziel sein.

2. Das Einbringen des Grundstücks in ein Joint Venture oder eine Limited Partnership mit einem Bauträger. Dabei sind Sie am Gewinn aus der Bebauung beteiligt. Dieser Gewinn ist oft erheblich höher als beim reinen Verkauf des Grundstücks.

Eine solche Verbindung mit einem Bauträger sollte möglichst noch vor dem Kauf zustandekommen, damit das Grundstück nach den Erfordernissen des Bauträgers gekauft werden kann.

Beurteilung

1. Verwaltung

Die Verwaltung eines unbebauten Grundstückes bringt nur wenig Verwaltungsarbeiten. Als Kommanditist können Sie diese auf das absolute Minimum drücken.

Verwaltung — Baugrundstück bei Direktbesitz: *3 Punkte*
Verwaltung — Baugrundstück als Limited Partner: *1 Punkt*

2. Eigenkapitaleinsatz

Da das Grundstück praktisch keine Rendite bringt, bedeutet eine Beleihung einen negativen Cashflow. Für ein gutes Grundstück (einmal abgesehen von Spitzenlagen in der Innenstadt, die noch sehr viel teurer sind) müssen Sie mindestens 150 000 bis 250 000 Dollar Eigenkapital aufbringen.

Eigenkapitaleinsatz — Baugrundstück bei Direktbesitz: *3 Punkte*
Eigenkapitaleinsatz — Baugrundstück als Limited Partner: *1 Punkt*

3. Notfall-Liquidität

Baugrundstücke: *6 Punkte*

4. Rendite

Baugrundstücke: *6 Punkte*

5. Wertentwicklung

Sowohl durch Änderung der Bebauungsvorschriften und anschließenden Verkauf als auch durch Einbringen des Grundstücks in eine gemeinschaftliche Bebauung mit einem Bauträger können Sie überdurchschnittliche Wertsteigerungen erzielen.

Wertentwicklung — Baugrundstücke: *1 Punkt*

6. Wiederverkauf

Für erstklassig gelegene Grundstücke ist sowohl ein reiner Verkauf des Grundstücks als auch ein Zusammengehen mit einem Bauträger ohne Schwierigkeiten möglich.

Wiederverkauf — Baugrundstücke: *2 Punkte*

7. Sonstige Risiken

Das einzige wirkliche Risiko ist — wie schon bei „Anlegerfallen" erwähnt — eine Verschlechterung der Nachbarschaft. Wenn durch eine erstklassige Lage dieses Risiko von vornherein weitgehend ausgeschaltet wird, sind die sonstigen Risiken sehr niedrig.

Sonstige Risiken — Baugrundstücke: *1 Punkt*

Zusammenfassung
Gewerbliche Baugrundstücke bei Direktbesitz: *22 Punkte*
Gewerbliche Baugrundstücke als Limited Partner: *18 Punkte*

Kleinparzellen (Lots)

Allgemeines

Fred Smith, der Chef der größten Immobilienmaklerfirma in Florida, erzählt in seinen Vorträgen immer eine Geschichte, die ihm vor einigen Jahren in Abu Dhabi am Persischen Golf passierte:

Während seines dortigen Aufenthalts rief ein dort wohnender Araber bei ihm im Hotel an und sagte, er habe gehört, daß Smith der Präsident der größten Immobilienfirma Floridas und damit wohl ein Experte für Florida-Immobilien sei. Natürlich fand das Fred Smith auch von sich selber, und sie verabredeten sich abends zu einer Besprechung.

Fred Smith hatte ein sehr kleines Zimmer, marschierte hinunter zum Manager und ließ sich eine Suite geben mit Besprechungsraum, wo Erfrischungen angeboten werden konnten. Er duschte und war bereit, und der Herr kam herein in seinen fließenden Roben, setzte sich, trank Kaffee und erzählte die ganze Geschichte nochmals von vorne. Ja, er hätte also gehört, die Firma sei die größte Immobilienfirma in

Florida und da müßte Fred Smith doch genau wissen, was gute Immobilien in Florida seien.

Natürlich glaubte Fred Smith das immer noch und hoffte, daß der Besucher nun endlich anfangen würde. Und der gab ihm dann zu verstehen, daß Smith als Experte sicherlich das Geschäft schätzen würde, was er ihm jetzt anbieten würde. Und dann versuchte er, dem armen Smith eine Parzelle in Florida zu verkaufen!

Und bei diesem Teil des Vortrags meint Fred Smith dann, daß er sehr vorsichtig wäre, solche Parzellen zu kaufen, die schon in Abu Dhabi am Persischen Golf angeboten werden wie saures Bier.

Dieser Parzellenverkauf, die sogenannten „Lot Sales", ist der scheibchenweise Verkauf von erschlossenen oder nicht erschlossenen Kleingrundstücken. Diese Lots sind zum Beispiel ein Zehntel acre groß (= circa 400 Quadratmeter) und der Mann, der diese ein Zehntel-acre-Lots verkauft, hat 2 000 oder mehr weitere acres, die er auch unterteilen kann in 10 Stück pro acre. 30 bis 40 Prozent des Verkaufspreises dieser Lots rechnet der Mann als Kommissionen und Verkaufskosten hinein — neben seinem eigenen Gewinn, der gut und gerne einige hundert Prozent betragen kann.

Sie sollten sich fragen, bevor Sie eine solche Anlage tätigen, wann Sie jemals ein derartiges Lot mit einem Gewinn verkaufen können, wenn Sie dabei mit dem Mann konkurrieren, der noch Tausende weitere derartige Dinger anbietet. Sie können froh sein, wenn Sie am Verkauf nichts verlieren oder wenn Sie es überhaupt verkaufen können. Manche Makler nehmen derartige Lots wegen der schlechten Verkaufsaussichten gar nicht erst in ihr „Listing" auf. Im übrigen haben Sie auch noch jahrelang Grundsteuern und weitere Kosten zu zahlen, die jährlich über 10 Prozent des Wertes betragen können.

Dieses Phänomen der Lot Sales haben Sie überall in den USA, weil die Erschließungs- und Aufteilungsvorschriften dort — noch — sehr viel freizügiger sind als im viel dichter besiedelten Europa. Es ist dort viel leichter möglich, Rohland aufzukaufen und zu parzellieren, als dieses in Deutschland vorstellbar wäre.

Unter den Anbietern gibt es — wie in jedem Gewerbe — einige seriöse, aber auch viele Haie. Doch selbst bei Großerschließungen von seriösen Anbietern können Sie davon ausgehen, daß es immer noch keigute Anlage ist, weil auch darauf zutrifft, daß Sie bei einem späteren Verkauf mit Tausenden ähnlicher Lots konkurrieren müssen.

Der Verkauf solcher Lots geht entweder per Post oder durch Verkäufer als „Offsite-Sale", wobei der glückliche Käufer das Grundstück vor Abschluß gar nicht sieht, oder als „Onsite-Sale", bei dem er es nach Besichtigung kauft, was ihm allerdings auch nicht viel hilft.

Egal, ob seriös oder nicht, fast immer wird mit Hochglanz-Prospekten geworben, die fröhliche Menschen in sonniger Freizeitumgebung zeigen — auch wenn die Freizeitanlagen noch gar nicht existieren beziehungsweise gar nicht zu dem betreffenden Projekt gehören.

Sie als Käufer werden meistens weniger fröhlich, wenn Sie entdecken müssen, daß es sich nicht um einen seriösen Anbieter handelt, sondern daß bei Ihnen eine oder mehrere der gängigsten — doch leider unsauberen —

Anlegerfallen

angewandt wurden, wie zum Beispiel

1. Nichteinhaltung von Erstattungs- oder Umtauschversprechungen
Bei „Offsite Sales" wird oft versprochen, daß Sie, sofern Sie das Grundstück innerhalb einer gewissen Frist besichtigen, dieses gegen ein anderes austauschen können, falls Ihnen Ihres nicht gefällt. Wenn Sie darauf bestehen, dann kann es Ihnen passieren, daß die Verkaufsgesellschaft dieses Versprechen etwas anders auslegt oder daß sie — bei mündlichen Versprechungen — behauptet, daß der Verkäufer seine Kompetenzen überschritten hat.

2. Verschweigen von Mängeln oder Gefahren
Oft wird verschwiegen, daß Sie keinen „Clear and Free Title" haben, also kein einwandfreies Besitzrecht. Es können Hypotheken

darauf liegen oder das Grundstück kann verborgene Mängel aufweisen, wie zum Beispiel Baubeschränkungen oder mangelhaften Straßenzugang.

3. *Nichtfertigstellung des Projekts*
   Die versprochenen Attraktionen, wegen derer Sie gekauft haben — Golfplätze, Marinas, Swimming Pools — werden entweder gar nicht gebaut oder nur sehr verspätet. Falls Sie Ihr Grundstück schon bald bebauen und beziehen wollen, werden Sie feststellen, daß Sie dann in der Einöde leben.

4. *Nichtlieferung der Grundbucheintragungen sowie der Besitzrechtsversicherungen*
   Viele Promoter liefern auch nach Ihrer letzten Zahlung diese Dokumente nicht rechtzeitig aus, da sie sich mit den noch nicht überschriebenen Grundstücken refinanzieren können.

5. *„Hochdruck"-Verkauf*
   Einige Verkäufer fahren die Kaufinteressenten in Bussen herum, in denen über Funk laufend Kommentare über den angeblichen Abverkauf einzelner Lots gegeben werden. Damit wird der Käufer in eine Kaufpanik hineingejagt, da er glaubt, daß ihm die besten Grundstücke vor der Nase weggeschnappt werden.

6. *Gratisferien, Geschenke, Rabattmarken, und so weiter als Verkaufsförderung*
   Meistens haben sie einen Haken oder können nur nach Kauf in Anspruch genommen werden. Die „Gratisferien" können bedeuten, daß Sie in irgendeinem abgelegenen Ferienort einer Legion von Hochdruck-Verkäufern ausgesetzt sind.

7. *Lockvogel- und Tauschtaktik*
   Manchmal werden Lots zu extrem niedrigen Preisen angeboten. Wenn Sie deswegen vorsprechen, sind natürlich diese günstigen Grundstücke ausverkauft oder zufällig an einem steilen Abhang oder an anderer unzugänglicher Lage gelegen. Falls sie jedoch zu-

gänglich sind, dann sind sie vielleicht viel zu schmal, um auch nur ein winziges Häuschen darauf zu bauen, oder haben andere unerwünschte Eigenschaften. Gutscheine von 500 oder 1 000 Dollar, die beim Kauf angerechnet werden sollen, bedeuten nur, daß davor der Verkaufspreis um den Gutscheinbetrag hochgejubelt wurde.

Bei der Umtauschgarantie kann es Ihnen passieren, daß Ihnen zwar Ihr unerwünschtes Lot eingetauscht wird, jedoch nur gegen ein massiv überteuertes anderes Grundstück, für das Sie einen Aufpreis bezahlen müssen. Wenn Sie das Geld nicht ausgeben wollen, bleiben Sie auf Ihrem schlechten Grundstück sitzen. Bei diesem Eintausch gewinnen Sie ja nichts dadurch, daß Sie das Grundstück einfach hin- und herschieben. Der Wert, oder besser, Nichtwert dieser Grundstücke bleibt proportional immer der gleiche.

8. *"Untergehen" des "Property Reports"*
Bei großen Erschließungsprojekten schreibt das HUD (US Department of Housing and Urban Development) den "Property Report" vor. Der macht über das betreffende Erschließungsobjekt Angaben unter anderem über Entfernung zur nächsten Ortschaft, bestehende Hypotheken und andere Lasten, Anderkonten, Verfügbarkeit von Erholungsmöglichkeiten, derzeitige und zukünftige Gebühren und Steuern, Anzahl der bereits gebauten Häuser und so weiter. Diesen "Property Report" muß der Verkäufer dem Käufer vor dem Kauf übergeben, jedoch bürgt HUD nicht dafür, daß diese Angaben stimmen, denn HUD inspiziert die Lots nicht. Der HUD-Schutz ist damit ziemlich beschränkt. Aber wenn selbst diese Angaben für den Verkäufer zu ungünstig sind, dann wird dieser vorgeschriebene "Property Report" oft noch mit einem Riesenhaufen weiteren Verkaufsmaterials geliefert und nur zu leicht vom Käufer übersehen.

Empfehlungen

Auch wenn die Verkaufsfirma ehrlich ist: Ich kenne keinen Fall, bei dem Wertsteigerungen erzielt wurden, die den Prozentsätzen von anderem erschlossenem Gelände außerhalb des Lot-Projekts gleichkommen. Denken Sie immer daran, daß Sie beim Wiederverkauf in Konkurrenz mit dem Erschließer selber stehen.

Diese Lot Sales sind ein blendendes Geschäft, aber eben nur für den Erschließer. Sie stehen dabei auf der verkehrten Seite.

Der vernünftigste Ratschlag für derartige Erschließungen — und wenn sie noch so schön aussehen — ist: Tun Sie es nicht! Wenn Sie aber aus irgendeinem Grunde unbedingt ein Lot kaufen möchten, weil Sie sich in dessen Lage verliebt haben und selber dort später hinziehen wollen (es also nicht als Kapitalanlage ansehen), dann sollten Sie sich vergewissern, daß der Anbieter seriös ist, damit Sie einigermaßen eine Garantie für die Fertigstellung des Projekts haben.

Manchmal werden außerordentlich günstige Zinskonditionen geboten über eine Laufzeit von 10 oder mehr Jahren. Rechnen Sie sich aber den effektiven Jahreszins dabei aus. Sehr oft werden die Zinsen nach der Methode der Teilzahlungsbanken berechnet — zum Beispiel immer auf den Anfangswert oder ähnliche Tricks — , so daß Sie auf eine sehr viel höhere Effektivverzinsung kommen. Bei Barzahlungen sollten Sie nur Zug um Zug gegen Übertragung des Grundstückes und Aushändigung einer mängelfreien Rechtstitelversicherung zahlen.

Wichtig ist auch, daß werterhaltende Bauvorschriften für die Gesamterschließung bestehen und auch rechtlich durchgesetzt werden können. Sonst haben Sie einen rapiden Wertverlust, wenn jeder mit seinem Grundstück machen kann, was er will, und Billigsthäuser, Mobile Homes oder gar Wohnwagen aufstellen kann.

Ein noch besserer Ratschlag — wenn es unbedingt ein Lot sein muß — ist, dieses nicht von der Erschließungsfirma zu kaufen, sondern auf dem Sekundärmarkt. Oft bekommen Sie von entnervten früheren Besitzern diese Grundstücke billiger, als sie vom Erschließer angeboten werden. Fragen Sie deshalb bei den umliegenden Maklern.

Beurteilung

1. Verwaltung

Minimal. Wird fast immer von der Verkaufsfirma erledigt. Grundsteuern und Verwaltungskosten sind entweder in Ihren monatlichen oder vierteljährlichen Teilzahlungen enthalten oder müssen einmal jährlich von Ihnen gezahlt werden.

Verwaltung: *1 Punkt*

2. Eigenkapitaleinsatz

Sehr gering. Schon ab einigen tausend Dollar.

Eigenkapitaleinsatz: *1 Punkt*

3. Notfall-Liquidität

Keine. Beleihung, wenn überhaupt, nur bei bar bezahlten, bereits übertragenen Grundstücken und zu sehr niedrigen Beleihungshöhen möglich.

Notfall-Liquidität: *6 Punkte*

4. Rendite

Keine.

Rendite: *6 Punkte*

5. Wertentwicklung

Sehr schlecht; zum Teil noch unter der Inflationsrate.

Wertentwicklung: *6 Punkte*

6. Wiederverkauf

Sehr schlecht, denn

a) viele Makler sind nicht bereit, diese Lots in ihr „Listing" aufzunehmen, es sei denn, die Preise liegen erheblich unter den offiziellen Preisen der Erschließungsgesellschaft, und
b) wegen der Dauerkonkurrenz des Erschließers und des manchmal sehr großen Sekundärmarktes ist bei großen Erschließungsprojekten das Angebot oft sehr viel größer als die Nachfrage.

Wiederverkauf: *6 Punkte*

7. Sonstige Risiken

a) Nichtfertigstellung der ursprünglich projektierten Freizeitanlagen,
b) nachträgliche Umlagen für Straßenbau, Straßenunterhaltung, die entweder vom Erschließer oder gegebenenfalls auch von einer Mehrheit der Eigentümer beschlossen werden können, und
c) Verschlechterung der Nachbarschaft durch die Genehmigung zur Aufstellung von Billighäusern oder gar Trailer-Wohnwagen.

Sonstige Risiken: *5 Punkte*

Zusammenfassung — Kleinparzellen (Lots):
31 Punkte

Auf einen Blick: Bewertung der Objektarten

(Je weniger Punkte, desto geeigneter als Anlage)

Objekt	Zusammenfassung	
	Als Direktbesitz	Als Limited Partner
Gebäude		
Shopping Center	29 Punkte	21 Punkte
Bürogebäude	28 Punkte	20 Punkte
Lagerhäuser, Industriegebäude	25 Punkte	21 Punkte
Mini Warehouses	16 Punkte	10 Punkte
Hotels, Motels	32 Punkte	24 Punkte
Schnellimbiß (Fast Food)	31 Punkte	25 Punkte
Apartmenthäuser	26 Punkte	18 Punkte
Ein- und Zweifamilienhäuser	27 Punkte	—
Eigentumswohnungen, Reihenhäuser	29 Punkte	—
Teilzeiteigentum (Time Sharing)	34 Punkte	—
Land		
Farmen	29 Punkte	—
Ranches	27 Punkte	—
Forstland	16 Punkte	—
Gewerbliche Baugrundstücke	22 Punkte	18 Punkte
Kleinparzellen (Lots)	31 Punkte	—

Risiko mindern — Gewinn erhöhen

Möglichkeiten, um Immobilienanlagen noch interessanter zu gestalten

Ernst-Uwe Winteler

Die Bewertungen der verschiedenen Gewerbe- und Wohnimmobilien, die in der Liste zusammengefaßt wurden, gehen in den meisten Fällen davon aus, daß Sie Alt-Immobilien kaufen. Mit Alt-Immobilien meine ich nicht Uralt-Immobilien, die von der Konzeption her veraltet sind oder an deren baulichem Zustand der Zahn der Zeit schon zu lange genagt hat, sondern Gebäude, die vor 5 bis 7 Jahren gebaut wurden.

Bestehende Immobilien haben einen großen Vorteil: Sie können dabei viel leichter auf die Zukunftsentwicklung schließen als bei Neubauten.

Wenn Sie zum Beispiel ein neues Shopping Center bauen, dann können Sie nur hoffen, daß es gut beim Kaufpublikum ankommt und daß nicht einen Kilometer daneben ein Konkurrenzzentrum gebaut wird. Ein bestehendes Center hat sich etabliert. Aus den Umsatzzahlen der vergangenen Jahre ersehen Sie, welche Mieter erfolgreich waren und welche nicht, und wie die günstigste "Geschäftsmischung" ist. Sie wissen, wie sich die Nachbarschaft zusammensetzt und welche Zukunftsentwicklung abzusehen ist.

Der große Nachteil von Alt-Immobilien ist, daß Sie — wie bereits in einem früheren Kapitel erklärt — im Grunde kapitalisierten Cashflow kaufen. Damit kommen Sie nur an Objekte heran, die innerhalb des normalen Marktrahmens liegen.

Sie können natürlich ganz erheblich das Risiko mindern und den Gewinn erhöhen, wenn Sie — und das ist eine Binsenwahrheit — Objekte zu einem Einstandspreis bekommen, der erheblich unter dem Marktpreis liegt. Bei Alt-Immobilien bieten sich dafür Notverkäufe und Zwangsversteigerungen an, bei Neubauten die Beteiligung am Baugewinn, etwa durch Joint Ventures mit Bauträgern. Auf diese Möglichkeiten will ich im folgenden ausführlich eingehen, weil sie Ihnen ganz wesentlich dabei helfen können, statt einer schlechten oder nur durchschnittlichen Anlage eine hervorragende Investition zu tätigen.

Notverkäufe und Zwangsversteigerungen

Es gibt natürlich immer einen Grund, warum die Objekte notleidend sind. Einige Gründe können das Objekt auch für Sie uninteressant machen, wie zum Beispiel eine schlechte Lage oder unakzeptable, langfristige Mietverträge ohne Inflationsgleitklausel. Andere Gründe dagegen können es für Sie zu einer interessanten Gelegenheit machen, zum Beispiel ein vernachlässigter Bauzustand (den Sie durch relativ geringe Beträge beheben können) oder finanzielle Schwierigkeiten des Eigentümers, die aus anderen Ursachen herrühren, aber ihn zu einem schnellen Verkauf zwingen, um wieder liquide zu werden.

Doch wie kommen Sie an solche Möglichkeiten heran?

Die beste Auskunftsquelle für Zwansversteigerungen oder Notverkäufe, die kurz vor der Zwangsversteigerung stehen, sind die amerikanischen Anwälte oder auch Ihr amerikanischer Bankier. Der sollte aber möglichst nicht von einer der großen Geschäftsbanken sein, die in den USA wenig mit Hypothekarkrediten zu tun haben, sondern von einer der S & L's, der Savings & Loan Associations. Deren Immobilienabteilungen wissen genau, was auf dem Markt los ist. Makler sind dagegen selten darauf eingerichtet, von ihrem 08/15-System der „Listings" abzugehen und sich auf die Suche nach Notverkäufen und Zwangsversteigerungen zu begeben.

Sie können es auch selbst herausfinden: Wenn Sie genau wissen, in welchem County (Landkreis) Sie gerne ein Objekt kaufen möchten, dann kann Ihnen das zuständige Amtsgericht, der „County Court", über alle anstehenden Zwangsversteigerungen (Foreclosure Sales) Bescheid geben. In den USA ist es Brauch und Gesetz, daß Zwangsversteigerungen „On the steps of the Court House" (auf den Treppen des Gerichtsgebäudes) erfolgen. Wenn Sie vom zuständigen County Court erfahren, daß ein interessantes Gebäude zum Verkauf steht, dann müssen Sie dort zu der angegebenen Zeit mit einem — möglichst bestätigten — Barscheck über 10 oder 20 Prozent der voraussichtlichen Summe erscheinen, um mitsteigern zu können.

Aber wenn Sie gerade aus Europa gekommen sind und sich nicht sehr gut in USA auskennen, dann ist es natürlich etwas viel verlangt von Ihnen, und der beste Rat ist meiner Ansicht nach immer noch, sich an Ihre Anwälte oder Bankiers zu wenden.

Gerade eine Zeit, in der die Möglichkeit besteht, daß es zu einem ganz gedrückten Immobilienmarkt kommt, bietet Ihnen Möglichkeiten, die Sie sonst nicht mehr bekommen.

Wenn es Ihnen jedoch unmöglich ist, Notverkäufe zu erwerben, dann gibt es noch eine Möglichkeit bei Neubauten, die interessanter ist als das, was normalerweise auf den Markt kommt:

Joint Venture mit einem Bauträger

Natürlich können Bebauungen riskant sein — sonst würde es schließlich jeder machen. Es ist deshalb sicher selbstmörderisch für Sie, ein Gelände zu kaufen und zu glauben, dieses — möglichst noch von der Ferne aus — selber mit Gewinn erschließen zu können. Das A und O dabei ist die Zusammenarbeit mit angesehenen, sehr erfahrenen Bauträgern, die sowohl entsprechende Grundstücke suchen als auch das zu errichtende Gebäude schon vor Baubeginn zu etwa 70 Prozent im voraus vermieten und möglichst auch noch vor Baubeginn die Garantie eines amerikanischen institutionellen Anlegers für die spätere Übernahme des Objekts zu einem von vornherein festgesetzten Preis bekommen.

Für einen amerikanischen Bauträger kann die Zusammenarbeit mit einem ausländischen Anleger sehr interessant sein, wenn der Ausländer bereit ist, das Grundstück vorzufinanzieren. Dadurch braucht der amerikanische Bauträger kein Eigenkapital für das Grundstück aufzubringen und verbreitert damit ohne Kapitaleinsatz seine Baumöglichkeiten.

Es ist Aufgabe Ihrer Berater, für Sie solche interessanten Lösungen „auszutüfteln".

Tips und Fallen

Diese Hinweise und Warnungen gelten für — fast — alle Immobilien

Ernst-Uwe Winteler

Um das Risiko bei Immobilien zu drücken, gibt es natürlich außer "Joint Ventures" noch eine ganze Reihe von Möglichkeiten, doch aus Platzgründen können sie hier nicht aufgeführt werden, zumal auch sie sehr verschieden sind je nach den Objekten. Die folgenden Hinweise gelten aber für fast alle Gewerbe- und Wohnimmobilien:

Multiplikatoren und Reproduzierungskosten

Mißtrauen Sie jeder großartigen "Multiplikatoren-Idee". Da gibt es Wachstumsfaktor-Multiplikatoren oder Brutto-Rendite-Multiplikatoren, nach denen ein Objekt angeblich ein gutes Objekt sei, wenn der Kaufpreis nicht mehr als die 8fache Bruttorendite sei.

Aber diese Multiplikatoren sagen überhaupt nichts aus über die bei dem Objekt anfallenden Kosten, die nach Art und Region der Immobilie stark variieren. Sie sagen auch nichts über die Qualität der Rendite aus. Für Sie ist es viel besser, Sears — das große Versandhaus — oder A & P als Mieter zu haben als den Tante-Emma-Laden-Besitzer Joe Smith.

Diese Brutto-Multiplikatoren sagen vor allem auch nichts über den wichtigen Schuldendienst aus. Angenommen, Sie haben zwei gleichartige Objekte mit gleichem Kaufpreis und einem identischen Bruttoeinkommen. Aber auf dem einen Objekt liegen kurzfristige Hypotheken mit entsprechend höheren Beteiligungsraten und einer gesamten Annuitätszahlung von 150 000 Dollar pro Jahr. Die Annuität für das andere Objekt beträgt wegen langfristiger Hypotheken und geringerer Amortisation nur 100 000 Dollar pro Jahr. Beide haben den gleichen Brutto-Rendite-Faktor, aber das zweite Objekt mit der langfristigen Hypothek und der niedrigeren Annuität gibt Ihnen Jahr für Jahr um 50 000 Dollar höhere Einkünfte, die ja, wie schon beschrieben, als kapitalisierter Cashflow den Kaufpreis erhöhen.

Multiplikatoren haben vor allem einen Sinn: Auf den ersten Blick zu sehen, ob es sich überhaupt lohnt, das Projekt näher anzusehen oder nicht.

Eine weitere Faustregel sind die „Reproduzierungskosten", also die Kosten, die entstehen würden, wenn man eine bestehende Immobilie neu bauen müßte. Diese Reproduzierungskosten sind vor allem wichtig für Apartmenthäuser und Bürogebäude, denn die Neubaukosten einschließlich Landkosten wären ja die oberste Grenze, an die Sie bei einem gut vermieteten, bestehenden Apartment- oder Bürohaus herangehen würden.

Nur bei Shopping Centers kann es Ihnen passieren, daß Sie einen Preis zu zahlen haben, der über den Neubaukosten liegt. Wenn Sie nämlich ein regionales Einkaufszentrum haben mit einigen größeren Kaufhäusern als Mieter und das die einzigen Kaufhäuser sind, die es in diesem Gebiet gibt. Dann ist zwar der reine Gebäudekomplex reproduzierbar, nicht aber diese Mieter. Da werden Sie also für diese Sicherheit etwas mehr zahlen müssen als den Reproduzierungswert.

Die Reproduzierungskosten sind damit zwar eine ganz gute Faustregel, um den Wert zu vergleichen, aber sie gelten auch nur jeweils in der gleichen Region. Auf der grünen Wiese haben Sie niedrigere Grundstückskosten als in der Stadt. In New York haben Sie höhere Baukosten als in Alabama. Wenn Sie also Multiplikatoren oder Kostenvergleiche anlegen, dann wirklich nur als Faustregeln, die keineswegs eine genaue Analyse des Objekts ersetzen.

Schuldendienst und Bruttoeinkünfte

Es gibt eine Faustregel bei Renditegebäuden, die zwar in Inflationszeiten sehr oft verdrängt wird, die Sie aber dennoch, egal was Verkäufer Ihnen erzählen, beherzigen sollten. Sie wurde aufgestellt auf Grund einer Auswertung von in Verzug geratenen Immobiliarkrediten einer Bankengruppe: Achten Sie darauf, daß Ihr gesamter, kombinierter Schuldendienst, also Zins und Tilgung, nie mehr als 50 Prozent der Gesamt-Bruttoeinkünfte aus der Immobilie ausmacht.

Oft wird gesagt, daß man eine Immobilie nicht mit 75 oder 80 Prozent beleihen soll, weil das zu viel sei. In Wirklichkeit aber ist das Verhältnis der prozentualen Beleihung zum Kaufpreis nicht der entscheidende Faktor. Entscheidend für die Sicherheit der Immobilie ist das Verhältnis zwischen dem konstanten Schuldendienst und den Bruttoeinkünften.

Wenn Sie ein Objekt haben, bei dem der Schuldendienst 65 Prozent der Bruttoeinkünfte ausmacht und man Ihnen sagt, daß dieses Verhältnis üblich sei, dann kann man dazu nur sagen, daß es eben auch ganz üblich ist, daß sich eine solche Immobilie nicht selber trägt. Da brauchen Sie jedes Jahr zusätzliche Barzahlungen.

Wenn Sie andererseits den Besitz mit 90 Prozent des Kaufpreises beleihen, es aber schaffen, den Schuldendienst auf maximal 50 Prozent Ihrer Bruttoeinkünfte zu halten, haben Sie immer noch eine sichere Investition.

Kumulative Vorzugsrenditen

Wie schon mehrfach früher angesprochen, ist es meistens angebracht, ein Objekt zusammen mit einem US-Partner zu kaufen und von diesem in seiner Verantwortung verwalten zu lassen. Eine gebräuchliche Form dafür ist die Bildung einer Kommanditgesellschaft (Limited

Partnership), wobei Sie der Kommanditist (Limited Partner) und der US-Partner der Komplementär (General Partner) sein sollten. Da Sie den Großteil des Kapitals aufbringen, sich weitgehend auf die Geschäftsführung des US-Partners verlassen müssen und wenig Einspruchsmöglichkeiten haben, sollte Ihnen die US-Firma eine Vorzugsrendite zahlen. Diese Vorzugsrendite sollte — wenn irgend möglich — kumulativ sein.

Ohne Kumulativbestimmung wäre es denkbar, daß durch Verschieben der Kosten um ein Jahr (zum Beispiel durch Früherzahlen von Prämien und Managementkosten sowie Vorverlegung von Reparaturarbeiten) in diesem Rechnungsjahr unter Umständen kein oder kaum ein Gewinn erzielt wird. Dadurch würden dann auch Sie als Limited Partner nichts erhalten. Wenn vereinbart ist, daß Sie die ersten 8 Prozent des Nettoertrages erhalten und es in dem Jahr keinen Ertrag gibt, dann entfällt eben für dieses Jahr die Vorzugsrendite.

Im nächsten Jahr aber könnte durch Wegfall der vorverlegten Kosten ein sehr hoher Gewinn erzielt werden, von dem Sie dann nur die Vorzugsrendite für das betreffende Jahr bekommen, während der Komplementär in dem betreffenden Jahr eine unangemessen hohe Rendite bekäme.

Unrichtige Verkäuferzusagen

Gegen unrichtige Behauptungen des Verkäufers gibt es eine über den Kauf hinaus wirkende Absicherungsmöglichkeit: die mithaftende Verkäuferhypothek.

Angenommen, Sie gehen vor dem Kauf mit dem Verkäufer die Liste der Mieter durch. Je mehr Sie die Bonität der einzelnen Mieter in Frage stellen, desto mehr wird Ihnen der Verkäufer versichern, daß gerade derjenige Mieter, dessen Qualitäten Sie in Frage stellen, der beste sei, den er überhaupt jemals gehabt habe. Und an diesem Punkt nehmen Sie in die Verkäuferhypothek eine Klausel auf, auf Grund derer

Sie einen Teil der Hypothek nicht verzinsen und tilgen müssen, solange der Mieter keine Miete zahlt oder der Laden leersteht. Der Verkäufer wird fast immer zustimmen müssen. Nachdem er Ihnen davor versichert hat, wie phantastisch und zuverlässig der Mieter sei, kann er jetzt schlecht einen Rückzieher machen.

Ein zweites Beispiel: Bei den Brutto-Mietverträgen können Sie nicht einfach eine Erhöhung der Grundsteuern an Ihre Mieter weitergeben. Der Verkäufer der Immobilie wird Ihnen alle möglichen Analysen vorlegen, warum sich die Grundsteuer bei diesem Objekt in Zukunft nicht erhöhen wird. Dann nehmen Sie in die Bedingungen der Verkäuferhypothek auf, daß die Zinszahlung auf die Hypothek bei Eintritt einer Steuererhöhung um die Mehrsteuer gekürzt wird.

Solche Diskussionen über Absicherungsmöglichkeiten lohnen sich natürlich nur bei einem Angebot, bei dem nicht von vornherein falsch gespielt wird. Typisch für ein solches Falschspiel oder eine Augenwischerei sind die

Pro-forma-Berechnungen

Bei Immobilienangeboten kann der Verkäufer durch den Zusatz "pro forma" in seiner Ertragsrechnung ganz legal Idealberechnungen aufstellen, die mit der Wirklichkeit nichts zu tun haben.

"Pro-forma-Statements" bei Alt-Immobilien sind völlig unnötig, denn hier bestehen ja echte Zahlen, die vorgelegt werden könnten. Wenn also mit Pro-forma-Renditeberechnungen gearbeitet wird, dann hat das einen Grund. Wenn Sie sich überhaupt weiter um das Angebot kümmern wollen, dann verlangen Sie Aufstellungen über die tatsächlich vermieteten Flächen und erzielten Mieten der vergangenen Jahre.

Nun wird der Verkäufer Ihnen sagen, diese Mieten wären nicht repräsentativ, denn Sie könnten die Mieten erhöhen. Warum hat er sie dann nicht selber erhöht? Erlaubt der Zustand des Gebäudes oder dessen Lage dieses nicht?

Seien Sie auch sehr vorsichtig bei folgender „Konzession" des Verkäufers: Der Verkäufer bietet Ihnen an, daß Sie einen erheblichen Prozentsatz (20 Prozent oder mehr) des Verkaufspreises auf ein Anderkonto zahlen, und daß dieses nur an ihn auszahlbar sei, wenn die Belegungsrate der Pro-forma-Einkommensrechnung innerhalb von 6 bis 9 Monaten erzielt wird.

Sie werden dann eventuell mit Freude feststellen, daß Sie kurz nach Abschluß des Vertrages das Haus voller Mieter haben, mit denen Sie die üblichen kurzfristigen Mietverträge abschließen (denn Sie wollen ja die Möglichkeit haben, die Mieten zu erhöhen). Nach 6 bis 9 Monaten zahlen Sie deshalb gerne die gesperrte Restkaufsumme aus. Und nach einem Jahr erleben Sie, daß schlagartig eine ganze Reihe von Mietern Ihr Haus verläßt und Sie im besten Fall wieder bei der alten, unrentablen Belegungsrate angelangt sind. Erst dann kommt Ihnen der Verdacht, daß diese Mieter vielleicht vom Verkäufer aus Ihrer Restkaufsumme einen kleinen Zuschuß für geleistete Hilfe erhielten.

Diesen Trick gibt es in den verschiedensten Versionen. Es muß nicht sein, daß er angewandt wird, aber es kann sein. Achten Sie deshalb auf die „Hintertüren" und legen Sie ausschließlich die derzeitigen Belegungsraten und Mieten bei der Ermittlung eines angemessenen Kaufpreises zugrunde.

Finanzierungen

Das Zinsrisiko wird weitgehend auf den Darlehensnehmer abgewälzt

Ernst-Uwe Winteler

Die langfristige Hypothek mit niedrigen Festzinsen, ein Eckstein der gesamten US-Baufinanzierung seit den 30er Jahren, ist praktisch tot. Hohe Inflationsraten und extrem schwankende Zinssätze haben den Markt umgekrempelt. Zwar sind die Zinsen in den USA seit Mitte 1982 erheblich gefallen, doch die amerikanischen großen Hypothekengeber, also Versicherungsgesellschaften und Pensionskassen, glauben ganz offensichtlich noch nicht an einen endgültigen Sieg über die Inflation und sind zu sehr gebrannte Kinder aus den Jahren 1979 bis 1981, um sich noch einmal zu niedrigen Festzinsen auf 20 oder mehr Jahre festzulegen.

Für Gewerbeimmobilien und Apartmenthäuser kann ein Bauträger praktisch nur noch eine langfristige Hypothek zu Festzinsen bekommen, wenn er entweder hohe Zinsen zahlt oder niedrigere Festzinsen, aber dann zuzüglich 50 Prozent oder mehr des Nettogewinns des Gebäudes abführt. Die Prudential Life Insurance brachte Ende 1980 — auf dem Höhepunkt der damaligen Zins-Hausse — sogar noch härtere Bedingungen für ein 30-Millionen-Bürogebäude durch: Beleihungshöhe nur zwei Drittel = 20 Millionen Dollar. Darauf Jahreszins von 10 Prozent und zwei Drittel des Nettogewinns sowie — bei einem Verkauf — zwei Drittel des Wertzuwachses.

Auch bei der Finanzierung von Ein- und Zweifamilienhäusern und Eigentumswohnungen wird das Risiko einer langfristigen Beleihung weitgehend vom Darlehensgeber auf den Darlehensnehmer abgewälzt. Auf diesem privaten Wohnbausektor gibt es inzwischen 5 neue Hypothekenarten:

1. *Variable-Rate-Mortgage (VRM):* VRM's machen zwar — auf die USA bezogen — nur 5 Prozent des gesamten Hypothekenvolumens aus, aber immerhin ein Drittel aller Hypotheken, die von den kalifornischen S & L's (Savings & Loan) ausgegeben werden. Der Zins ist angebunden an den Kostenindex der S & L's und kann alle 6 Monate angeglichen werden. Er darf maximal um 1/2 Prozent während eines Jahres und 2 1/2 Prozent während der Darlehenslaufzeit steigen. Falls der S & L-Index nach unten geht, müssen auch die Hypothekenzinsen nach unten korrigiert werden.

2. *Renegotiable-Rate-Mortgage (RRM):* Die RRM ist ähnlich der VRM, jedoch geht sie nicht vom Inflationsindex der S & L's aus, sondern vom Durchschnittszins, der von den großen Darlehensgebern an die Käufer von Einfamilienhäusern gegeben wird. Zinsen einer RRM können alle 3, 4 oder 5 Jahre angeglichen werden, und zwar maximal 1/2 Prozent pro Jahr und 5 Prozent während der Darlehenslaufzeit.

3. *Graduated-Payment-Mortgage (GPM):* Der Zinssatz ist fest für die gesamte Hypothekenlaufzeit. GPM's sind vor allem für junge Hauskäufer, deren derzeitiges Einkommen noch zu klein ist, um eine übliche Haushypothek zu bedienen. Zahlungen für Zins und Tilgung steigen deshalb kontinuierlich während der Laufzeit. Da in den ersten Jahren die Gesamtzahlungen niedriger als der Zins sind, wird der Restzins der Hypothek zugeschlagen. Damit steigt die Hypothekenhöhe in den ersten Jahren an.

4. *Graduated-Payment-Adjustable-Mortgage (GPAM):* Eine Mischung aus der GPM und der RRM. Es ist eine GPM, bei der der Darlehensgeber die Zinssätze alle 3 bis 5 Jahre erhöhen kann, wobei die Gesamtzahlung des Darlehensnehmers um maximal 15 Prozent pro Jahr steigen darf.

5. *Shared-Appreciation-Mortgage (SAM):* Niedriger Zins und niedrige Amortisation, aber dafür muß der Darlehensnehmer den Darlehensgeber an einem Gewinn am Hausverkauf beteiligen. Beispiel: Der Zinssatz ist niedriger als marktüblich, dafür erhält der Darle-

hensgeber beim Verkauf des Hauses ein Drittel der Veräußerungsgewinne. Falls das Haus nicht verkauft wird, muß der Darlehensnehmer nach 10 Jahren dem Darlehensgeber entweder ein Drittel der geschätzten Wertsteigerung auszahlen oder dafür eine neue Hypothek aufnehmen.

Früher bestand noch der Ausweg, Alt-Hypotheken zu günstigen Zinsen zu übernehmen. Bei privaten Wohnbauten ist dieses jedoch meistens nicht mehr der Fall. Im Gegensatz zu den Hypotheken aus gewerblichen Objekten beinhalten die meisten von S & L's gegebenen Hypotheken für Wohnbauten eine „Due-on-Sale" -Klausel. Diese Klausel besagt, daß beim Verkauf einer Immobilie die darauf lastende Hypothek sofort zur Zahlung fällig wird und nicht vom Erwerber übernommen werden kann.

Sie müssen deshalb damit rechnen, daß Sie beim Kauf einer Wohnimmobilie die darauf lastende zinsgünstige Alt-Hypothek nicht übernehmen können, wenn die Hypothekarbedingungen eine „Due-on-Sale" -Klausel enthalten.

Als interessanten Ausweg gibt es aber noch die Verkäuferhypothek. Es ist — wie bereits an anderer Stelle in diesem Buch erwähnt — die Hypothek, die ein Verkäufer notgedrungen als Teilzahlung für die Immobilie annehmen muß, um sie überhaupt verkaufen zu können. Bei bisher unbelasteten Objekten wird diese Verkäuferhypothek erstrangig eingetragen, sonst zweitrangig hinter der schon bestehenden Hypothek.

Die Konditionen für eine solche Verkäuferhypothek sind im allgemeinen sehr viel günstiger als die, die Sie bei einem gewerblichen Hypothekengläubiger erhalten. Allerdings müssen Sie dabei einige Punkte beachten:

a) Liegt der jährliche Schuldendienst (Zins plus Tilgung) der Kaufgeldhypothek prozentual unter der „Cash-on-Cash" -Rendite (Eigenkapitalrendite), die Sie ohne diese Verkäuferhypothek erzielen würden? Sonst sinkt die prozentuale Höhe Ihrer Eigenkapitalrendite.

b) Liegt, auch mit der Verkäuferhypothek, der Schuldendienst noch unter 50 Prozent des Bruttoeinkommens?

c) Können Sie die Immobilie weiterverkaufen, ohne daß diese Verkäuferhypothek sofort zur Rückzahlung fällig wird? Denn sonst müssen Sie bei einem späteren Verkauf selbst eine solche Verkäuferhypothek geben, statt Bargeld zu bekommen.

d) Können Sie die Verkäuferhypothek vorzeitig zurückzahlen ohne Damnum, falls Sie später einmal eine günstigere Finanzierung bekommen?

e) Erlauben Ihnen die Hypothekenbedingungen die Aufnahme weiterer nachrangiger Finanzierungen anderer Hypothekengeber?

Mietverträge

Standardverträge reichen selten aus

Ernst-Uwe Winteler

Egal, ob Sie Vermieter oder Mieter sind, der Mietvertrag ist das wichtigste Dokument, um die Rechte und Pflichten der einzelnen Parteien festzuhalten.

Viele Amerikaner benutzen für kleinere Objekte die vorgedruckten Mietverträge, die es beispielsweise in den Papierwarengeschäften gibt. Die Gefahr dabei ist, daß wichtige Details darin nicht abgedeckt sind, weil diese Verträge zwangsläufig sehr allgemein gehalten sein müssen; oder weil die Verträge vor langer Zeit gedruckt wurden und rechtlich nicht mehr auf dem neuesten Stand sind. Der Hinweis eines Verkäufers, daß die Mietverträge in Ordnung seien, weil es Standardverträge sind, ist deshalb Unsinn.

Daß in dem Vertrag die Immobilie genau beschrieben wird und daß alle Vertragsparteien, Kautionen und Vorauszahlungen aufgeführt sein müssen, ist selbstverständlich. Oft besteht jedoch bei Ausländern Unsicherheit über die Bedeutung der einzelnen Vertragsbegriffe.

Gross Leases (= Bruttomieten) sind in den USA die üblichsten Mietverträge für Wohn- und Geschäftsbauten. Der Mieter zahlt seine Monatsmiete, und der Grundstückseigentümer zahlt Unterhaltungskosten, Versicherung, Grundsteuern und andere Betriebskosten (ausgenommen Schäden, die durch den Mieter verursacht wurden).

Die *Net Lease* (= Nettomiete) wird ebenfalls bei Wohn- und Geschäftsbauten angewandt. Sie bedeutet, daß der Mieter Unterhaltungskosten, Versicherung und Grundsteuern selber zahlt. Der Eigentümer erhält eine Nettomiete.

Die *Percentage Lease* (= Prozentmiete) wird bei Shopping Centers weitgehend benutzt. Dabei zahlt der Mieter einen gewissen Prozentsatz seines Umsatzes, mindestens aber ein von vornherein festgelegtes Minimum.

Bei der *Graduated Lease* (= Stufenmiete) wird die Miete — im allgemeinen jährlich — um einen von vornherein festgelegten Betrag erhöht. Eine Abwandlung dieser Mietform ist die

Escalation Lease (= Indexmiete), die an einen Indexwert angebunden ist, zum Beispiel an den Preisindex für die Lebenshaltung und/oder an die Grundsteuern.

Entry and Inspection: In Standardverträgen sind oft die wichtigen Zugangs- und Kontrollklauseln ausgelassen. Sie erlauben dem Eigentümer, vermietete Flächen im angemessenen Rahmen zu betreten, zum Beispiel für Reparaturen, periodische Kontrollen und zum „Vorführen" der Mieträumlichkeiten bei Versicherungsagenten oder potentiellen Mietern und Käufern. Ohne eine derartige Zugangsklausel kann der Mieter in vielen Bundesstaaten der USA dem Eigentümer den Zugang verwehren.

Pets: Mietverträge für Wohnimmobilien sollten in jedem Fall eine Haustierklausel enthalten. Wenn Sie die Haltung von Haustieren erlauben, können Sie dafür unter Umständen höhere Mieten und höhere Sicherheitsleistungen für jedes eingebrachte Haustier verlangen.

Attorneys Fees: Diese Klausel besagt, daß die obsiegende Partei in einem Rechtsstreit Anspruch auf Ersatz der von ihr verauslagten Anwaltskosten hat. Das ist nach dem US-Rechtssystem nicht ohne weiteres üblich.

Abandonment: Zwar kommt der Fall nicht so sehr häufig vor, aber es passiert doch, insbesondere bei Wohnimmobilien, daß ein Mieter spurlos verschwindet. Mit dieser „Aufgabe"-Klausel sollen Sie als Hauseigentümer das Recht haben, die Räumlichkeiten neu zu vermieten, wenn Ihr Mieter für einen gewissen Zeitraum verschwindet, ohne die Miete zu zahlen.

Ohne diese Klausel können Sie den Mieter nicht einfach einseitig bei dessen Verschwinden und bei Ausbleiben der Miete aus dem Vertrag entlassen, insbesondere nicht, wenn er einige seiner Sachen in der Wohnung zurückgelassen hat. Statt dessen müßten Sie dem verschwundenen Mieter Zahlungsaufforderungen und ähnliches zustellen. In den USA, einem Land ohne Meldepflicht, ist das oft unmöglich. Diese Aufgabe-Klausel befreit Sie als Hauseigentümer von einer derartigen Zustellungspflicht. Eine vernünftig durchdachte Aufgabe-Klausel regelt auch, was mit den Möbeln oder sonstigen persönlichen Effekten des Mieters zu geschehen hat und inwieweit Sie diese zur Deckung der Mietschuld verwerten können.

Weitere Klauseln, die zu beachten sind:

a) Die *"Time-is-of-Essence-Clause"*, auf Grund derer die Verpflichtungen unter dem Miet- oder Pachtvertrag (zum Beispiel Zahlungen) zeitlich genau eingehalten werden müssen, da sonst die Verzugsbestimmungen eintreten.

b) *"Landlord or Tenant Default Clauses"* = Vorkehrungen für den Fall, daß eine der beiden Parteien in Verzug gerät.

c) *"Premises Use"* = Festlegung über den Gebrauch der Räumlichkeiten.

d) *"Occupants Limit"* = Beschränkung der Zahl der Bewohner pro Wohnung.

Diese Definitionen und Klauseln sagen natürlich nichts aus über die Laufzeit der Mietverträge. Was ist nun besser:

Kurzfristige oder langfristige Mietverträge?

Kurzfristige Mietverträge — Vorteile:

Sie können die Mieten jeweils der Inflation und — bei Gewerbeimmobilien — auch den wirtschaftlichen Gegebenheiten Ihrer verschiedenen Mieter (zum Beispiel Umsatzstärke) anpassen. Ein Ladenmieter, der in Ihrem Shopping Center einen überdurchschnittlich hohen Umsatz macht, ist praktisch immer bereit, auch überdurchschnittlich hohe Mieten zu zahlen, um nicht diese Goldgrube aufgeben und woanders wieder anfangen zu müssen.

Bei Wohnimmobilien werden in der Regel relativ kurzfristige Mietverträge abgeschlossen (1 Monat bis 1 Jahr). Bei Gewerbeimmobilien mit Hauptmietern meistens längerfristige Verträge, mit Nebenmietern kurzfristige.

Kurzfristige Mietverträge — Nachteile:

Die schnelle Anpassungsmöglichkeit kann sich in einer schlechten wirtschaftlichen Lage auch gegen Sie richten. Dann stellen Ihre Mieter Sie vor die Wahl, entweder die Mietbedingungen zu verbessern oder ein leerstehendes Haus zu haben. Kurzfristige Mietverträge haben auch den Nachteil, daß Sie immer wieder neu über den Makler vermieten müssen, wobei die Maklerprovisionen in der Regel höher als in Deutschland üblich sind.

Langfristige Mietverträge — Vorteile:

Sie müssen sich weniger um Ihr Objekt vermietungsmäßig kümmern, und die Vermietungsprovisionen fallen für lange Zeit nicht mehr an.

Sie haben einen relativ gut vorhersehbaren Cashflow.

Langfristige Mietverträge — Nachteile:

Langfristige Verträge können den Wert Ihres gesamten Objekts bei einer Inflation sehr verringern. Ein Mietvertrag von 50 000 Dollar pro Jahr hat bei einer Inflationsrate von 10 Prozent in 20 Jahren nur noch einen Wert von circa 7 500 Dollar. Da, wie schon beschrieben, Objekte nach dem kapitalisierten Cashflow gekauft werden, würde sich der Wert Ihres Immobilienobjekts auf einen Bruchteil verringern. Langfristige Mietverträge sind deshalb nur akzeptabel, wenn sie an Inflationsgleitklauseln angebunden sind.

Gefährlich sind langfristige Mietverträge, insbesondere bei Nebenmietern in Shopping Centers, wenn Sie dadurch nicht mehr die Mietermischung laufend optimal verändern können.

Zeitlicher und rechtlicher Ablauf eines Immobilienkaufs

Ernst-Uwe Winteler

Das US-amerikanische Immobiliar-Sachenrecht beruht nahezu ausschließlich auf dem angelsächsischen „Common Law"-System. Die Methoden der Eigentumsübertragung und -sicherung weichen daher oft erheblich ab von dem in Deutschland üblichen Vorgehen über Notar, Auflassungsvormerkung, Grundbucheintragung und so weiter, so daß es vielleicht nützlich ist, hier einmal Schritt für Schritt die Durchführung einer Grundstückstransaktion von Anfang bis Ende mit den entsprechenden amerikanischen Ausdrücken aufzuzeigen.

Grundsätzlich ist dazu zu bemerken, daß die Sicherung des Eigentums im Endeffekt genauso gewährleistet ist wie beim deutschen System — es funktioniert eben nur anders. Ein guter Anwalt ist jedoch für die Grundstückstransaktion in jedem Fall unerläßlich, zumal neben dem allgemeinen „Common Law"-System auch noch die Verordnungen und Gesetze der einzelnen Bundesstaaten oder Gemeinden auf die betreffende Immobilie Einfluß haben können.

Die folgende Aufstellung soll dazu dienen, Ihnen eine Art "Checklist" zu geben, damit Sie selber darüber informiert sind, was üblicherweise gemacht werden sollte, welcher Schritt als nächster kommt und welche Bedeutung die einzelnen Unterlagen und Dokumente für Sie haben.

Diese Ausführungen beziehen sich auf den Verkauf beziehungsweise Kauf einer Immobilie. Der Käufer erwirbt damit das *umfassendste Besitz- und Nutzungsrecht am Grundvermögen (= Estate)*, nämlich das *"Fee Simple"*. Dieses Recht am Grundvermögen (= Estate), welches er durch das „Fee Simple" erwirbt, ist von unbegrenzter Dauer — im Gegensatz zu eingeschränkten „Estates", wie zum Beispiel das *lebenslange Nießbrauchrecht (= Life Tenancy)*, das *Nießbrauchrecht auf Zeit (= Term Tenancy)* und andere beschränkte Nutzungsrechte am Grundstück, auf welche hier jedoch nicht eingegangen werden kann.

Bei Geschäften, die nicht unter Verwandten beziehungsweise Bekannten erfolgen, wird im allgemeinen ein *Grundstücksmakler (= Real Estate Broker)* eingeschaltet. Es empfiehlt sich, einen *"Licensed Realtor"* zu nehmen, der Mitglied der "National Association of Real Estate Brokers" beziehungsweise einer entsprechenden Vereinigung der Real Estate Brokers in dem betreffenden Bundesstaat ist und eine Lizenz der *"Real Estate Commission (= Staatlichen Grundstückskommission)* seines Bundesstaates hat. Falls er Grundstücke vermakelt, die außerhalb seines eigenen Bundesstaates liegen, dann sollte er auch aus dem anderen Bundesstaat eine Lizenz haben. Die Zugehörigkeit zur "National Association of Real Estate Brokers" und damit das Recht, sich „Realtor" zu nennen, bedeutet nicht von vornherein, daß die Geschäftsführung des Betreffenden integer ist. Die Realtor Vereinigungen bemühen sich jedoch in zunehmendem Maße um eine Aussonderung der „schwarzen Schafe" und einen höheren Ausbildungsgrad und eine bessere Geschäftsmoral ihrer Mitglieder.

Das amerikanische *Stellvertretungs- und Vollmachtsrecht (= Law of Agency)* beziehungsweise die dortigen Usancen sehen im allgemeinen vor, daß der Verkäufer die Provision des Maklers bezahlt. Damit wird der Makler ein Bevollmächtigter des Verkäufers und hat zunächst einmal nur dessen Interessen zu vertreten.

Obwohl dieses selten gehandhabt wird, kann auch der Käufer einen Makler beauftragen und wird dadurch der Auftraggeber des Maklers. Er handelt sich damit vielleicht zwar eine objektivere Aufklärung ein, nicht jedoch einen niedrigeren Preis, da in diesem Fall zwar der Makler keine Provision vom Verkäufer bekommt und der Verkaufspreis entsprechend niedriger ist, der Käufer aber andererseits die Provision dann eben zuzüglich zum Verkaufspreis bezahlen muß. Das Problem bei einem derartigen Arrangement ist oft, daß der Makler dann entweder einen exklusiven Kaufauftrag haben will, was den Kaufinteressenten strikt an diesen einen Makler bindet, und/oder erfolgsunabhängigen Ersatz seiner Spesen wünscht.

Die amerikanischen Broker arbeiten im allgemeinen bei Provisionen mit einem *gleitenden Provisionssatz (= Sliding Commission Scale)*, bei dem der Prozentsatz der Provisionen bei zunehmendem Objektwert immer weiter abnimmt. Üblicherweise betragen die Provisionen — je nach Objektart — zwischen 6 bis 10 Prozent vom Verkaufspreis und können bei sehr großen Objekten auf 1 bis 2 Prozent hinuntergehen.

Sofern in dem Vermittlungsauftrag des Maklers nichts anderes festgelegt wurde, hat der Makler Anspruch auf die Provision, sowie er einen Käufer gefunden hat, der bereit und in der Lage ist, die Immobilie zu kaufen. Mit anderen Worten: Falls der Verkäufer dann noch einen Rückzieher macht, wäre die Provision dennoch fällig.

Hier nun Schritt für Schritt die Abwicklung einer typischen Verkaufs/Kauf-Transaktion:

Vom Angebot bis zum Abschluß des Kaufvertrages

1. *Verkaufsauftrag des Verkäufers* (= Listing Agreement) an den Makler (= Broker). Sowie der Makler einen Käufer gefunden hat, verlangt er ein

2. *schriftliches Kaufangebot des Käufers* (= Written Offer from Buyer). Gleichzeitig wird vom Käufer im allgemeinen eine

3. *Bietgeld-Gestellung* (= Earnest Money Deposit) verlangt. Dieses Bietgeld kann eingezahlt werden auf ein

   a) *Makler-Treuhandkonto* (= Broker's Escrow Account). Ein zuverlässiger Makler, der ein Makler-Treuhandkonto benutzt, wird dem Käufer auch nachweisen können, daß er gegen Veruntreuung versichert ist. Der Käufer muß mit dem Makler genau vereinbaren, unter welchen Bedingungen Zahlungen aus diesem Treuhandkonto an den Verkäufer geleistet werden dürfen.

Statt dessen kann auch die Zahlung an ein

b) *Anderkonto einer Rechtstitel-Versicherungsgesellschaft* (= Title Insurance Escrow Account) erfolgen. Die staatlich reglementierten und versicherten Rechtstitel-Versicherungsgesellschaften richten für die Vertragsparteien Anderkonten bei sich ein. Gelder auf diesen Anderkonten werden in den meisten Fällen verzinst.

Falls der Verkäufer mit dem Angebot des Käufers nicht einverstanden ist, wird er ein Gegengebot machen, welches dann wiederum vom Käufer angenommen werden müßte. Ist der Verkäufer jedoch mit dem Kaufangebot des Käufers einverstanden, so erfolgt die

4. *schriftliche Annahme des Kaufangebotes durch den Verkäufer* (= Acceptance by Seller). Mit der Annahme des Kaufangebotes durch den Verkäufer ist der

5. *Kaufvertrag* (= Purchase and Sale Contract) geschlossen. Das Bietgeld bleibt zwar weiterhin auf dem Makler-Treuhandkonto beziehungsweise Anderkonto der Rechtstitel-Versicherung, jedoch erhält der Käufer dieses Bietgeld nur zurück, falls der Vollzug des Kaufvertrages durch Gründe verhindert wird, die nicht von ihm zu vertreten sind.

Der Kaufvertrag, der Teil des schriftlichen Kaufangebots des Käufers und der Annahme des Kaufangebots durch den Verkäufer ist, enthält folgendes:

a) Namen der Vertragsparteien (= Names of Parties)

b) Rechtliche Beschreibung der Immobilie (= Legal Description of the Property)

c) Angabe von auf der Immobilie lastenden dinglichen oder obligatorischen Beschränkungen des Eigentums (= Encumbrances on Title), Dienstbarkeiten (= Easements), Nutzungsbeschränkungen (= Restrictive Convenants) sowie weiteren Sicherungsrechten (= Security Interests)

d) Kaufpreis und Zahlungsbedingungen (= Purchase Price and Payment Terms)

e) Verteilungsschlüssel, nach dem für die Zeit zwischen Abschluß und Vollzug des Kaufvertrages Grundsteuern und Abgaben, Versicherungsprämien und Leistungen und so weiter zwischen den Parteien aufgeteilt werden (= Allocation of Taxes, Insurance Premiums and Proceeds during the Executory Period)

f) Zusicherung, daß das Eigentumsrecht versicherbar ist (= Insurability of the Title), daß dem Käufer die Finanzierung des Kaufpreises möglich ist, daß der Verkäufer das Grundstücksmeßblatt eines amtlichen Vermessers beibringt (= Survey certified by a Registered Surveyor) und daß alle Grundstücksbelastungen gelöscht werden, die gelöscht werden können

g) Termin für den Vollzug des Kaufvertrages (= Closing the Purchase)

Vom Abschluß bis zum Vollzug des Kaufvertrages

Der *Vollzug des Kaufvertrages* (= Closing the Purchase) ist der formale Akt der Kaufpreiszahlung und Eigentumsübertragung. Dieser Vollzug des Kaufvertrages erfolgt im allgemeinen etwa 4 bis 6 Wochen nach Abschluß des Kaufvertrages und findet entweder im Büro des Maklers, im Büro der Rechtstitel-Versicherungsgesellschaft oder im Büro des Anwalts des Verkäufers statt.

In dieser Zeit zwischen Abschluß und Vollzug des Kaufvertrages sollen sämtliche Bestätigungen und Dokumente, die für den reibungslosen Eigentumsübergang notwendig sind, ausgefertigt und von den

Vertragsparteien ihren jeweiligen Anwälten oder deren Rechtstitel-Versicherung übergeben werden. Dazu gehören:

1. *Nachweis der Eigentumsrechte* (= Evidence of Title). In den meisten Fällen existiert bereits (sonst muß dieses nachgeholt werden) beim Verkäufer ein sogenannter „Abstract" über die Immobilie. Dieser „Abstract" ist ein Bericht über die Überprüfung des Eigentumstitels einschließlich der chronologischen Darstellung jeder Eigentumsübertragung und jedes dinglichen Geschäfts, das das Grundstück angeht, und zwar in der gesamten Zeit vom Beginn des Katasters bis zum Kauf durch den jetzigen Eigentümer. Dieser „Abstract" -Bericht muß jetzt noch von dem Anwalt des Verkäufers auf den neuesten Stand gebracht werden. Kopie des „Abstracts" wird dann an den Käufer beziehungsweise Anwalt des Käufers gegeben, damit dieser ihn überprüfen kann. Außerdem wird der Verkäufer veranlassen, daß auf Grund des „Abstracts" eine

2. *Rechtstitel-Versicherungs-Zusage* (= Preliminary Title Insurance Commitment) von der Rechtstitel-Versicherung abgegeben wird. Diese Art vorläufiger Deckungszusage der Rechtstitel-Versicherungsgesellschaft enthält im allgemeinen eine genaue Beschreibung der folgenden Punkte:
   a) Ob der Verkäufer der uneingeschränkte Eigentümer ist
   b) Aufzählung der eingetragenen Grundpfandrechte, Belastungen sowie Nießbräuche und Pachtverträge, die das Eigentum an der Immobilie beschränken
   c) Aufzählung weiterer Grundpfandrechte, wie zum Beispiel auf Grund von unbezahlten Steuern
   d) Bestehende Nutzungsrechte, wie zum Beispiel Mineralrechte, Wasserrechte
   e) Rechtliche Beschreibung des Grundstücks
   f) Das Eigentumsrecht einschränkende Umstände, die vor Vollzug des Kaufvertrages beseitigt werden sollten.

Sowie die in dieser Deckungszusage erwähnten einschränkenden Umstände beseitigt sind, und die Rechtstitel-Versicherung damit ohne Einschränkungen sichergestellt ist, kann der Vollzug des

Kaufvertrages vorbereitet werden. Hierzu übergibt der Verkäufer an seinen Anwalt beziehungsweise an die Rechtstitel-Versicherung den Eigentumsbrief (= Deed) für die Übertragung der Eigentumsrechte (= Conveyance of Title), die Verkaufsbestätigungen für mitgekauftes Inventar, welches nicht zur Immobilie gehört (= Bills of Sale for Personal Property), sowie die Übergabe-Aufstellung (= Closing Statement). Diese Unterlagen sind im folgenden aufgeführt:

3. *Verbriefung der Eigentumsrechte* (= Deed). Diese Eigentumsverbriefung kann verschiedene Formen haben und zwar entweder

   a) als *Garantiebrief* (= Warranty Deed). Dieses ist das üblichste und fungibelste Dokument. Mit einem derartigen Garantiebrief wird zugesichert, daß
   i) der Verkäufer der Eigentümer des Grundstücks ist und
   ii) darüber uneingeschränkt verfügen und das Eigentum daran übertragen kann,
   iii) daß die Immobilie außer den im Garantiebrief genannten Belastungen keine weiteren Belastungen aufweist und
   iv) daß der Käufer die Immobilie ohne Schwierigkeiten in Besitz nehmen kann.

   Bei einem derartigen Garantiebrief muß darauf geachtet werden, daß auch die Freiheit von Grunddienstbarkeiten, Lasten und sonstigen Beschränkungen sowie von Pachtansprüchen und Steuerverpflichtungen verbrieft ist. Falls nicht, ist dieses eine Sache, die zwischen Käufer und Verkäufer ausgehandelt werden muß, und die über das Anderkonto einer Besitzrechtsversicherung beziehungsweise über eine Rechtstitelversicherungs-Police gedeckt werden kann.

   Die zweite Version eines Eigentumsbriefs ist

   b) der *ungarantierte Eigentumsbrief* (= Quit Claim Deed). Hier überträgt der Verkäufer seine Eigentumsrechte, ohne dabei irgendwelche Garantien zu geben. Der Käufer erhält damit nur die Rechte, die davor der Verkäufer hatte einschließlich eventueller Belastungen, und zwar gleichgültig, ob der Käufer von diesen wußte oder nicht.

Die dritte Version eines Eigentumsbriefs ist

c) die *Treuhänder-Grundschuld* (= Deed of Trust oder Trust Deed). Bei dieser Treuhänder-Grundschuld wirken drei Parteien mit. Es kann zum Beispiel das Recht an der Immobilie vom Verkäufer auf einen Treuhänder (zum Beispiel die Anderkontenabteilung der Rechtstitel-Versicherung) übertragen werden mit der Maßgabe, dieses Recht erst auf den Käufer zu übertragen, wenn dieser seine Zahlungsverpflichtungen gegenüber dem Verkäufer oder (wenn der Käufer zur Kaufpreisfinanzierung eine Hypothek aufgenommen hat) gegenüber dem Hypothekengeber erfüllt hat.

4. *Verkaufsbestätigungen mit mitgekauftem Inventar* (= Bills of Sale for Personal Property). Dieser Punkt ist besonders wichtig bei Farmen oder Ranches, bei denen das nicht zum Grundstück oder Gebäude gehörende lebende und tote Inventar einen erheblichen Teil des Kaufpreises ausmachen kann.

5. *Übergabe-Aufstellung* (= Closing Statement), wird den Parteien zwei Wochen vor dem Datum des Vollzugs des Kaufvertrages (Closing the Purchase) zugeleitet und ist außerordentlich umfangreich, um spätere Streitigkeiten auszuschließen. Beide Parteien haben damit Zeit, diese Übergabe-Aufstellung vor dem Vollzug des Kaufvertrages zu prüfen und unterzeichnet an die Gegenpartei beziehungsweise die Anderkontenabteilung der Rechtstitel-Versicherung zurückzugeben. Diese Übergabe-Aufstellung enthält folgende Punkte:

I. Vom Verkäufer zu tragende Kosten:

a) Mit der Eigentumsübertragung verbundene Kosten
   i) Kosten des „Abstracts" und/oder der Rechtstitel-Versicherung

ii) Kosten zur Beseitigung der in der vorläufigen Deckungszusage genannten einschränkenden Umstände (Punkt 2 f)
iii) Maklerprovision
iv) Kosten der Übertragungsurkunden der Eigentumsrechte (= Deeds)
v) Notargebühren für die Beglaubigung der Eigentumsbriefe und anderer Unterlagen, die zum Beispiel für die Beseitigung der oben erwähnten einschränkenden Umstände notwendig sind

b) Mit der Finanzierung verbundene Kosten
   i) Malus bei vorzeitiger Rückzahlung von Hypotheken
   ii) Rückzahlung der Hypotheken, die nicht vom Käufer übernommen werden

II. Vom Käufer zu tragende Kosten:

a) Mit der Eigentumsübertragung verbundene Kosten
   i) Honorar des Käuferanwalts für Überprüfung des "Abstracts"
   ii) Eintragungskosten des Eigentumsbriefs (= Deed) nach Vollzug des Kaufvertrages
   iii) Kosten für die Aktualisierung des „Abstracts", der dann den jetzigen Käufer als Eigentümer ausweist
   iv) Nach Vollzug des Kaufvertrages: Kosten aller amtlichen Bestätigungen, daß der Käufer der eingetragene Eigentümer der Immobilie ist

b) Mit der Finanzierung verbundene Kosten
   i) Schätzkosten des Grundstücks
   ii) Honorar des Käuferanwalts für dessen Bestätigung an die Finanzierungsinstitute bezüglich des „Abstracts"
   iii) Gebühren im Zusammenhang mit der Übernahme einer bestehenden Hypothek
   iv) Hinterlegung einer Garantiesumme für Grundstückssteuern und Haftpflichtversicherung
   v) Vermessungskosten
   vi) Prämien für die von Finanzierungsinstituten verlangten Versicherungen

vii) Kosten für Treuhänder-Grundschuld (= Deed of Trust)

III. Kosten, die zwischen Käufer und Verkäufer aufzuteilen sind:
a) Steuern
b) Vorausbezahlte Versicherungsprämien und Dienstleistungskosten
c) Vorausbezahlte Mieten oder Pachten
d) Vorausbezahlte Zinsen
e) Bei Farmen und Ranches: Anteilige Vergütung für auf dem Halm stehende, aber noch nicht eingebrachte Ernte
f) Vergütung für lebendes und totes Inventar, welches nicht zur Immobilie gehört und vom Käufer übernommen wird

Unter der Voraussetzung, daß eine Einigung über diese Übergabe-Aufstellung erzielt wird, erfolgt der formale Akt der

6. *Kaufpreiszahlung und Eigentumsübertragung* (= Closing the Purchase and Conveyance of Title). Hierfür gibt es zwei Möglichkeiten, entweder

a) übergibt der Verkäufer Zug um Zug gegen Zahlung des Kaufpreises den Eigentumsbrief (= Deed) an den Käufer. Hierbei ist jedoch ein Risiko denkbar: Falls der Verkäufer die Immobilie einem anderen gutgläubigen Käufer verkauft oder sie belastet und dieser zweite Käufer oder Gläubiger seinen „Deed" zeitlich vor dem „Deed" des ersten Käufers registrieren läßt, dann ist es möglich, daß die Rechte des zweiten Käufers oder Gläubigers den Rechten des ersten Käufers vorgehen.

Wenn diese Möglichkeit gewählt wird, dann muß der Käufer dafür sorgen, daß sein „Deed" umgehend registriert wird. Empfehlenswert ist jedoch, daß

b) die Anderkonten-Abteilung der Rechtstitel-Versicherung von den Parteien Kaufpreis und Eigentumsbrief erhält und unwiderruflich von beiden Parteien angewiesen wird, die Registrierung vorzunehmen und nach erfolgter Registration den Kaufpreis auszuzahlen.

Nach Vollzug des Kaufvertrages

Entweder wird der Käufer dafür sorgen, daß der Eigentumsbrief umgehend eingetragen wird, oder die Rechtstitel-Versicherung wird dieses vornehmen. Diese Eintragung erfolgt durch den einem Katasterbeamten vergleichbaren „County Recorder" in das dem Kataster vergleichbaren „Court House Record Book".

Nach erfolgter Registration wird die Rechtstitel-Versicherung die Rechtstitel-Versicherungs-Police zugunsten des Käufers in Höhe des Kaufpreises ausstellen.

Erwähnt werden muß hierbei noch das — allerdings nur in wenigen Bundesstaaten angewandte — „Torrens"-System, bei welchem das Eigentum nicht durch Übergabe des Eigentumsbriefs (= Deed) übergeht, sondern erst nach einer gerichtlich bestätigten und registrierten Eintragung. Die Eintragungen in diesem Register sind dabei bindend. Das „Torrens"-System ist also dem in Deutschland bekannten Grundbuchsystem sehr viel ähnlicher als die in diesem Kapitel beschriebene Methode, die in den meisten anderen Bundesstaaten angewandt wird.

Rechtstitel-Versicherung

Es gibt zwei Arten von Rechtstitel-Versicherungen:

a) Die „Lender's Title Policy", die nur den Hypothekengeber schützt, und die

b) „Owner's Title Policy", die den Grundstückseigentümer schützt.

Manchmal wird eine Title Insurance übernommen. Achten Sie darauf, daß es die richtige ist. Eine Versicherunggesellschaft zahlt nicht an einen Eigentümer, wenn dieser nur eine „Lender's Title Policy" hat.

Diese Rechtstitel-Versicherungen schützen Sie materiell vor den Folgen von Formfehlern oder Risiken bei der Eigentumsübertragung. Stellt sich zum Beispiel erst Jahre nach dem Erwerb durch Sie heraus, daß Ihre Eigentumsrechte einen Fehler aufweisen (der nicht als Ausnahme in der Police der Versicherungsgesellschaft aufgeführt war), dann muß die Versicherungsgesellschaft Sie für den so eingetretenen Verlust schadlos halten.

Die Prämie für eine solche Rechtstitel-Versicherung ist eine Einmal-Prämie und deckt Sie bis zur Höhe des Kaufpreises Ihrer Immobilie. Wenn Sie allerdings erst nach einigen Jahren entdecken, daß Ihre Eigentumsrechte Mängel aufweisen, dann ersetzt Ihnen die Versicherungsgesellschaft Ihren Schaden nur maximal bis zur Höhe des früheren Kaufpreises. Inzwischen durch die Inflation eingetretene Preissteigerungen sind nicht berücksichtigt. Einige der großen amerikanischen Rechtstitel-Versicherungen (zum Beispiel Pioneer und Lawyers) haben deshalb die sogenannte „Inflation Protection" eingeführt, bei der automatisch der Versicherungswert an die Inflationsrate angeglichen wird bis zu maximal 50 Prozent über dem ursprünglichen Versicherungswert. Im allgemeinen bekommen Sie eine solche „Inflation Protection" nicht für Landbesitz, sondern nur für bebaute Grundstücke.

Ein weiterer wichtiger Zusatzschutz ist das sogenannte „Alien Endorsement". Das ist ein Versicherungsschutz, der vor den finanziellen Folgen einer Gesetzesänderung schützt, auf Grund derer Ausländer keine US-Immobilien mehr besitzen dürfen.

Diese beiden Zusatzklauseln — „Inflation Protection" und „Alien Endorsement" — gibt es in vielen Bundesstaaten von den Rechtstitel-Versicherungen kostenlos, aber Sie müssen ausdrücklich danach fragen und darauf bestehen. Die Versicherungsgesellschaften hängen es weder an die große Glocke noch sind ihre Filialen immer darüber unterrichtet. Und von selbst wird es nicht angeglichen. Auch wenn eine Außenfiliale Ihnen erzählt, daß es diesen Schutz nicht gibt: Glauben Sie es nicht, bohren Sie weiter, bis Sie diesen Zusatzschutz haben oder bis Ihnen die Versicherung einwandfrei bestätigt, daß es dieses in dem betreffenden Bundesstaat nicht gibt (zum Beispiel in Texas).

Für Wertsteigerungen, die nicht durch die Inflation verursacht sind, gibt es allerdings keine automatische Höherversicherung. Wenn Sie also Ihr Grundstück bebauen oder wenn Ihr früher unerschlossenes Grundstück jetzt mit befestigten Straßen, Wasser- und Abwasserleitungen erschlossen ist, dann besteht nach wie vor nur die ursprüngliche Deckungssumme. Wenn dann etwas an Ihren Eigentumsrechten nicht in Ordnung ist, wären die Folgen wie bei einer Hausrat-Versicherung. Sie sind unterversichert und würden nur einen Pro-rata-Anteil Ihres tatsächlichen Schadens ersetzt bekommen.

Überprüfen Sie deshalb von Zeit zu Zeit, ob der ursprüngliche Deckungsschutz noch ausreichend ist. Wenn nicht, erhöhen Sie die Deckung durch Zahlung einer neuen Einmalprämie für die Mehrdeckung.

Absichtserklärungen

Im ersten Teil dieses Kapitels wurde der zeitliche und rechtliche Ablauf bei einem Immobilienkauf geschildert. So reibungslos geht es natürlich nicht immer mit der Abgabe und Annahme des Kaufvertrages. Unter Umständen gehen dem festen Kaufangebot langwierige Verhandlungen voraus. Diese Verhandlungen münden oft in Absichtserklärungen (= Letters of Intent) ein. Sie sind im Geschäftsleben der USA gang und gäbe und sind an sich nur eine gegenseitige Versicherung der Vertragspartner, mit der beide Seiten ihrer Hoffnung Ausdruck geben, daß die Verhandlungen zu einem Vertrag führen. Absichtserklärungen sind daher in der Regel nicht bindend.

Aber manchmal werden diese Absichtserklärungen benutzt, sprich: mißbraucht, um durch die Hintertür einem Vertragspartner einen Vertrag aufzudrücken. Dann stellt sich nämlich auf einmal heraus, daß es trotz der Überschrift „Letter of Intent" ein bindender Vertrag ist.

Machen Sie also von vornherein klar, daß ein Letter of Intent, den Sie unterzeichnen, nur feststellen soll, wie weit die Verhandlungen bisher gediehen sind. In einer solchen Absichtserklärung sollten folgende Punkte enthalten sein:

1. Bisher erzielte Übereinkunft
2. Noch zu klärende Fragen, zum Beispiel Preis, Finanzierungsmöglichkeiten
3. Zeitplan für die Beendigung der Verhandlungen und
4. ein ganz klarer Hinweis darauf, daß keine der Parteien eine Verpflichtung mit dieser Absichtserklärung eingeht. Ein solcher Satz könnte etwa lauten:

"Since this instrument consists only of an expression of our mutual intent, no contract, liability or obligation of any nature whatsoever is intended to be created. This letter is not intended to constitute a binding agreement."

Eine derartige Absichtserklärung bindet allerdings auch den Verkäufer nicht. Er könnte das Objekt also inzwischen anderweitig verkaufen. Das ist aber unter Umständen nicht in Ihrem Sinne, wenn Sie an einem Objekt stark interessiert sind, aber Zeit brauchen, um es zu durchleuchten.

Lassen Sie in diesem Falle in den Kaufvertrag folgende Bedingungen aufnehmen:

"Buyer shall have . . . days from the date hereof to inspect and approve the property and records. If buyer is unsatisfied, then this contract will be of no further force and effect and all deposits hereunder will be returned to buyer."

Sie haben mit einer derartigen Klausel also einige Tage Zeit, um das Objekt und die Bücher zu begutachten. Wenn Sie nicht zufriedengestellt sind, können Sie zurücktreten, und Ihr Bietgeld wird Ihnen zurückerstattet. Hierbei riskieren Sie gar nichts, aber der Verkäufer verliert Zeit. Er wird deshalb oft nur akzeptieren, wenn Sie ihn durch ein hohes Bietgeld (= Earnest Money Deposit) von der Ersthaftigkeit Ihres Angebots überzeugen. 5 bis 10 Prozent vom Objektwert sind als Bietgeld üblich. Je höher Ihr Bietgeld ist, desto eher wird der Verkäufer auf eine solche Klausel eingehen.

Bietgelder oder Anzahlungen sollten Sie nur unabhängigen Stellen zur Verwahrung geben. Also entweder Banken, Rechstitel-Versicherungen oder Anwälten, gegebenenfalls auch renommierten Maklern. Diese richten dafür ein „Escrow Account" (Anderkonto) ein. Wenn ein Makler für Sie ein Anderkonto einrichtet, versucht er oft, die Bedingung durchzudrücken, daß die Zinsen während der Anderkonten-Zeit dem Makler zustehen. Das ist keineswegs zwingend, und es besteht kein Grund, warum Sie dieses akzeptieren sollten. Es ist Ihr Geld, und diese Zinsen stehen nur Ihnen zu.

US-Immobilienanlagen über Steueroasen

Nur in Ausnahmefällen von Vorteil

Ernst-Uwe Winteler

Viele Anleger glauben, die Steuerlast erheblich dadurch mindern zu können, daß sie ihre US-Anlagen über Niedrigsteuerländer (sprich Steueroasen) durchführen. Dabei wird insbesondere versucht,

a) günstige Doppelbesteuerungsabkommen zwischen der Steueroase und den USA auszunutzen,

b) in der Steueroase Erträge anzusammeln und wieder neu anzulegen und erst dann in Deutschland Steuern zu zahlen, wenn diese Erträge ausgeschüttet würden.

Steuerehrlichkeit vorausgesetzt, funktioniert jedoch dies — von wenigen Ausnahmen abgesehen — nur unter zwei Voraussetzungen:

1. Entweder handelt es sich bei der Steueroasenfirma um eine Betriebsstätte beziehungsweise um eine wirklich tätige Firma, nicht also um den üblichen „Briefkasten", oder

2. es werden nicht mehr als 50 Prozent der Anteile der Oasenfirma von deutschen Steuerpflichtigen gehalten.

Wenn diese Voraussetzungen nicht erfüllt sind, dann kommt es in Deutschland zur „Hinzurechnungsbesteuerung". Die Hinzurechnungsbesteuerung bedeutet, daß die Einkünfte der Steueroasengesellschaft direkt als Einkünfte der deutschen Aktionäre oder sonstigen Anteilseigner steuerlich erfaßt werden. Die Einkünfte werden also nicht erst in Deutschland besteuert, wenn etwa Dividenden ausgeschüttet werden, sondern bereits in der Höhe und zu dem Zeitpunkt, an dem sie in der Oasengesellschaft anfallen.

Ganz abgesehen von diesen deutschen Steuerfolgen, ändert das Halten einer US-Immobilie über eine Steueroasengesellschaft auch nichts an der amerikanischen Besteuerung. Da gilt das Belegenheitsprinzip: Die USA haben, weil bei ihnen das Grundstück gelegen ist, die Steuerhoheit. Früher, das heißt vor 1980, war es möglich, mittels einer Steueroase die US-Veräußerungsgewinnsteuer zu vermeiden. Das ist seit der Steuerreform von 1980 nicht mehr möglich.

Steuerlich interessanter ist es deshalb meistens, unter dem Doppelbesteuerungsabkommen Deutschland-USA direkt als natürliche Person in US-Immobilien anzulegen anstatt über eine Kapitalgesellschaft.

Hierfür allgemeine Ratschläge zu geben, ist nicht möglich. Erstens verändert sich die Steuersituation laufend, und zweitens muß eine Lösung auf den Einzelfall „maßgeschneidert" werden, und zwar sowohl im Hinblick auf die deutsche und amerikanische Steuersituation als auch auf die Auswahl der dafür geeigneten Steueroase.

Öl- und Gasexplorationen

Mehr Spekulation als Anlage

Ernst-Uwe Winteler

Vor einiger Zeit unterhielt ich mich mit dem Sprecher einer der großen Öl-Multis in Deutschland. Die begutachteten gerade den Prospekt einer deutschen Explorationsgesellschaft. Ein Bild zeigte einen Geologen auf einem Kutschbock einer von Haflingern gezogenen Pferdekutsche. Auf den Knien hatte er eine geologische Karte. Die Unterschrift lautete: „Einer unserer Geologen in Kanada". Die Ölleute störte die romantische Kutsche, und jemand stellte fest, daß es praktisch keine Haflinger in Kanada gibt. Mißtrauisch geworden, sah man sich die angebliche geologische Karte von Kanada genauer an. Bei der Vergrößerung entdeckte man dann, daß es zwar eine geologische Karte war, aber die von Bayern. Und schließlich kam heraus, daß die Aufnahmen im Englischen Garten in München gemacht waren. Das zur Prospektwahrheit bei Öl- und Gasexplorationen.

Dem Geschäft mit diesen Explorationsfonds für deutsche Anleger hat offensichtlich auch die Abschaffung des negativen Kapitalkontos wenig ausgemacht. Auch die immer wieder vorkommenden Pleiten bei den Öl- und Gasbohrungsgesellschaften scheinen diese Anlageform kaum einzudämmen. Öl- und Gasexplorationsangebote wenden sich zwar an Anleger, die sowohl ein Investment als auch Steuerverluste suchen. Doch sind die Chancen gut, daß sie weder ein Investment noch Steuerverluste bekommen, sondern echte Verluste einstecken müssen.

Die Oklahoma Independent Petroleum Association veranstaltete deshalb 1981 sogar eine Anzeigenaktion:

"Bekanntmachung an alle Ölinvestoren: Wenn Sie unerfahren sind in Öl- und Gasbohrungen, passen Sie auf — es gibt viele Promoter, die Ihr Geld nehmen, ohne Ihnen einen Gegenwert zu geben."

Der Texas Security Board untersuchte Anfang der achtziger Jahre 30 Betrugsfälle bei Öl- und Gaspromotern alleine in der nördlichen Hälfte von Texas!

Seit den Skandalen Ende der sechziger, Anfang der siebziger Jahre wurden die Anforderungen an die öffentlichen Zeichnungsangebote von den betreffenden Regierungsstellen in den USA so hoch geschraubt, daß die unwissenden Investoren etwas geschützt sein sollten. Leider jedoch vermeiden viele Promoter die öffentliche Kontrolle. Der Trick dabei ist die Ausnahme unter den amerikanischen SEC-Bestimmungen für sogenannte „Private Placements". Diese wenden sich an nicht mehr als 35 Käufer pro Angebot. Manche bezeichnen diese „Private Placements" als eine Art Lizenz zum Stehlen, und ein Sprecher des Texas Security Board meint, daß niemand diese „Private Placements" nachprüft, solange kein betrogener Investor aufschreit.

Das US General Accounting Office sagte 1980 in einem Bericht an den Kongreß, daß die „Private Placements" vor allem den betrügerischen Promotern helfen, und daß im allgemeinen bei derartigen Promotern wenig Aussicht besteht, das Geld wiederzusehen.

Eine weitere Ausnahme sind Ausländer. Denn Angebote, die nicht an USA-Ansässige verkauft werden, sondern nur an Ausländer, unterliegen ebenfalls keinen rigorosen Kontrollen. Als ausländischer Anleger sind Sie damit ziemlich vogelfrei zum Abschuß durch Strolche.

Wenn Sie schon unbedingt in Öl und Gas hineinwollen, dann nehmen Sie nur Programme, die alle drei Punkte erfüllen:

1. Sie müssen in den USA angeboten werden
2. Sie müssen als „Public Offering" unter die SEC-Bedingungen fallen
3. Sie sollen von absolut reputierlichen, großen US-Maklern angeboten werden

Gerade in Westdeutschland tummeln sich neben einigen großen unabhängigen Ölbohrgesellschaften auch kleine amerikanische Öl- und Gasbohrgesellschaften, die durch den Umweg über Europa die strengen Registrierungsvorschriften der US-amerikanischen SEC vermeiden. Wer diese Angebote in Europa vertreibt, ist dabei ziemlich nebensächlich. Das sind reine Verkaufsfirmen, die sicherlich aufpassen, nicht wegen der Prospekthaftung den Anlegern gegenüber haften zu müssen.

Wie groß sind nun eigentlich Ihre Chancen, überhaupt auf Öl oder Gas zu stoßen? Das hängt davon ab, in welche Exploration investiert wird. Dabei gibt es vier Hauptmöglichkeiten:

1. Das „Water Flooding", die Wasserüberflutung. Hierbei wird ein bereits förderndes Bohrloch gekauft, bei dem der Gasdruck so nachgelassen hat, daß das Öl nicht mehr ohne Schwierigkeiten gefördert werden kann. Durch Einpumpen von Wasser schwimmt dann das Öl auf und kann wieder in kommerziell vertretbarem Maße abgepumpt werden. Steuerlich abzugsfähig sind praktisch nur die „Depletion Allowance" und die Kosten der Wasserfüllungen. Das Risiko ist nahezu null und entsprechend gering ist die Rendite. Gute derartige Anlagen bekommt vielleicht ein Insider in Texas, doch kaum jemand in Europa.

2. Das „Development Drilling". Da sich Öl in ausgedehnten Lagern sammelt, in Öl- und Gasblasen, besteht eine etwa 80prozentige Chance, Öl zu finden, wenn ein neues Bohrloch in die Nähe eines bereits bestehenden Bohrlochs gesetzt wird. Die Amerikaner nennen solche Bohrlöcher auch „Schrittquellen". Sie gehen ein paar Schritte und sind bei der nächsten Quelle. Auch hier sind die steuerlichen Abzugsmöglichkeiten gering, und gute derartige „Schrittquellen" werden auch kaum in Europa verkauft.

3. „Exploratory Drilling". Nach Angaben der Petroleum Information Corporation, einer US-Gesellschaft, die Daten der Ölindustrie liefert, ist die Chance, bei dem sogenannten „Exploratory Drilling" auf Öl zu stoßen, etwa 47 Prozent. Dabei bohrt man knapp außerhalb der Grenze eines bisher bekannten Öllagers. Die

Chancen sind dann zwar, wie gesagt, nur etwa 47 Prozent, jedoch würde dieses für einen Anleger in der 50prozentigen Steuerprogression immerhin bedeuten, daß er zumindest kaum Verlust machen kann. Die üblichen Anlageangebote beziehen sich allerdings meistens nicht auf dieses „Exploratory Drilling", sondern auf die letzte Möglichkeit, nämlich

4. das „Wildcatting". Hierbei sind die Chancen nur noch etwa 18 Prozent, auf Öl zu stoßen, denn hier wird in Gegenden gebohrt, in denen bisher noch kein Öl gefunden wurde und wo nur geologische Gutachten die Möglichkeit von Ölfunden als gut ansehen. 18 Prozent ist ein Durchschnittswert, in dem einige tatsächlich spektakuläre Ölfunde des Wildcattings eingeschlossen sind. Diese Ölfunde haben natürlich den Durchschnittswert nach oben getrieben, und die effektiven Chancen für den Anleger dürften deshalb im Normalfall sehr viel niedriger liegen.

Daß praktisch alle großen Anbieter Anlegerkapital nur für das "Wildcatting" suchen, ist verständlich, denn für die anderen, sicheren Formen braucht man nicht unbedingt Risikokapital. Ende der sechziger und Anfang der siebziger Jahre waren zwar Angebote für „Development Drilling" auf dem Markt, doch blieben die Resultate für den Anleger im allgemeinen miserabel. Da nach dem amerikanischen Grundstücksrecht die Möglichkeit besteht, die Bohr- und Schürfrechte immer nur teilweise zu verkaufen, blieb bei jedem Verkauf der Bohrrechte ein kleiner Teil der „Royalties" (= Förderlizenzen) an dem Verkäufer hängen. Bis diese Quelle bei den Anlegerangeboten landete, war sie schon mehrere Male durch Geologen, Farmer und Promoter weiterverkauft worden, die sich aber jeder ein Stück aus dem „Royalty"-Kuchen reservierten. Sie müssen deshalb die Bruttoeinkünfte nicht nur mit dem Komplementär teilen, sondern auch noch mit diesen früheren Besitzern.

Sie müssen sich also darüber klar sein, daß Sie auch bei Topangeboten immer noch am riskanten Geschäft des „Wildcattings" beteiligt sind. Und falls das „Wildcatting" zu einem Ölfund führt, dann ist es noch nicht gesagt, daß dieses Öl auch abtransportiert werden kann.

Zum Teil dauert es einige Jahre, bis die entsprechenden Pipelines gelegt werden.

Sie sollten deshalb versuchen, sogenannte „Balanced Funds" zu bekommen, das heißt Angebote, die aus einer Mischung von "Wildcatting" und „Development Drilling" bestehen. Sie sollten sich auch bei allen Angeboten — sowohl bei denen, die in Europa auf dem Markt sind, als auch bei denen, die Sie direkt von den USA bekommen können — ansehen, wie die steuerliche Anerkennung in Deutschland aussieht und ob irgendwelche Nachschußpflichten bestehen. Oft müssen Sie als Anleger — sofern Öl entdeckt wird — 10 bis 20 Prozent, manchmal aber auch bis zu 100 Prozent nachschießen; wenn Sie dieses nicht tun, dann wird Ihr Anteil entsprechend verwässert.

Für den Rückkauf der Kommanditanteile besteht nur in wenigen Fällen ein regulärer Markt. Ihre Investition ist deshalb relativ illiquide oder kann nur mit hohen Abschlägen vorzeitig verkauft werden. Selbst wenn Sie also das Glück haben, daß die Gesellschaft auf Öl stößt, kann es Ihnen passieren, daß Sie die Beteiligung 10 bis 20 Jahre halten müssen, denn die Partnership dauert im allgemeinen so lange, bis die Quellen versiegen.

Die Zukunftsaussichten sind auch von Fachleuten nicht richtig abzuschätzen. Nur eines ist ganz sicher: Sie sind nicht sehr rosig, zumindest nicht, solange nicht der Ölpreisverfall durch die OPEC gestoppt wird. Vom Ölgeschäft abhängige Städte und Bundesstaaten, wie Houston beziehungsweise Texas, sind ein Beispiel dafür, wie schnell sich der Wind von einer überhitzten Konjunktur in eine Rezession drehen kann.

Obwohl diese Aussichten so trübe sind, kam dennoch die neueste Verkaufsmasche auf den Markt:

Kauf von Explorationsrechten

Da, wie oben erwähnt, nach dem amerikanischen Grundstücksrecht die Möglichkeit besteht, die Bohr- und Schürfrechte gesondert vom Grundstück zu verkaufen, kamen findige Promoter auf die Idee, den Kauf von „Leases", das heißt Pachtrechten, zu propagieren.

Das US-amerikanische „Bureau of Land Management (BLM)" verlost regelmäßig 10-Jahres-Pachten auf Bundesland in den Ölstaaten. Ein Los kostet 10 Dollar, und selbst das ist noch teuer, denn es handelt sich um Areale, auf denen bereits Pachten von Öl- und Gasexplorationsgesellschaften abgelaufen sind, das heißt um Gebiete, bei denen es keine geologischen Hinweise auf bedeutende Öl- und Gasvorkommen gibt. Über 99 Prozent der Lotteriespieler verlieren.

Nach Auskunft des New Yorker Leiters des Investor Protection Bureau häufen sich die Betrugsfälle bei Promotern dieser Lotterie. Sie bieten sich an, für Interessenten die Losanträge zu stellen, aber bluffen mit falschen geologischen Untersuchungen und drücken die Interessenten in Multi-Anträge von bis zu 500 Losen.

Die ganz unwissenden Anleger bezahlen außer der Gebühr von 10 Dollar pro Los auch noch eine sogenannte „Entry Fee" von 15 bis 40 Dollar pro Losantrag. Dafür verpflichtet sich derjenige, der den Losantrag für den Anleger stellt, für ihn als Makler zu wirken. Und damit ist der Anleger ganz schlecht dran: Sofern er nicht am Anfang darauf hinweist und auch durchsetzt, daß er die "Sole Party and Interest", die „einzige Vertragspartei und Nutznießer" des Pachtvertrages ist, bekommt er nicht das ihm zustehende Geld — falls überhaupt mal ein Pachttreffer erwischt wird. Sonst setzt nämlich derjenige, der den Antrag stellt, seinen Namen darauf, und die Ölgesellschaften gehen dann nicht an den Anleger, sondern an den Antragsteller heran. Und der zahlt dem Anleger vielleicht nur 10 000 Dollar für ein Pachtrecht, das er für 100 000 Dollar an die Ölgesellschaft verkauft.

Ein zweiter Haken bei diesen BLM-Losen: Sie stehen — von wenigen Ausnahmen abgesehen — nur Amerikanern oder in Amerika Ansässigen offen. Dieses wird natürlich oft umgangen durch die Einschaltung einer Firma oder durch Strohmänner, die selber Amerikaner sind. Aber die minimalen Gewinnchancen werden dadurch nicht besser.

Die zweite Möglichkeit ist, von privaten Landeigentümern die Pachtrechte gegen eine Pauschalgebühr von 2 bis 1 000 Dollar pro acre und — bei Fündigkeit — zuzüglich einer „Royalty", einer Lizenzgebühr, zu kaufen. Dann können Sie selber Versuchsbohrungen vornehmen. Das kostet 400 000 Dollar für die übliche 6 000 Fuß tiefe Bohrung. Die Chancen, daß Sie Öl finden, stehen statistisch 1:6, und selbst wenn Sie was finden, weiß niemand, wie schnell die Quelle versiegt.

Statt dessen kaufen die meisten Anleger Leases in der Hoffnung, daß ein anderer Anleger oder eine Ölgesellschaft sie ihnen während der Laufzeit abkauft.

Wie ein Nicht-Insider an vernünftige Leases herankommen soll, die einer Ölgesellschaft noch nicht bekannt sind, ist allerdings schleierhaft. Doch die Gebrauchtwagenhändler, Möbelverkäufer und ähnliche hochqualifizierte Lease-Verkäufer, die jetzt in dieses Geschäft hineindringen, werden Ihnen das schon erklären. Daß sie überhaupt hineinkommen in dieses Geschäft, liegt daran, daß Lease-Broker keine Prüfung und keine Genehmigung haben müssen. Bis 1958 war das Lease-Geschäft in den Händen der alteingesessenen Lease-Broker, der sogenannten „Landmen", die das Ölgeschäft sehr genau kannten. Doch die Rezession im US-amerikanischen Ölbohrgeschäft von 1958 bis 1971 hat die Reihen der alten, erfahrenen „Landmen" ziemlich gelichtet.

Ein Sprecher der „American Association of Petroleum Land Men" erklärte: „Wir haben jetzt einen Haufen Leute auf diesem Gebiet, die an und für sich gar nicht in diesem Geschäft sein sollten, aber die wir nicht herauskriegen. Sie versprechen das Blaue vom Himmel, machen uns einen schlechten Namen und wissen überhaupt nicht, was sie tun. Viele kaufen Leases gegen einen Monatswechsel und müssen sich dann sehr sputen, auf Biegen und Brechen die Lease weiterzuverkaufen, um keinen geplatzten Wechsel am Hals zu haben." Daß dieses nicht gerade die Ehrenhaftigkeit im Geschäft fördert, ist verständlich.

Auch die schönsten geologischen Untersuchungen nützen nicht viel, denn diese sind meistens nur so gut wie das Gewissen des Geologen. Viele Geologen berechnen für die Verwendung ihres Namens nur 500 bis 1 000 Dollar pro Jahr.

Eine weitere wilde Spekulation mit Lizenzgebühren sind der „Trend Play" und der „Lease Play". Bei dem „Trend Play" nimmt man an, daß ein Stück Land fündig sein könnte, weil in einem ganz anderen Gebiet, das jedoch die gleiche geologische Formation aufweist, schon einmal Öl gefunden wurde. Beispiel: Austin Chalk Trend bringt gute Ölerträge in Süd-Texas. Austin Chalk gibt es aber auch in Mittel-Texas, und obgleich da niemals viel Öl gefunden wurde, werden diese „Trend Plays" heiß gehandelt. Aber zumindest hat dieses eine geologische Basis.

Bei „Lease Plays" hören die Makler lediglich, daß eine Ölgesellschaft in einem gewissen Gebiet eine „Lease" kauft. Also kaufen sie alle Leases im Umkreis herum auf, wobei die Chancen nach Meinung erfahrener Geologen und Lease-Broker bestenfalls 1:20, wahrscheinlich nur 1:50 sind.

Und selbst wenn Sie eine Pacht in einem geologisch interessanten Gebiet für einen vernünftigen Preis gekauft haben, werden Sie oft noch entdecken, daß Sie „gelegt" wurden. Warum? Weil ein unerfahrener oder fauler Makler nicht in Erfahrung gebracht hat, daß auf dem Land gar keine Bohrungen niedergebracht werden dürfen wegen lokaler Restriktionen. Oder weil das Land zum Beispiel „Held by Production" ist. Das bedeutet, daß eine Ölgesellschaft immer noch das alleinige Ausbeutungsrecht in dem Gesamtgebiet auf Grund eines früheren Fundes hat — auch wenn man jetzt nur noch das Öl aus einer einzigen unter Umständen weit entfernten Quelle tropfenweise herauspumpt.

Der beste Rat: lassen Sie ganz die Hände weg von Öl- und Gaspachten. Gestandene Lease-Broker sagen: „Wenn Sie genügend Geld haben, um oben auf dem Empire State Building zu stehen und mit 100-Dollar-Scheinen um sich zu werfen, dann ist das das richtige Geschäft für Sie."

Der zweitbeste Rat: Lassen Sie das Land von einem Ihnen als wirklich reputierlich bekannten oder benannten Geologen untersuchen, der nicht mit dem Verkäufer zusammenhängt. Das kostet 1 bis 5 Tage zu circa 300 bis 350 Dollar pro Tag. Der Pachtvertrag muß begleitet sein von einer „Title Opinion" (Rechtstitelbeurteilung) eines Anwalts oder einer Rechtstitel-Versicherung bezüglich des ordnungsgemäßen Eigentums an den Mineralrechten. Und wenn Sie es kaufen wollen, weil nahebei angeblich Öl produziert wird, dann verlangen Sie eine genaue Beschreibung des Ortes dieser produzierenden Quelle. Für nur 20 Dollar bekommen Sie von einem Well-Logging-Service einen Bericht, was und wieviel die Quelle überhaupt produziert.

Goldkäufe

Verbotstradition, Steuern, Aufbewahrung in Kanada

Ernst-Uwe Winteler

Für Amerikaner war von 1933 bis 1961 privater Goldbesitz in den USA verboten. Ab 1961 war für Amerikaner sogar der Goldbesitz im Ausland verboten. Erst seit Dezember 1974 dürfen Amerikaner wieder im In- und Ausland Gold besitzen. Der private Goldbesitz von Amerikanern ist minimal und überhaupt nicht zu vergleichen etwa mit der Goldhortung der Franzosen. Bei einer solchen Verbotstradition ist dann immer die Versuchung sehr groß, wieder so ein Verbot einzuführen, wenn es gerade politisch in den Kram paßt. Und als Ausländer sind Sie immer etwas hilfloser als ein Einheimischer.

Wenn Sie dennoch in den USA Gold kaufen wollen, dann müssen Sie wissen, daß Goldbarren oder Münzen praktisch nur über Makler gekauft werden können. Den ersten Schlag gegen den Goldbesitz führte die amerikanische Finanzbehörde (IRS) Ende 1984. Sie verfügte, daß alle Goldmakler die Käufe und Verkäufe von Barren, südafrikanischen Krügerrands, kanadischen Maple Leafs und mexikanischen Goldstücken genauso penibel kontrollieren und in Meldungen festhalten müssen wie die Wertpapiermakler die Verkäufe von Aktien und Anleihen. Also mit Namen und Adresse des Käufers oder Verkäufers. Der Grund ist der gleiche: Die Bundesregierung will sämtliche Kapitalgewinne erfassen. Die Computer der Bundesfinanzbehörde sollen die Angaben der Goldmakler mit den Angaben auf den Steuererklärungen der einzelnen privaten Anleger vergleichen.

Dieser Doppelschlag gegen Gold und ausländische Goldmünzen führte dazu, daß amerikanische Goldliebhaber zunehmend den einzigen Strohhalm ergriffen, der ihnen noch blieb: Numismatische Münzen, deren Umsätze nicht gemeldet werden müssen. Der amerikanische Double Eagle, der von 1907 bis 1933 geprägt wurde und eine Unze Reingold enthält, stieg von seinem sowieso schon irrwitzig hohen Preis von 1 000 Dollar innerhalb weniger Wochen Ende 1984 auf 1 150 Dollar, während der Weltpreis für Gold im gleichen Zeitraum von 400 auf circa 340 Dollar pro Unze fiel.

Doch offensichtlich war trotz aller dieser Schreckschüsse der Absatz der ausländischen Goldmünzen, insbesondere des Krügerrands, der ja den größten Markt hatte, immer noch lästig. Da kamen die Unruhen in Südafrika in der zweiten Hälfte 1985 gerade recht. Unter dem Deckmantel der Sanktionen gegen Südafrika verboten die USA die Einfuhr des südafrikanischen Krügerrands. Damit blieben nur noch kanadische Maple Leafs und mexikanische Goldmünzen übrig. Beide konnte man zwar nicht verbieten, ohne viel Ärger mit den Nachbarn zu schaffen, aber die oben erwähnten Kontrollen der Finanzbehörden genügten, den sowieso schon kleinen Markt noch mehr zum Erliegen zu bringen.

1986 wurde dann von der US-Regierungsmünze eine neue Goldmünze, der „Eagle" aufgelegt. Mit diesem „Adler" konnte der Absatz von Maple Leafs und Gold-Pesos noch weiter gedrückt werden.

Überlegen Sie sich gut, ob Sie wirklich Gold in den USA kaufen und aufbewahren wollen. Meiner Ansicht nach sind die USA kein Land für eine Anlage in Gold. Wenn Sie dennoch in den USA Gold kaufen wollen, dann müssen Sie mit relativ hohen Gebühren und Aufschlägen auf den Maple Leaf oder den mexikanischen Gold-Peso rechnen. Außerdem sollten Sie nur in einem US-Bundesstaat kaufen, der keine Verkaufssteuern beim Verkauf von Goldmünzen erhebt. Die fünf steuerfreien Bundesstaaten sind Alaska, Delaware, Montana, New Hampshire und Oregon. In Kalifornien sind Münzen steuerfrei, wenn der Umsatz höher als 1 000 Dollar ist.

Wegen der Verbotstradition und der weitgehenden Kontrollen, die dem Sinn eines sicheren, unentdeckbaren Goldbesitzes widersprechen, sollten Sie jedoch meiner Ansicht nach Ihre Goldbestände auf dem amerikanischen Kontinent nicht in den USA, sondern in Kanada aufbewahren. Sie können dort genauso die kanadische Goldmünze, den Maple Leaf, kaufen wie Goldbarren.

Eine ziemlich ideale Lösung ist das Halten kanadischer Goldbestände über einen Trust in einer Steueroase, wobei der Goldbestand bei einer kanadischen Großbank oder Treuhandgesellschaft klar ausgesondert für den Trust aufbewahrt wird.

Wirtschaftsinformationen

Amerikanische Regierungsstellen geben wertvolle Wirtschaftsinformationen — gratis

Ernst-Uwe Winteler

Ein gut gehütetes Geheimnis vieler US-amerikanischer Business Consultants ist die Informations-Goldmine, die in den öffentlich zugänglichen Berichten der amerikanischen Regierungsstellen liegt. Die wenigsten Unternehmer, und schon kaum Europäer, wissen, daß die Marktanalysen, die sie teuer bei Consultants bezahlen, unter Umständen einfach abgeschrieben wurden von einem ausführlichen Regierungsbericht, den es umsonst gibt. Sie müssen nur wissen, wo.

Es gibt fast kein Gebiet, auf dem die Washingtoner Bürokratie keine erstklassigen, fundierten Statistiken und Analysen erstellt hat. Einige Beispiele: Wollen Sie etwas über die neueste Technologie von Windkraftstromerzeugern wissen? Rufen Sie das Department of Energy an. Telefon: (202) 252-5730. Oder wollen Sie eine Kartoffelfarm in Maine kaufen und wissen, wie die Marktaussichten sind? Das Department of Agriculture, Telefon: (202) 447-5551, kann Ihnen alles über Maine-Kartoffeln sagen. Und diese Beispiele könnten endlos fortgesetzt werden.

Wenn Sie an derartigen Berichten interessiert sind, kaufen Sie sich das US Government Manual, erhältlich beim Government Printing Office in Washington. Telefon: (202) 275-3030. Im Manual sind alle Regierungsstellen aufgeführt.

Wenn Ihnen das zu mühsam ist: Das National Referral Center in der Library of Congress, Telefon: (202) 287-5687, ist darauf spezialisiert,

Ihnen Organisationen und Regierungsstellen zu benennen, deren Experten Ihnen auf allen möglichen Wissensgebieten Gratis-Informationen geben.

Einen ähnlichen Referral Service gibt es auch von der American Society of Association Executives. Die suchen Ihnen geeignete Spezialisten in Verbänden aus.

Wollen Sie wissen, ob Ihre neuesten Geschäftspläne in den USA durch irgendwelche Gesetzesentwürfe berührt werden könnten? The Legislative Information and Status Office, Telefon: (202) 225-1772, gibt Ihnen die neuesten Informationen über schwebende Gesetzesentwürfe. Erkundigen Sie sich nach dem Komitee, in dem der Sie interessierende Gesetzesentwurf behandelt wird, und deren Angestellte geben Ihnen die neuesten Informationen.

Es gibt auch ein Verzeichnis über die Hunderte von Berichten, die der Kongreß jährlich erstellt. Es ist der Congressional Research Service beziehungsweise dessen Annual Index, Telefon: (202) 224-3121.

Für Marktinformationen ist die US International Trade Commission, Telefon: (202) 523-0161, eine erstklassige Fundquelle. Die Berichte sind frei, aber die Liste aller verfügbaren Berichte kostet 10 Cents pro Seite.

Erstklassige Marktberichte gibt es auch anläßlich von Anti-Dumping-Klagen. Hierbei erstellt die Import Administration of the Commerce Department, Telefon: (202) 377-3050, genaue Analysen des durch Dumping beeinträchtigten US-Marktes in dem betreffenden Artikel.

Der Kongreß hält etwa 2 000 Anhörungen pro Jahr ab. Themen reichen von Solarenergie bis zum Amateursport. Eine erstklassige Fundquelle vertraulicher Informationen. Ein Verzeichnis aller Protokolle können Sie erhalten vom Congressional Information Service, 7101 Wisconsin Ave., Washington, D.C. 20014.

Das General Accounting Office, Telefon: (202) 275-2812, bringt etwa 600 Berichte pro Jahr heraus über eine Vielzahl von Themen. Unter anderem auch über Konkurrenzmethoden verschiedener Firmen.

Auch bei den Anti-Trust-Untersuchungen der Federal Trade Commission, Telefon: (202) 523-3598, und des Justice Department, Telefon: (202) 633-2401, finden Sie Marktinformationen. Bei Anti-Trust-Untersuchungen enthalten diese Berichte alles für Sie als Konkurrent Wissenswerte über Marktanteile, Wachstumschancen, Gewinnhöhen und Produktionskosten aller möglichen Branchen.

Große ausländische Gesellschaften benutzen diese Wirtschaftsquellen zunehmend. Die britischen Autofabriken bekamen dadurch Detroits Autotestdaten. Ausländische Pharmaunternehmen lassen regelmäßig die Akten der Food & Drug Administration (FDA) und der EPA (Umweltbehörde) durchforsten.

Diese frei verfügbaren Wirtschaftsinformationen können sogar zur — erlaubten — Wirtschaftsspionage unter zwei Firmen eines ganz anderen Landes dienen. Die japanische Suzuki bekam über diesen Umweg interessante Daten von der ebenfalls japanischen Autofirma Toyota, die diese Daten bei den amerikanischen Behörden hinterlegen mußte.

Wenn Sie in den USA Steuern zahlen und ein Problem haben, das internationale Steuern betrifft, dann zögern Sie nicht, direkt in Washington im Treasury's Office of International Tax Council anzurufen. Vorwahl innerhalb der USA ist 202. Hier die Leute, die 1985 dort an den Schreibtischen saßen. Wenn die nicht mehr da sind, dann andere, die Ihnen genauso helfen:

Wenn Sie in den USA Steuern zahlen und ein Problem haben, das internationale Steuern betrifft, dann zögern Sie nicht, direkt in Washington im Treasury's Office of International Tax Council anzurufen. Vorwahl innerhalb der USA ist 202. Hier die Leute, die 1985 dort an den Schreibtischen saßen. Wenn die nicht mehr da sind, dann andere, die Ihnen genauso helfen:

Alan W. Granwell:	(202) 566-5046
Leslie Schreyer:	(202) 566-5992
Steve Lainoff:	(202) 566-2964
Stephen Shay:	(202) 566-8275
Mary Kate Wold:	(202) 566-5791
Meryl Silver:	(202) 566-5815

Hier noch einige weitere wichtige Telefonnummern:

Bureau of Economic Analysis:	(202) 523-0777
Economic Development Administration:	(202) 377-5113
Commodity Futures Trading Commission:	(202) 254-8630
Consumer Products Safety Commission:	(800) 638-8326
Energy Department:	(202) 252-5730
Overseas Private Investment Corporation:	(202) 632-1854
Small Business Administration:	(202) 653-6822

Bei den folgenden Nummern hören Sie eine Tonbandansage der neuesten Nachrichten der betreffenden Regierungsstelle:

Department of Commerce:	(202) 393-4100
Consumer Products Safety Commission:	(800) 638-8329
Department of Energy:	(800) 424-9128
Department of Housing and Urban Development:	(800) 424-8530

Die 800er-Nummern sind Toll Free, das heißt, Sie können von jeder Telefonzelle in den USA aus anrufen, ohne daß Sie der Anruf etwas kostet. Sie werden dann mit Sachbearbeitern verbunden, die Ihnen die gewünschten Informationen geben:

Commodity Futures Trading Commission Information über Warentermin-Makler:	(800) 424-9838
Consumer Products Safety Commission Berichte über Beanstandungen:	(800) 638-8326
Department of Energy Alkohol-Brennstoffe und Gasohol-Information:	(800) 525-555
Solar-Heiz- und Kühlsysteme:	(800) 523-2929
Export-Import-Bank Informationen über Exporthilfen:	(800) 424-5201
Small Business Administration Informationen über verfügbare Publikationen:	(800) 433-7212

Falls Ihr Akzent Sie bei brisanten Veröffentlichungen (Congress Hearings, Anti-Trust Reports) klar als Ausländer verrät, so lassen Sie einfach Ihren amerikanischen Anwalt oder Geschäftsfreund anrufen.

Und wenn Sie von dieser ganzen Telefoniererei mit den Nerven fertig sind, dann lassen sie sich von der Public Library in Washington beruhigen. Rufen Sie (202) 638-5717 an. Das ist die Nummer für Dial-A-Story, wo man Ihnen die Einschlafgeschichte des Tages erzählt.

Die Vorausplanung

Was Sie vor einem Engagement in den USA beachten sollten

Joseph L. Churchill

Wenn Sie in den USA tätig werden wollen, dann können Sie das in dem Bewußtsein tun, daß viele Firmen vor Ihnen das gleiche gemacht haben. Viele werden es nach Ihnen machen. Einige haben größeren Erfolg als andere, und einige haben ihren Eintritt in den großen amerikanischen Markt besser geplant als andere.

Solche Planung ist absolut notwendig, um in den USA keinen Reinfall zu erleben. Die USA mögen zwar die westliche Führungsnation sein, aber das heißt nicht, daß sie sich geschäftlich ohne weiteres mit den anderen westlichen Nationen vergleichen lassen.

Die USA sind größer als ganz Westeuropa zusammen und haben nicht nur ein von Region zu Region völlig verschiedenes Klima, sondern auch sehr verschiedene kulturelle und sonstige Angewohnheiten in den verschiedenen Regionen. Selbst die Geschäfts- "Etikette" variiert von Region zu Region.

Nur eines ist überall in den USA gleich: das sogenannte "protestantische Arbeitsethos". Obgleich die Bevölkerung der USA aus Menschen der verschiedensten Erdteile zusammengesetzt ist, hat es eine sehr hart arbeitende und produktivitätsorientierte Gesellschaft hervorgebracht, die für Privatpersonen und Unternehmen immer neue Gelegenheiten bietet.

Die USA haben, historisch gesehen, eine Politik der offenen Tür gegenüber ausländischen Investitionen betrieben. Es gibt einige Restriktionen bei ausländischem Besitz gewisser „sensibler" Bereiche, auf die ich noch eingehen werde, aber abgesehen davon bemühen sich die Einzelstaaten sehr darum, Investitionen anzuziehen. Diese Unterstützung reicht von Beihilfen für Start- und Betriebskapital und Steuererleichterungen bis hin zu technischer Hilfestellung.

Herr Winteler beschreibt in seinem Kapitel "Wirtschaftsinformationen", wo Sie die „intimsten" Daten der amerikanischen Regierungsmaschinerie bekommen. Amerikanische Consultants sind gar nicht so begeistert davon, wenn ihre Klienten von dieser Fundgrube wissen, da sie nur zu oft die Basis für teuer bezahlte Consulting-Berichte sind.

Daneben gibt es aber noch einige großflächigere, öffentlichere Statistiken, die Sie auch kennen sollten, um sich ein allgemeines Bild über die US-Wirtschaft und über die Lage in den einzelnen Industriebereichen zu beschaffen.

Zunächst gibt es das Statistische Amt, das *Bureau of the Census*. Im Zahlenangebot ist es etwa vergleichbar mit dem Statistischen Bundesamt in Deutschland. Eine Volkszählung erfolgt in den USA übrigens alle 10 Jahre.

Das *Bureau of Industrial Economics* gibt Entscheidungsträgern aus Regierungs- und Geschäftswelt die Daten und objektiven Analysen, die sie brauchen, um den Einfluß von politischen Entscheidungen oder weltweiten wirtschaftlichen Entwicklungen auf die US-Industrie zu beurteilen. Es führt Zukunftsuntersuchungen für die einzelnen Industriezweige durch sowie Untersuchungen über Produktivität und internationale Wettbewerbsfähigkeit. Die von dieser Regierungsstelle herausgegebene Jahrespublikation „US Industrial Outlook" gibt Ihnen wertvolle Überblicke — nach Industriezweigen gegliedert — über den derzeitigen Stand und die Zukunftsaussichten der einzelnen Industrie- und Dienstleistungsbranchen.

Das *Bureau of Economic Analysis* sammelt Daten über die US-Wirtschaft und gibt einen monatlichen „Survey of Current Business" heraus, in dem Geschäfts- und Investitionsaktivitäten sowie Zukunftsrichtungen der US-Wirtschaft analysiert sind.

Die Internationale Handelsverwaltung, *International Trade Administration*, ist Teil des Wirtschaftsministeriums, des *Department of*

Commerce, und ist verantwortlich für die Analyse und Berichterstattung über internationale Wirtschaftsprogramme und politische Entscheidungen sowie deren Auswirkungen auf den Handels-, Finanz-, Investment- und Dienstleistungssektor. Daneben behandelt diese gleiche Abteilung des Wirtschaftsministeriums alle Export- und Importfragen.

Neben diesen hilfreichen Statistiken von Behörden der Bundesregierung gibt es aber noch Rat und Informationen von den einzelnen Bundesstaaten.

Bei der Entscheidung, wo Sie sich ansiedeln wollen, sollen Ihnen auch die Investitionsförderbüros der einzelnen amerikanischen Bundesstaaten helfen. Investitionsförderungen wie das italienische Mezzogiorno-Projekt, Berlin-Hilfen, Zonenrandförderung sowie andere Förderobjekte in Westeuropa haben ihr Pendant auch in den USA, wo alle 50 Staaten — und auch noch Puerto Rico, Virgin Islands und Guam — neuen Investoren Hilfen gewähren. Jeder Bundesstaat kocht dabei sein eigenes Süppchen, so daß man keine zwei Staaten genau miteinander vergleichen kann. Doch dieses ist in etwa die Situation:

— 47 Staaten und Verwaltungsregionen geben Steuervergünstigungen an neue Industrien
— 46 haben Gesetze, die dem Staat, der Stadt oder dem County erlauben, Anleihen an Investoren zu geben
— 38 haben private Entwicklungsgesellschaften
— 16 finanzieren neue Fabrikgebäude
— 11 bieten kostenlos Land für Fabriken
— Alle 53 Staaten und Verwaltungsregionen bilden unter Umständen für Sie neue Arbeitskräfte aus
— 50 helfen dabei, Arbeitskräfte anzuwerben
— 48 bieten die Forschungs- und Entwicklungsdienste der staatlichen Hochschulen für wenig oder gar kein Geld an
— 47 bieten Ihnen Exportförderungshilfen
— 38 haben voll erschlossene Industrieparks für Sie
— 33 haben Dienststellen, die bei der Erstellung von Standortuntersuchungen helfen (Site Locations)

Eine ganze Reihe von Bundesstaaten haben Investitionsförderungsbüros in Europa. Diese sind im Anhang aufgeführt.

Nur eines dürfen Sie von diesen Büros nicht erwarten: objektive Informationen, welcher Bundesstaat nun wirklich der für Sie geeignetste ist. Wenn Sie alle Prospekte durchgelesen haben, fühlen Sie sich wie bei einem amerikanischen Bürgerkrieg, bei dem jeder jeden bekriegt. Diese Prospekte sind interessant, sollten aber von Ihnen zusammen mit einer neutralen Consulting Firma und Ihrem Anwalt daraufhin durchgeprüft werden, welcher Staat wirklich für Sie am besten paßt.

Dabei müssen einige Punkte berücksichtigt werden, die US-spezifisch sind, und die auch wieder erhärten, daß die USA kein einheitlicher, homogener Markt sind. Es fängt an mit den Arbeitskosten. Diese können ganz erheblich von Region zu Region schwanken. Außerdem ist der Nordosten historisch gesehen mehr "gewerkschaftsdurchsetzt" als der Südosten. Das ist einer der Hauptgründe, warum amerikanische, aber auch ausländische Unternehmen sich vom Nordosten abgewandt haben hin zum Süden und weg von den starren Gewerkschaften. Das — zusammen mit dem Klima — hat die Boomstädte im „Sonnengürtel" der USA hervorgebracht.

Bei den großen Entfernungen in den USA sind auch die Transportwege und -anschlüsse ein extrem wichtiger Faktor — wichtiger als in den meisten europäischen Staaten. Die Ansiedlung in einem Ballungsgebiet beziehungsweise einem großen Kundeneinzugsgebiet ist lebenswichtig für Industrien, deren Produkte teuer und schwierig zu verschiffen sind.

Die Lage nahe an einem Flughafen mit internationalen und nationalen Anschlüssen — und davon gibt es nicht so sehr viele in den USA — ist wichtig, um schnelle Nachlieferungen aus Europa zu bekommen und um wichtige US-Kundengebiete schnell abzudecken. Für diejenigen Waren hingegen, die sich nicht für den Lufttransport eignen, ist naturgemäß ein internationaler Flughafen nicht so wichtig wie die Lage nahe an einem Seehafen.

Haben Sie sich entschieden, in welchem Bundesstaat Sie sich ansiedeln wollen, so erhalten Sie weitere lokale Unterstützung von den Handelskammern, den *Chambers of Commerce*, deren Hauptaufgabe es ist, Investitionen in ihr Gebiet zu leiten. Die Handelskammern konzentrieren sich auf kleinere Gebiete als die Wirtschaftsministerien der Bundesstaaten, die *Departments of Industry and Trade*, aber ihre Arbeiten überlappen sich oft.

Nicht zu vergessen auf dem Privatsektor sind auch die Informationsquellen der Handelsvereinigungen, der *Trade Associations*. Mehr als 1 600 Handelsvereinigungen — viele von ihnen mit aktiven internationalen Vertretern — haben Büros in Washington, D.C. Die „Encyclopedia of Associations", herausgegeben von Gale Research Company, ist eine recht nützliche Quelle für weitere Wirtschaftsinformationen.

Lokale Stellen wie die Handelskammern, aber auch — für deutsche Ohren vielleicht etwas ungewöhnlich — die zuständige Elektrizitätsgesellschaft bieten Ihnen sehr oft wertvolle Dienste bei der Suche nach geeigneten industriellen Grundstücken. Diese Besprechungen können in absoluter Vertraulichkeit geführt werden, um unnötige Spekulation und Neugierde interessierter Kreise zu vermeiden. Die Grundstücksbeschreibungen, die Sie erhalten, nennen Arealgröße, Bodenbeschaffenheit, den derzeitigen Eigentümer, Schienen- oder Straßenanschluß oder andere benötigte Daten. Maßstabsgerechte Zeichnungen werden vorbereitet, und Luftaufnahmen von interessanten Grundstücken und Gebäuden stehen Ihnen zur Verfügung.

Außerdem können Sie dort auch über die verfügbaren Industriegebäude alle weiteren benötigten Informationen bekommen über Art des Gebäudes, Bauzustand, Nutzfläche, Heizungsart, Elektriksysteme, Sprinklerschutz, höchstzulässige Belastungsgrenzen der Fußböden, Wasseranschlüsse, Abwasser und andere Abfallbeseitigungssysteme, Straßen- und Schienenanschluß, Rampenhöhe und weitere benötigte Details.

Die Behörden der Einzelstaaten, aber auch der Kommunen geben potentiellen Herstellern Auskünfte über alle Gesetze und Verordnungen, die Sie betreffen, und geben auch spezifische Informationen über Arbeitskräfte, Lohnniveau, Arbeitslosenversicherung, einzelstaatliche Steuern und Vergleiche mit anderen Gebieten.

Die Behörden der Einzelstaaten arbeiten im allgemeinen mit lokalen Finanzinstituten zusammen, um Geschäftsunternehmen innerhalb des Staates zu finanzieren. Einige Einzelstaaten geben sogar durch ihre Wirtschaftsentwicklungsbüros, den *Business Development Agencies*, Darlehen für Industrieunternehmen, wenn konventionelle Finanzierung nicht erhältlich ist. Meistens allerdings sind die Zinsen dafür hoch, und es werden sehr hohe Sicherheiten gefordert.

Daneben steht Ihnen natürlich noch der Weg über Ihre individuellen lokalen Kontakte offen, nämlich über Anwälte, Bankiers und Wirtschaftsprüfer, die normalerweise gerne bereit sind — ohne Ihnen am Anfang etwas für diese Informationsgespräche zu berechnen — , Ihren Eintritt in den US-Markt mit Ihnen zu diskutieren.

Sparen Sie nicht an einer ausführlichen Marktanalyse, bevor Sie sich auf dem amerikanischen Markt bewegen. Daß eine solche Analyse allgemeine Marktinformationen beinhaltet mit Angaben über die Hauptkonkurrenz, Vertriebswege und alternative Marketing-Strategien ist genauso selbstverständlich wie eine Abschätzung des gesamten Marktes und der allgemeinen wirtschaftlichen Trends.

US-spezifisch dagegen wiederum ist, daß der Markt so groß ist. Selbst ein prozentual kleiner Marktanteil kann schon erhebliche Gewinne bringen. Die Marketingkosten in den USA sind allerdings außerordentlich hoch. Sowohl bei Konsumartikeln als auch bei Investitionsgütern werden aggressive Marketing-Techniken benutzt. Die USA sind eine konsumorientierte Gesellschaft. Ohne Werbung, ohne eine Unterscheidung Ihrer Produkte von denen der Konkurrenz geht gar nichts.

Direktmarketing über Mail Order, Kataloge und Telemarketing sind relativ billige Möglichkeiten, um gewisse Konsumartikel auf den Markt zu bringen. Sie eignen sich natürlich weniger für Investitionsgüter, die sehr viel komplexer sind und meistens einen sehr gut ausgebildeten Verkäuferstab brauchen mit spezifischen Kenntnissen über die Industrie.

Europäische Firmeninvestitionen in den USA

Ernst-Uwe Winteler

Würden Sie in einem Land investieren, in dem die Bürokratie auswuchert und die Beschränkungen für Ausländer strikter werden? Wo die Banker mehr als neugierig, die Accountants diktatorisch, die Anwälte allmächtig und die Eingeborenen nationalistisch sind?

Wenn dieses Land zufällig USA heißt, dann ist die Antwort immer noch „Ja".

Auf dem Kongreß über „Corporate Investment and Acquisitions by Foreign Companies in the USA" berichteten auch große britische Gesellschaften über ihre Erfahrungen in den USA. Deren Erfahrungen sind deshalb besonders interessant, weil gerade Briten und Niederländer die größten Erfahrungen bei Firmeninvestitionen in den USA haben. Die britischen Gesellschaften gaben zwar zu, daß sich ihre US-Investitionen gelohnt hätten, warnten jedoch, daß Firmeninvestitionen dort voller Fußangeln und Fallstricke seien.

Der Papierkrieg für Firmen und insbesondere für ausländische Firmen, die sich dort ansiedeln wollen, sei größer als in Großbritannien oder den anderen EG-Ländern, wobei der Konflikt zwischen Legislative und Kontrollbehörden (inzwischen 56 verschiedene in den USA), die politisch praktisch keine Rechenschaft ablegen müssen, immer größer wird. Die von diesen Behörden gewünschten Berichtsanforderungen seien zeitraubend.

Der Eindruck dieser europäischen Firmen von US-Bankern: Sie stecken ihre Nase zu sehr in die Firmen. Einer der Sprecher: „Sie kommen mir vor wie ein Gemüsehändler, der Ihnen Tomaten verkauft und dann bei Ihnen zu Hause inspiziert, ob Ihre Frau die Tomaten auch richtig kocht."

Die Wirtschaftsprüfer (Accountants) sind diktatorischer, aber dafür weniger präzis als in Europa. In den USA werden sie von der Geschäftsleitung ernannt, die damit oft einen Prüfungsbericht erhält, der ihr genehm ist.

Auch die Anwälte kommen nicht gut weg. Sie leben von schlechten oder schlecht formulierten Gesetzen in den USA, und daran wird sich auch nichts ändern, solange 60 Prozent der Volksvertreter Anwälte sind. Eine wichtige Lektion, die die britischen Firmen gelernt haben: Man sollte sich bei wichtigen Investitionen nur von einer großen US-Anwaltssozietät beraten lassen, die auf allen Gebieten des Wirtschafts- und Steuerrechts versiert ist.

Trotz all dieser Schwierigkeiten glauben die britischen Gesellschaften, daß Investitionen in den USA — wenn sie gut gemacht sind — immer noch lohnend sind. Das Geschäftsklima ist zwar manchmal frustrierend, aber nicht ausländerfeindlich.

Der Kernsatz dabei ist: „Wenn sie gut gemacht sind". Denn die Tatsache, daß sich viele deutsche Firmen auf dem US-Markt versuchen, heißt nicht, daß dieses ein leichter Markt ist. Einige spektakuläre — und vielpublizierte — negative Erfahrungen, wie zum Beispiel das Wienerwald-Abenteuer in den USA, zeigen, wie groß die Gefahren sein können.

Zum „gut machen" gehört auch, daß Sie sich darüber klar werden, ob Sie nur in die USA exportieren wollen oder ob Sie dort sehr viel stärker mit einer eigenen Firma Fuß fassen wollen. Davon handelt das nächste Kapitel.

Nur exportieren oder lieber stärker Fuß fassen?

Joseph L. Churchill

Neben den praktischen Gründen spielen auch psychologische Gründe eine Rolle, ob Sie in den USA eine eigene Fertigung aufziehen oder nicht. Es gibt viele Artikel, bei denen es umsatzhebend ist, wenn die Ware „importiert" ist. Das gilt insbesondere für technische Artikel aus Deutschland oder für modische Artikel aus Frankreich. Selbst Volkswagen mußte dieses erleben mit seinem "Rabbit" genannten amerikanischen Golf. Die Amerikaner wollten das amerikanisierte, in Amerika hergestellte „Karnickel" nicht haben und wichen statt dessen auf die importierten, in Deutschland hergestellten Volkswagen aus.

Es gibt viele Alternativen, wie Sie Ihre Verbindungen mit den USA ausbauen können. Ich finde immer, daß es sehr angebracht ist, am Anfang nur sehr langsam voranzugehen, den Markt zunächst für ein spezielles Produkt zu testen und zumindest zunächst den Verkauf über eine angesehene Verkaufsorganisation in den USA vorzunehmen. Das bürdet Ihnen am wenigsten Eigeninvestitionen auf. Der erste logische Schritt ist dann der

Export

entweder über Agenten, Importeure oder Großhändler. Ihr Risiko ist damit sehr niedrig und, wenn Sie einen guten US-Partner haben, können Sie vielleicht auch recht gut verkaufen. Allerdings haben Sie wenig Einfluß darauf, wie sehr sich Ihr US-Partner um Ihre Produkte bemüht und ob er sie so anbietet, wie es Ihrem Firmenimage entspricht.

Für den Anfang ist diese Möglichkeit meistens angebracht, doch langfristig läßt sich der US-Markt über Exporte weder erschließen noch sichern, denn

a) bei einem niedrigen Dollarkurs, der keine solchen Kursgewinne bringt wie die Dollar-Hausse 1984/85, werden die Kosten durch Transport und Zoll zu hoch.

b) über dem Export hängt immer das Damoklesschwert des Protektionismus. Die Grenzen können schnell für ausländische Erzeugnisse dicht gemacht werden.

c) viele amerikanische Firmen akzeptieren nur Lieferanten, wenn sie aus einer US-Betriebsstätte Verkaufsberatung, Ersatzteillieferung und Kundendienst bekommen.

Besser ist deshalb eine

Vertriebsgemeinschaft

mit mehreren europäischen Firmen der gleichen Branche, die sich nicht gegenseitig Konkurrenz machen, sondern sich ergänzen. Diese Vertriebsgemeinschaft betreibt ein gemeinsames Auslieferungslager. Alles unter einem Dach, aber nach Firmen getrennt abgerechnet. Ein solches „Exhibition Center, Service Center, Technical Supply Center, Trade Center" oder wie immer man es nennt, wird zunächst von Europa aus beliefert und kann eine ganze Branche artikelmäßig abdecken.

Bei amerikanischen Einkäufern ist ein solches Zentrum beliebt, da sie sich ohne viel Zeitverlust über die gesamten europäischen Angebote einer Branche unterrichten und dort auch ordern können.

Daß diese Werbewirkung noch durch Sonderwerbewochen mit Produktdemonstrationen und Filmvorführungen attraktiver gemacht werden kann, liegt auf der Hand. Solche Centers sind für praktisch alle Branchen möglich — dafür braucht es nur den Kooperationswillen zwischen dafür geeigneten Firmen. Der nächste Schritt ist dann oft das sogenannte Joint Venture.

Joint Venture

Dieses ist meistens die Halbe-Halbe-Partnerschaft zwischen Ihnen und einem amerikanischen Partner. Halbe-Halbe meistens deswegen, weil der amerikanische Partner nicht damit einverstanden sein wird, in der Minderheit zu sein, und auch Sie sollten nicht damit einverstanden sein, die Minderheit zu haben, da Sie sonst zu leicht untergebuttert werden.

Dieses Joint Venture kann in Form eines Kooperationsvertrages abgeschlossen sein oder auch als ein einfacher Interessenverein, ähnlich einer BGB-Gesellschaft. Die Erfahrungen mit Joint Ventures sind jedoch im allgemeinen nicht sehr gut. Zu leicht gehen die Interessen der beiden Partner auseinander, und dann folgt ein völliges, sich gegenseitiges Blockieren. Sehr oft sind Sie als Europäer, der weit weg vom Schuß ist, dabei in der unterlegenen Rolle.

Wenn Sie also nicht durch Agenten, Importeure oder Großhändler verkaufen wollen und sich auch nicht in das Abenteuer des Joint Ventures stürzen wollen, dann ist der nächste logische Schritt die Beteiligung an einem US-Unternehmen.

Beteiligung an einem US-Unternehmen

Wenn Sie mit Ihrer Beteiligung unter 50 Prozent liegen, dann sollten Sie es bleiben lassen, denn dann sind Sie unter Umständen nur ein leicht zu überstimmender Geldgeber. Eine "Sperrminorität", wie in Deutschland, gibt es in Amerika nicht. Wenn Sie sich schon beteiligen, dann nur mit mindestens 51 Prozent. Der andere Weg ist die Neugründung.

Neugründung

Theoretisch ist dieses die ideale Art und Weise, um auf dem Amerika-Markt Fuß zu fassen. Die Befürworter argumentieren immer damit, daß Sie dann sofort eine Tochtergesellschaft in den USA haben und nach Ihren eigenen Wünschen und Vorstellungen loslegen können.

Das ist die Theorie. Die Praxis sieht leider völlig anders aus. Ich weiß nicht, ob ich den Mut der Unternehmer bewundern soll, die derart in das kalte amerikanische Wasser springen oder ob das einfach eine — allerdings sehr verständliche — Unkenntnis ist. Ob sie es tun, ohne wirklich zu wissen, was dabei auf sie zukommen kann.

Ich würde es mir an Ihrer Stelle sehr überlegen, in den USA ein eigenes Büro zu eröffnen, geschweige denn, gar eine Produktion drüben selber aufzubauen. Einfach eine Firma neu aufzumachen auf der grünen Wiese, das hat dort nicht mal Volkswagen mit großem Erfolg geschafft.

Es ist auch keine Lösung, gute deutsche Mitarbeiter hinüberzuschicken, damit diese dort alles aufbauen. Das wird wahrscheinlich ein Reinfall, die Verhältnisse sind nun mal anders. Ihre Leute müssen zuerst einen kostspieligen Lernprozeß durchmachen, bis sie auch nur einen Teil des Wissens erworben haben, das für den dortigen Markt notwendig ist. Amerikanische Manager haben dieses Wissen mit der Erfahrungsmilch langer Berufsjahre eingesogen. Die andere Alternative ist die Mehrheitsbeteiligung an oder Übernahme einer US-Firma.

Mehrheitsbeteiligung an oder Übernahme einer US-Firma

Bei Firmenhändlern und Investment-Bankern ist es natürlich beliebt, Ihnen einfach eine bestehende Firma zu verkaufen und an dem Verkauf recht gut zu verdienen.

Doch dann stehen Sie alleine im Regen. Marode oder angeknackste Firmen zu übernehmen und zu versuchen, diese mit neuem Management weiterzuführen, das hat dem Wienerwald-Jahn das Genick gebrochen. Selbst Tengelmann hat mit seiner Übernahme von A & P einen ganz, ganz langen Millionenatem haben müssen, um das Ding endlich in die schwarzen Zahlen zu bekommen.

Das sind die ganz großen Fälle. Es gibt Hunderte trüber Beispiele von sehr viel kleineren Unternehmen, die nicht den Erfolg in den USA haben, den sie erhofften. Den sie aber haben könnten, wenn sie es richtig machen. Die Frage ist: Wie können Sie es besser machen? Wie schaffen Sie es mit weniger Risiko?

Kenner der Mentalität deutscher Unternehmer sagen, daß diese unbedingt „Herr im eigenen Haus" sein wollen. Wenn Sie der hundertprozentige Herr im eigenen Haus sein wollen, dann ist das die Wurzel des ganzen Übels. Herr im eigenen Haus zu sein, bedeutet, daß Ihre Manager kein persönliches, finanzielles Interesse an der Firma haben. Sie sind Angestellte, die im Grunde nicht viel riskieren.

Erwarten Sie in Amerika nicht den wohl auch in Deutschland langsam ausgestorbenen Typ des braven Angestellten, der loyal bis zum Lebensende für Sie robotert. Es gibt drüben einen sehr zynischen Satz und der heißt: „Nur Geld und finanzielles Risiko motivieren. Wenn Sie Loyalität suchen, dann kaufen Sie sich einen Hund."

Nur wenn Sie diesen zynischen Satz beachten, indem Sie Ihre amerikanischen Manager selber an der Firma beteiligen, können Sie auch drüben als Europäer hervorragende Erfolge haben.

Dafür bietet sich insbesondere etwas an, das in Amerika schon gang und gäbe ist, in Deutschland aber noch fast unbekannt: das sogenannte „Management Buy-Out (MBO)", bei dem Sie zusammen mit dem bisherigen Management eine bestehende Firma aufkaufen.

Nicht etwa eine Firma, der es schlecht geht, sondern gut geführte, gesunde Firmen, die verkauft werden, weil sich entweder der bisherige Eigentümer zurückziehen will oder weil ein großer Konzern die Firma abstoßen will, um mit dem Erlös andere Gebiete zu finanzieren. Das kommt relativ oft vor in den USA bei den Konglomeraten, die im Kaufrausch der siebziger Jahre Firmen zugekauft haben, die außerhalb des Hauptinteresses der Holding liegen.

Ich kenne nicht einen einzigen Fall, in dem man nicht mit mehr oder weniger Suchen eine passende Firma finden konnte, die auf dem gleichen Gebiet wie das europäische Unternehmen arbeitete und den sofortigen Einstieg in den amerikanischen Markt ermöglichte, wenn Markenname, Goodwill und Kundenlisten dadurch erworben wurden. Ein wichtiger Punkt aus dem Kaufkontrakt soll hier noch extra erwähnt werden: eine Wettbewerbsklausel, die es dem Verkäufer verbietet, seine Erfahrungen so weit zu verwenden, daß er gleich nach dem Verkauf eine neue Firma auf dem gleichen Feld gründet oder übernimmt. Um rechtlich wirksam zu sein, müßten solche Wettbewerbsklauseln allerdings angemessen sein und auf einen angemessenen Zeitraum und ein angemessenes geographisches und geschäftliches Gebiet begrenzt sein.

Eine weitere Grundvoraussetzung muß dabei erfüllt sein, damit ein solches Management Buy-Out für Sie als europäischer Unternehmer interessant ist: Das bisherige Management muß gut sein, und es muß daran interessiert sein, die Firma selber als Miteigentümer weiter zu führen und dafür auch Kapital aufzubringen. Niemand weiß besser als das bisherige Management, wo die Stärken und Schwächen der Firma liegen und was man alles noch aus ihr machen kann.

Das bisherige Management muß selber einen Teil der Aktien kaufen. Sie bringen den Rest des Kaufpreises auf. Dabei können Sie sicher sein, daß der Aktienpreis, den das bisherige Management — und damit auch Sie — bereit ist zu zahlen, marktgerecht ist.

Um dem Management einen Anreiz zu geben, sich so für die Firma abzustrampeln, wie es eben nur ein Miteigentümer tut, sollten Sie den Managern eine Option auf den Erwerb weiterer Aktien im Verlauf der nächsten Jahre anbieten. Hat das Management am Anfang etwa 10 Prozent der Aktien, dann könnten Sie ihm eine Option auf den Erwerb weiterer 39 Prozent einräumen. Damit ist genügend Anreiz vorhanden, und Sie bleiben dennoch immer der Mehrheitsaktionär.

Nur diese Hoffnung, daß es sich finanziell lohnt, hat Lee Iacocca dazu bewogen, die Firma Chrysler vom Rande des Bankrotts wegzuziehen und wieder zu sanieren. Auf der gleichen Basis zog er sich auch ein gutes Management heran.

Nicht ganz so wichtig wie das gute, mitbeteiligte Management — aber dennoch erstrebenswert — ist es, wenn Sie den Kauf der Firma zu einem großen Teil mit Krediten finanzieren können, für die Sie die Vermögenswerte der Firma heranziehen. Im Fachjargon wird dieses Verfahren „Leveraged Buy-Out (LBO)" genannt.

Daß so etwas möglich ist, klingt fast zu schön, um wahr zu sein. Es ist aber in den USA an der Tagesordnung. Falls Sie sich näher darüber informieren wollen, möchte ich Sie auf eines der anderen Bücher von Herrn Winteler verweisen, nämlich auf das ebenfalls im Gabler Verlag erschienene Buch „An der Zukunft verdienen". Es beschreibt, wie Unternehmer in den USA nicht nur bei Zukunftsindustrien, sondern auch bei Low-Tech- und No-Tech-Industrien interessante Firmen übernehmen können.

Damit haben Sie vom ersten Tag an eine funktionierende, bereits bestehende Firma mit allen Marktverbindungen und einem hoch motivierten amerikanischen Management, das sich nicht erst einarbeiten muß. Über diese Firma, die Sie kontrollieren, können Sie Ihre eigenen Produkte auf dem amerikanischen Markt absetzen. In umgekehrter

Richtung können Sie das geistige Eigentum der Firma für Ihre Tätigkeiten in Europa benutzen.

Leveraged Buy-Outs oder Management Buy-Outs sind meiner Ansicht nach eine der interessantesten und elegantesten Lösungen für einen europäischen Unternehmer, sich ein zweites Bein in den USA zu verschaffen, das ihm nicht von Anfang an Schmerzen bereitet. Eine weitere Möglichkeit ist noch die Übernahme der Sachwerte.

Übernahme der Sachwerte

Bei einem Management Buy-Out ist es nicht so sehr riskant, die Anteile der Firma mit allen Aktiven und Passiven, allen Verträgen und Verpflichtungen zu übernehmen. Das Management sollte genau wissen, welche verdeckten Ansprüche und Haftungsrisiken drohen, die sonst erst nach der Übernahme sichtbar würden.

Wenn Sie sich allerdings nicht für eine Beteiligung des Managements erwärmen können und dennoch eine bestehende Firma übernehmen wollen, dann sollten Sie sich über diese Risiken klar sein und gegebenenfalls nicht die Anteile der Firma übernehmen, sondern nur die Sachwerte, Forderungen und Rechte und diese dann in eine eigene, neu gegründete Firma einbringen. Nur so schützen Sie sich gegen Risiken, die auch durch Verträge nur sehr unvollkommen ausgeschaltet werden können.

Außerdem hat dieses noch den Nebeneffekt, daß unter Umständen eine sehr günstige steuerliche Situation erreicht werden kann, indem die abschreibungsfähigen Güter bei der Übernahme relativ hoch bewertet werden im Vergleich zum Goodwill oder den Kundenlisten, so daß dann eine hohe Abschreibungsbasis für zukünftige Jahre von vornherein eingebaut wird. Es kann natürlich nicht zum Extrem getrieben werden, sondern die Kaufwerte müssen zum angemessenen Marktwert in den Bilanzen angesetzt werden. Dabei ist es wichtig, daß nicht nur die bundessteuerlichen Konsequenzen beachtet werden, sondern auch die der Einzelstaaten.

Egal, ob nun Leveraged Buy-Outs, Management Buy-Outs oder die Übernahme von Sachwerten: eines der größten Probleme beim Erwerb einer US-Gesellschaft ist es, zunächst einmal herauszufinden, welche US-Gesellschaft dafür überhaupt in Frage kommt. Wirtschaftliche Daten zu erlangen, ist noch relativ leicht bei den "Publikumsgesellschaften", deren Aktien öffentlich gehandelt werden. Die von diesen bei der SEC (Securities and Exchange Commission) regelmäßig einzureichenden Berichte sind zum Teil öffentlich und daher leicht auszuwerten.

Diese Publikumsgesellschaften stellen jedoch nur einen kleinen Prozentsatz der gesamten US-Gesellschaften dar. Die Aktien der meisten US-Gesellschaften werden nicht börsengehandelt. Damit sind Auskünfte über deren wirtschaftliche Verhältnisse nur in sehr begrenztem Maße erhältlich. Zum Beispiel durch Dun & Bradsteet (Million Dollar Directory und Middle Market Directory) und durch Standard & Poor's (Register of Corporations, Directors and Executives).

Nur wenige US-Firmen und noch weniger europäische Firmen haben deshalb die Möglichkeit, sich einen Überblick über die Unternehmen zu verschaffen, die für eine Fusion oder Übernahme interessant wären.

Von wenigen Ausnahmen abgesehen, gibt es deshalb für europäische Gesellschaften, die an dem Erwerb einer US-Gesellschaft interessiert sind, nur die folgenden Möglichkeiten, um eine US-Gesellschaft zu übernehmen:
1. Die Einschaltung von Investment Bankern. Es gibt eine Handvoll ganz großer Investment Banker, die sich mit Großobjekten befassen. Mit einer Ausnahme (Chicago) sitzen deren „Merger and Acquisition Departments" alle in New York. Diese Banker haben in den letzten Jahren mit zum Teil aggressiven Methoden spektakuläre Übernahmen und Fusionen durchgezogen, aber auch dazu beigetragen, daß der Ruf nach einem Eindämmen dieser Aktivitäten immer lauter wird. Wer auf der Suche nach einer großen US-Gesellschaft ist, wird unter Umständen zu diesen Investment Bankern gehen. Sie erledigen die Kontaktaufnahme, bewerten die Zielgesellschaft und beschaffen die Kauffinanzierung.

Für mittelgroße und kleinere europäische Unternehmen, die an der Übernahme einer passenden kleinen US-Firma interessiert sind, dürften diese Investment Banker jedoch zu groß sein. Das trifft vor allem auch dann zu, wenn die europäische Gesellschaft eine nicht börsengehandelte US-Gesellschaft sucht, die vielleicht noch in der „Provinz" angesiedelt ist und keine Verbindungen zu New York hat.

Oft wird deshalb der Weg gegangen,

2. sich bei Geschäftsfreunden, Anwälten und so weiter, über Firmen zu erkundigen, die möglicherweise an einer Übernahme interessiert sind.

Wenn diese selber keine Firmen kennen, können sie Ihnen zumindest

3. kleinere Investment-Banker oder Firmenhändler nennen. Der Vorteil von Investment Bankern und Brokern besteht eben gerade darin, nicht nur zu wissen, wer sowieso daran interessiert ist, übernommen zu werden, sondern auch selber zu analysieren, welche Firma für eine Übernahme reif ist, ohne dieses offen zu sagen oder überhaupt zu dem Zeitpunkt zu wollen.

Eines muß von allen diesen Vermittlern verlangt werden: Daß sie die ausländische Gesellschaft vor dem Vertragsabschluß umfassend beraten, und zwar sowohl über die wirtschaftlichen Konsequenzen einer Fusion oder Übernahme als auch über die damit zusammenhängenden rechtlichen, steuerlichen und finanziellen Folgen. Dieses kann entweder durch Fachleute des eigenen Hauses oder durch Hinzuziehen unabhängiger Rechtsberater, Wirtschaftsprüfer und so weiter erfolgen.

Die Vermittlungsprovisionen für derartige Fusionen oder Übernahmen lehnen sich meistens an die „Lehman"-Gleitskala an:

5 % für die erste Dollar Million Kaufpreis
4 % für die zweite Dollar Million Kaufpreis
3 % für die dritte Dollar Million Kaufpreis

2 % für die vierte Dollar Million Kaufpreis
1 % für alles über Dollar 4 Millionen

Danach würde ein Kaufpreis von 4 Millionen Dollar eine Maklerprovision von 120 000 Dollar und ein Kaufpreis von 10 Millionen Dollar eine Provision von 200 000 Dollar kosten.

Die Lehman-Gleitskala ist aber nur interessant für Firmen im Werte von einigen Millionen Dollar. Für die kleineren Firmen, an die ein mittelständischer Unternehmer denkt, sind die Kaufpreise und damit auch die Provisionen auf Grund der Lehman-Skala wesentlich geringer. Oft so uninteressant für einen Investment-Banker, daß er sich nicht wirklich dafür einsetzt. Es ist also nichts Unübliches, wenn Sonderkonditionen vereinbart werden, die jedoch auf reiner Erfolgsbasis basieren sollten.

Wie überall, gibt es gute und schlechte Vermittler, und dieses hängt nicht von der Größe ab. Eine der wichtigsten Aufgaben der ausländischen Gesellschaft ist es, einen guten Vermittler zu finden, für den dieses nicht nur eines der üblichen Routinegeschäfte ist, sondern der sich darüber klar ist, daß diese Übernahme oder Fusion eine der wichtigsten Geschäftsentscheidungen seines Klienten überhaupt darstellt.

Firmengründungsfabriken

Ernst-Uwe Winteler

Anwälte nehmen zwischen 300 und einigen tausend Dollar für eine Firmengründung in den USA. Wenn Sie eine Firma in den USA errichten wollen, die dort geschäftlich tätig ist, so sollten Sie sich vor deren Gründung über alle Aspekte rechtlich Klarheit verschaffen und diese Kosten unbedingt auf sich nehmen.

Wenn Sie jedoch nichts weiter suchen als eine US-Adresse als Zustelladresse oder als „Mail Box", dann können Sie daran denken, eine der „Gründungsfabriken" zu benutzen. Besonders im Bundestaat Delaware blühen diese Gründungsfabriken. Das dortige Gesellschaftsrecht ist firmenfreundlich, und es ist leicht, eine Firma zu gründen. Delaware erlaubt sogar, daß Sie eine Firma auf dem Postwege oder gar telefonisch gründen. Kein Wunder, daß dieser winzige Bundesstaat 1985 bereits 158 000 eingetragene Gesellschaften hatte und daß jedes Jahr mehr als 20 000 hinzukommen.

In einer Delaware Corporation kann eine Person President, Vice President, Secretary und Treasurer in Personalunion sein.

Wenn Sie an so etwas interessiert sind, so sollten Sie sich das Buch **„Incorporating in Delaware"** besorgen. Das erhalten Sie für vier Dollar von

    Guage Corporation
    113 West 8th Street
    Wilmington, DE 19801

Für 19,95 Dollar können Sie sich auch den Bestseller **„How To Form Your Own Corporation Without A Lawyer For Under $ 50"** von einer der größten dortigen Gründungsfabriken besorgen, der

    Enterprise Publishing Inc.
    725 Market Street
    Wilmington, DE 19801

In dem Buch sind alle Formulare, die Sie ausfüllen müssen. Nur eines können Sie von diesen Gründungsfabriken nicht erwarten: irgendwelche Beratung, wenn Sie die Firma haben. Die gründen Ihnen die Firma, stellen Ihnen ein Registered Office und kassieren dafür die Gebühren. Aber fragen Sie nicht nach irgendwelchen Extraleistungen.

Restriktionen und Berichtspflichten

Joseph L. Churchill

Ganz allgemein gesprochen, kann man sagen, daß es in den USA keine Bundesgesetze gibt, die neue Investitionen oder die Ausdehnung alter Investitionen regulieren. Abgesehen von einigen wenigen Ausnahmen auf Bundes- oder Bundesstaatenebene, werden ausländische Investoren wie Einheimische behandelt. Es gibt praktisch keine Restriktionen bei Kapitaltransfers, und zwar weder in bezug auf die Rückführung von Kapital, die Überweisung von Gewinnen, Dividenden, Zinsen und anderen Einkünften noch bezüglich des Transfers von Lizenzeinnahmen und Gebühren von den USA.

Außerdem gibt es keine gesonderten Gesetze, was die Übernahme bestehender amerikanischer Gesellschaften durch ausländische Investoren angeht.

Die einzigen Restriktionen, die bezüglich der ausländischen Beherrschung auf einigen Gebieten bestehen, sind bei Regierungskontrakten, Küstenschiffahrt, Luftschiffahrt, Kommunikationswesen, Ausbeutung von Energiequellen, Umweltschutz und Bankwesen.

Es ist nicht so sehr wahrscheinlich, daß Sie sich ausgerechnet in der Luftschiffahrt oder in der Fischereiindustrie betätigen wollen, aber die Kommunikationsindustrie ist doch für viele Ausländer recht interessant. Rupert Murdoch, der australische Zeitungsmagnat, der Fersehstationen von Metromedia erwerben wollte, hatte dabei derartige Schwierigkeiten, daß er es vorzog, die amerikanische Staatsbürgerschaft zu erwerben.

Berichtspflichten

Jede natürliche oder juristische Person, egal, ob Amerikaner oder Ausländer, muß eine Beteiligung von mehr als 5 Prozent an einer amerikanischen Publikumsgesellschaft innerhalb von 10 Tagen nach dem Erwerb der SEC, der Security and Exchange Commission, melden.

Daneben gibt es gewisse weitere Berichtspflichten für ausländische Investoren in den USA: nach den Vorschriften des Department of Agriculture, des US-Landwirtschaftsministeriums, müssen Ausländer den Kauf und Verkauf von landwirtschaftlichem Land in den USA melden. Bei Nichtmeldung riskiert der Anleger Strafen in Höhen zwischen 10 bis 25 Prozent des angemessenen Marktwertes. Allerdings muß dazu gesagt werden, daß zwar in solchen Fällen Strafen erhoben wurden, jedoch ganz selten die Maximalstrafe.

Um die Offenlegung des tatsächlichen Eigentümers zu vermeiden, ist es möglich, drei Firmen zwischen die Immobilie und den tatsächlichen Eigentümer zu schalten, da die Auskunftspflicht nur bis ins dritte Firmenglied reicht. Die Aktionäre der dritten Firma müssen dann nicht mehr dem US-Landwirtschaftsministerium gemeldet werden. Am kostensparendsten ist es dabei, für die ersten beiden Gesellschaften hinter der Immobilie US-Gesellschaften zu nehmen und für die letzte der Kette eine Steueroasengesellschaft mit Inhaberaktien.

Das Commerce Department, das US-Wirtschaftsministerium, führte 1979 weitere Berichtspflichten für ausländische Investoren in den USA ein. Ausländer müssen alle Käufe von US-Immobilien melden, die für Anlagezwecke gehalten werden, nicht aber diejenigen, die nur dem persönlichen Gebrauch dienen, wie zum Beispiel ein Haus oder eine Wohnung. Die Berichte müssen innerhalb von 45 Tagen nach dem Kauf abgegeben werden. Beträgt die Anlage weniger als eine Million Dollar oder umfaßt sie weniger als 200 acres Land, dann ist dieses nur ein Kurzbericht von einer Seite.

Das Wirtschaftsministerium verlangt außerdem nicht die Offenlegung der Identität des tatsächlichen Eigentümers, sondern nur die Angabe seines Wohnsitzlandes. Diese Berichte an das Wirtschaftsministerium stellen deshalb im allgemeinen kein Problem dar. Auch hier können Strafen von bis zu 10 000 Dollar verhängt werden, jedoch werden derartige Strafen selten, wenn überhaupt, eingetrieben.

Das FIRPTA-Gesetz ist inzwischen erheblich entschärft worden. Um sicherzustellen, daß beim Verkauf von US-Immobilien durch den ausländischen Anleger alle Bundessteuern bezahlt werden, muß beim Verkauf 10 Prozent des Verkaufspreises einbehalten werden. Diese 10 Prozent sind voll anrechenbar auf die amerikanische Steuer. Wenn die 10 Prozent die tatsächliche Steuer übersteigen, wird der Mehrbetrag zurückerstattet.

"Heuern und feuern" und die Gewerkschaften

Joseph L. Churchill

Das Heuern und Feuern von Mitarbeitern in den USA ist für den deutschen Unternehmer einer der gravierendsten Unterschiede zu der zu Hause gewohnten Praxis.

Unbestreitbar ist es immer noch viel leichter in den USA, einen — auch langjährigen — Mitarbeiter zu entlassen als in Deutschland. Nicht umsonst werden für Personalchefs in den USA „Hire and Fire"- Seminare durchgeführt.

Bis Ende der siebziger Jahre konnte ein Unternehmer in den USA ziemlich unbeschränkt nach Wunsch und Laune Mitarbeiter entlassen, sofern er keinen schriftlichen Arbeitsvertrag mit ihnen hatte (der deshalb auch oft tunlichst vermieden wurde) und solange er nicht „diskriminierte".

Denn das Bürgerrechtsgesetz von 1964 (Civil Rights Act of 1964) verbietet jegliche Diskriminierung bezüglich Rasse, Religion, nationaler Zugehörigkeit oder Geschlecht (einschließlich Schwangerschaft). Dieses Gesetz bezieht sich allerdings nur auf Unternehmen, die 15 oder mehr Arbeitnehmer beschäftigen. Unter dem gleichen Gesetz können Sie übrigens dafür verantwortlich gemacht werden, wenn Ihre weiblichen Arbeitskräfte am Arbeitsplatz sexuell belästigt werden, und zwar nicht nur vom aufsichtsführenden Personal, sondern auch von den Arbeitskollegen.

Diese Anti-Diskriminierungsvorschrift kann kompliziert werden, wenn Ihre Anstellungspolitik den eigentlich völlig unbeabsichtigten Effekt hat, Minoritäten oder weibliche Arbeitskräfte auszuschalten. Ein Beispiel dafür ist die Anweisung, niemanden mit einer Vorstrafe anzustellen. Dieses kann dazu führen, daß ein hoher Prozentsatz gewisser Minoritäten nicht mehr bei Bewerbungen in Frage kommt. In einem solchen Falle ist es Ihre Sache als Arbeitgeber, zu beweisen, daß Ihre Anweisung eine geschäftliche Notwendigkeit ist.

Der „Equal Pay Act of 1963" schreibt gleiche Bezahlung von Männern und Frauen für gleiche Arbeit vor. Der „Age Discrimination Employment Act of 1967" verbietet, jemanden wegen seines Alters zwischen 40 und 70 bei der Anstellung zu benachteiligen. Firmen, die an Regierungsstellen liefern — wie zum Beispiel auf dem Rüstungssektor — und mehr als 50 Mitarbeiter beschäftigen und einen Auftrag von mehr als 50 000 Dollar bekommen haben, müssen sogar noch sehr viel striktere Anforderungen bezüglich der Minoritäten erfüllen.

Doch die Anti-Diskriminierungsgesetze sind nicht der einzige Grund, warum das schnelle Feuern von Mitarbeitern jetzt manchmal auf Schwierigkeiten stößt.

In den letzten Jahren stellten sich einige gefeuerte Mitarbeiter auf die Hinterbeine — und einige Gerichte gaben ihnen recht. Es haben sich dabei vier weitere Gründe herausgeschält, warum neben der Diskriminierung ein entlassener Mitarbeiter vor den Gerichten recht bekommen könnte:

1. Wenn ein Mitarbeiter aus Gründen entlassen wird, die gegen die öffentlichen Interessen verstoßen. Wenn zum Beispiel ein Mitarbeiter gefeuert wird, weil er sich bereit erklärt hat, als Geschworener bei einer Jury mitzuwirken.

2. Wenn ein Mitarbeiter für „Whistle Blowing" entlassen wird, das heißt, wenn er seine Gesellschaft „verpfeift". Wenn er zum Beispiel Behörden mitteilt, daß sein Arbeitgeber sich illegaler Praktiken bedient.

3. Bei Verstößen gegen Treu und Glauben. Wenn zum Beispiel ein Mitarbeiter entlassen wird, nur um zu vermeiden, daß er kurz darauf Anrechte auf einen Pensionsplan hätte.

4. Bei mündlichen Zusicherungen, die das Anstellungsverhältnis betrafen, oder bei etwas, was man als Zusicherung auslegen kann.

Rechtsanwälte in den USA beraten Unternehmer deshalb, wie sie ihre „Heuer-und-Feuer"-Praktiken gestalten müssen, um nicht in aussichtslose Auseinandersetzungen hineingezogen zu werden.

Vergessen Sie übrigens bei der unternehmerfreundlichen Heuer- und Feuer-Praxis nicht folgendes: Das gilt auch in der umgekehrten Richtung. Wenn Ihr Mitarbeiter von woanders her eine etwas interessantere Offerte bekommt, dann springt er sehr viel schneller und kurzfristiger wieder ab, als Sie es aus Deutschland gewohnt sind.

Gewerkschaften

Zunächst zu den rechtlichen Grundlagen: Angestellte und Arbeiter haben ein bundesgesetzlich geschütztes Recht, sich gewerkschaftlich zu organisieren. Der „National Labor Relations Board" in Washington, D.C., entwickelt die Regierungspolitik gegenüber den Gewerkschaften. Die Arbeitsgesetze sind — Common Law-typisch — weniger kodifiziert, als vielmehr in Präzedenzfällen und Richterentscheidungen festgelegt. Es gibt sehr strikte Regeln, die die Gewerkschaften betreffen — insbesondere das Verhältnis zwischen Arbeitgebern und Arbeitnehmern.

So ist es zum Beispiel rechtswidrig, in der vom Arbeitgeber bezahlten Arbeitszeit gewerkschaftliche Organisationsarbeit zu betreiben.

Die bundesstaatlichen „Right to Work Laws" (Recht-auf-Arbeit-Gesetze) und das Taft Hartley-Gesetz erlauben es den Einzelstaaten, ihrerseits „Recht-auf-Arbeit"-Gesetze zu erlassen. Diese Gesetze verbieten es Gewerkschaften und Arbeitgebern, die Mitgliedschaft in einer Gewerkschaft als Voraussetzung für eine Beschäftigung zu verlangen.

Nahezu die Hälfte der US-Einzelstaaten haben derartige "Recht-auf-Arbeit"-Gesetze. Dort herrscht im allgemeinen eine politische Atmosphäre, die arbeitgeberfreundlicher ist, denn die Gewerkschaften ha-

Auch ein Angestellter, der nicht Gewerkschaftsmitglied ist, steht in diesen Staaten weniger unter dem moralischem Druck, die Gewerkschaften zu unterstützen.

Vermeiden Sie auf jeden Fall eine gewerkschaftliche Organisation in Ihrem Betrieb. Ohne Gewerkschaft können Sie einfach zu niedrigeren Kosten produzieren. In den meisten Bundesstaaten liegt es an Ihnen als Arbeitgeber, ob Sie Gewerkschaften in Ihrem Betrieb haben oder nicht. Es gibt in den USA keine Gesetze, die vorschreiben, daß ein Unternehmen ab einer bestimmten Größe eine Arbeitnehmervertretung haben muß. Auch Großkonzerne wie IBM oder Texas Instruments haben keine Gewerkschaft in ihrem Betrieb.

Eine Gewerkschaft müssen Sie nur dann in Ihrem Betrieb zulassen, wenn mehr als 50 Prozent der Mitarbeiter für die Zulassung stimmen. Ob diese dafür stimmen, hängt fast ausschließlich von der Fähigkeit des Managements ab, die Arbeitsbedingungen und das Betriebsklima so zu gestalten, daß die Arbeitnehmer zufrieden sind und keine gewerkschaftliche Solidarisierung brauchen. Überspitzt kann man fast sagen: Wenn eine Gewerkschaft in einem Betrieb Fuß fassen kann, dann waren entweder die Manager schlecht oder die Arbeitsbedingungen wirklich miserabel.

Gerade Sie als deutscher Unternehmer sollten es relativ leicht haben, die Gewerkschaften aus dem Betrieb herauszuhalten. Sie haben in der Zusammenarbeit mit Arbeitnehmern und Gewerkschaftsvertretern viel größere Erfahrungen als die Amerikaner. Ein Bruchteil dessen genügt, was Sie in Deutschland aufwenden müssen für Personal- und Ruheräume, für Kantinen, freiwillige Sozialleistungen und freundliche Gestaltung der Arbeitsräume, um in den USA geradezu ein Modellunternehmen zu sein, in dem die Arbeitnehmer keinen Grund sehen, sich mit Gewerkschaften zu solidarisieren.

Andere wichtige Gesetze, die Ihre Arbeitnehmer betreffen, beziehen sich auf die Gefahren am Arbeitsplatz oder, anders ausgedrückt, die Auflage, daß Sie arbeitsmäßig sichere Arbeitsplätze für Ihre Angestellten zu schaffen haben. Wenn ich richtig unterrichtet bin, sind diese Auflagen keinesfalls strikter als die, die Sie von Deutschland her gewohnt sind.

Weitere Bestimmungen, über die Sie sich unterrichten müssen, betreffen Altersversorgung und Minimallöhne. Der bundesstaatliche "Fair Labor Standard Act" schreibt Minimallöhne für alle Mitarbeiter vor, beschränkt die Arbeitszeit auf 40 Stunden pro Woche und schreibt für darüber hinausgehende Arbeitszeiten einen Überstundenaufschlag von 50 Prozent vor.

Minimallöhne betreffen im allgemeinen nur Angestellte und Arbeiter. Das Management und sonstige Führungskräfte fallen im allgemeinen nicht unter Minimallohn- und Überstunden-Gesetze.

Die einzelnen Bundesstaaten bieten Ihnen übrigens unterschiedliche Hilfen bei der Suche und Ausbildung von Arbeitskräften. Das geht hin bis zu den vom Bundesstaat zu 100 Prozent bezahlten Ausbildungs- und Lehrlingsprogrammen unter der Leitung des sich neu ansiedelnden ausländischen Herstellers.

Produkt-Haftpflicht

Das Damoklesschwert über Ihrem amerikanischen Unternehmen

Joseph L. Churchill

Ärzte werden in den vorzeitigen Ruhestand getrieben, Firmen zur Aufgabe von Produkten gezwungen, und Gemeinden kommen bis an den Rand des Bankrotts. Der Grund ist eine wahre Welle von Schadensersatzprozessen, die die USA überziehen. In der Folge steigen die Prämien in einem Maße, das viele Betriebe zur Aufgabe oder Schließung zwingt, weil sie die Versicherungsbeiträge einfach erdrücken.

Seit die Gerichte immer höhere Summen zusprechen, ist das Verklagen in den USA zu einer Art Volkssport geworden. In den letzten 10 Jahren ist die Zahl der Urteile mit Schadenssummen von über 1 Million Dollar von 27 auf 401 gestiegen.

Schlimm für die Versicherer sind die mit Laien besetzten Jurys der Gerichte, die in immer stärkerem Maße bereit sind, die Partei des klagenden Bürgers zu ergreifen und ihm erhebliche Entschädigungssummen zuzusprechen. Dabei wird das Kleingedruckte in den Versicherungsverträgen so ausgelegt, daß der Versicherte einen sehr viel größeren Versicherungsschutz genießt als jemals vom Versicherer beabsichtigt. Die Folge: Einige Haftpflichtversicherer machten schon dicht, die anderen, die noch weitermachen, werden rabiater mit ihren Gebühren, um zu überleben.

Die Schweizerische Rück, die nahezu ein Viertel des gesamten Rückversicherungsgeschäfts der Welt versichert, faßt das US-amerikanische Haftpflichtgeschäft überhaupt nicht mehr an. Lloyds London versichert zwar immer noch, aber nur, nachdem das Kleingedruckte so geändert wurde, daß es auch von den rabiatesten amerikanischen Gerichten nicht mehr zuungunsten der Versicherer ausgelegt werden kann.

Doch nicht alleine die mit Laien besetzten Gerichte sind der Grund für die Welle der Schadensersatzprozesse, sondern auch die Tatsache, daß amerikanische Anwälte in Schadensersatzklagen in der Regel auf Erfolgsbasis (Contingency Fee) arbeiten. Jemand, der sich geschädigt fühlt, geht dann zumindest kein finanzielles Risiko ein, wenn er eine Firma oder seinen Arzt verklagt. Erst wenn der Kläger obsiegt, bekommen die Anwälte etwas. Dann aber auch kräftig: bis zur Hälfte der zugesprochenen Summe.

Für deutsche Augen ungewöhnlich ist deshalb, daß Anwälte die Bürger in Fernsehspots und Inseraten ermuntern, bei Schadensersatzprozessen ihre Dienste in Anspruch zu nehmen.

Politiker und Versicherungen üben zwar scharfe Kritik an diesen Methoden, und eine Zeitung nannte die Flut der Klagen „eine bösartige Krankheit", doch viele Anwälte sehen das verständlicherweise etwas anders. Sie nennen die Erfolgsbeteiligung die „Eintrittskarte des armen Mannes in den Gerichtssaal". Würde das Klagesystem geändert, hätte der Normalbürger keine Chance mehr, sein Recht zu bekommen.

Ein weiterer Grund für das Überhandnehmen von Produkt-Haftpflichtfällen in den USA ist die sogenannte „Class Action". Eine Class Action ist ein Prozeß, in dem eine ganze Reihe von Geschädigten eine gemeinsame Klage anstrengen. Die Prozeßkosten und das -risiko, auf den einzelnen Geschädigten umgerechnet, sind damit sehr viel geringer.

Welches Damoklesschwert auch über Ihrem amerikanischen Unternehmen durch diese Schadensersatzklagen hängen kann, zeigen Ihnen die folgenden Ausführungen:

Die Produkt-Haftpflichtgesetze in den USA betreffen sowohl Hersteller als auch Verteiler! Sie schützen jeden, der in irgendeiner Form durch hergestellte und verkaufte Produkte oder durch Dienstleistungen geschädigt wurde. Die Gesetze werden, wie eben beschrieben, außerordentlich extensiv ausgelegt und richten sich nach der gegebenen Garantie, nach Fahrlässigkeit und sonstigen Haftungsgründen. Inwieweit Garantien vorausgesetzt werden, richtet sich wiederum nach dem Vertrag oder dem Uniform Commercial Code, dem amerikanischen Handelsgesetz.

Fahrlässigkeit wird dann angenommen, wenn der Hersteller oder derjenige, der eine Dienstleistung erbracht hat, versäumt hat, mit entsprechender Sorgfalt vorzugehen. Beispielsweise im Entwurf, in der Beschriftung, der Gebrauchsanweisung oder bei einer Arbeitsausführung.

Die strikte Anwendung der Haftpflicht beruht auf der Doktrin, daß bei einem fehlerhaften Produkt der Hersteller eher in der Lage ist, das Risiko abzudecken und die Kosten zu tragen als der unschuldige Käufer. Dabei kann der Käufer sowohl gegen den Hersteller als auch gegen den Verkäufer vorgehen. Nur wenn er die Gebrauchsanweisungen nicht beachtet hat und dadurch verletzt wurde, wird in den meisten Fällen daraus keine Haftung entstehen.

Dabei sind Sie als ausländischer Hersteller genauso wie amerikanische Hersteller haftpflichtig für praktisch jeden Schaden, der durch Ihre Produkte innerhalb der USA entsteht. Sie können sogar zur Haftpflicht herangezogen werden, obgleich alle erdenkliche Mühe und Sorgfalt bei der Herstellung und dem Vertrieb der Produkte angewandt wurde und obgleich der Verbraucher die Produkte nicht direkt von Ihnen gekauft hat.

Als ausländischer Hersteller können Sie Ihre Produkt-Haftpflicht in gewissem Rahmen unter den Gesetzen einiger US-Bundesstaaten beschränken, jedoch sollten Sie sich darauf lieber nicht verlassen, sondern sich durch angemessene Versicherungen gegen die Produkt-Haftpflicht abschirmen.

Der Abschluß einer Produkt-Haftpflichtversicherung ist auch dann wichtig für Sie, wenn Sie in den USA nur durch Importeure beziehungsweise Großhändler verkaufen und selbst gar kein Büro oder keine Vertriebsstätte in den USA haben. Sie können trotzdem das Opfer einer Produkt-Haftpflichtklage werden. Es ist auch keine Lösung, einfach zu denken, daß das Urteil doch nicht gegen Sie im Ausland vollstreckt werden könnte. Spätestens dann, wenn Sie sich dazu entschließen, Ihre US-Geschäfte auszuweiten und ein eigenes Büro oder sonstige Niederlassung dort eröffnen, werden Sie erleben, daß das Urteil dann vollstreckt wird.

Aber auch wenn Sie eine Produkt-Haftpflichtversicherung haben, müssen Sie Ihren US-Verkäufern ausdrücklich verbieten, irgendwelche Garantien für ein Produkt abzugeben. Sie müssen sich auch vergewissern, daß alle Kataloge, Broschüren und sonstigen beim Verkauf benutzten Drucksachen an auffälliger Stelle ausdrücklich darauf hinweisen, daß keinerlei Garantien für das Produkt beziehungsweise dessen Eignung für einen bestimmten Zweck gegeben werden. Als Hersteller müssen Sie auch die Endverbraucher über eventuelle — auch noch so entfernte — Risiken des Produktes informieren, um damit möglicherweise Ihre Haftpflicht für das Produkt auszuschließen, auch wenn dieses unsachgemäß benutzt wurde.

1984 gewann ein Bauarbeiter aus Neu-England eine Schadenersatzklage von 1,7 Millionen Dollar gegen einen westdeutschen Hersteller von Industrieheftern, obgleich nicht widerlegt wurde, daß der Bauarbeiter den Heftapparat falsch bedient hat.

1985 sprach eine Jury in Oklahoma den Witwen von zwei Männern, die durch einen Lastwagen getötet wurden, dessen Lenkung versagt hatte, den Betrag von 12,2 Millionen Dollar zu. Auch hier war eine deutsche Versicherungsgesellschaft der Hauptbetroffene und war völlig überrascht von den 10 Millionen Dollar Strafmaß, die zuerkannt wurden. Zuzüglich zu den 2,2 Millionen Dollar, die als „Schadensersatz" für die beiden Menschenleben berechnet wurden. Denken Sie bitte nicht, daß das extreme Ausnahmebeispiele sind.

Die Familien der 131 Passagiere, die 1985 bei dem Absturz eines Delta-Flugzeuges bei Dallas getötet wurden, verlangen insgesamt mehr als 600 Millionen Dollar. Und nicht nur bei Flugzeugunglücken kommen Schadensersatzansprüche auf die Fluggesellschaften zu: Zwei Passagiere auf dem TWA-Flug Athen-Rom, der im Juni 1985 nach Beirut gehijackt wurde, verklagen TWA auf je etwa 1 Million Dollar.

Das Three Miles Island-Atomreaktorunglück im Jahre 1981 hatte 300 Schadenersatzklagen zur Folge. Nur wenige dieser Klagen sind bisher außergerichtlich geregelt worden. 230 Fälle sind noch anhängig mit bis zu 5 Millionen Dollar pro Fall.

Die amerikanische Asbestindustrie, auf die etwa 50 000 Klagen von Opfern der Asbest-Staublunge oder deren Familien zukommen, wird zwischen jetzt und dem Ende des Jahrhunderts bis zu 200 Milliarden Dollar bezahlen müssen. Einige der Gesellschaften, wie Manville oder UNR, sind bereits in Vergleich gegangen und verklagen ihre Versicherer. Bei einer solchen Klage entschied das Gericht, daß nicht nur diejenige Versicherungsgesellschaft zu zahlen hatte, bei der die Asbestfirma zum Zeitpunkt der Klage versichert war, sondern daß sämtliche Versicherungsgesellschaften haften mußten, die während des gesamten Arbeitsverhältnisses der asbestgeschädigten Mitarbeiter jemals Policen ausgestellt hatten. Damit kann die Asbestgesellschaft nicht nur auf Grund einer einzigen Police etwa 300 Millionen Dollar kassieren, sondern auf Grund verschiedener alter, lange abgelaufener Policen auf eine Totalsumme von mehreren Milliarden Dollar klagen.

Für Sie als europäischer Unternehmer mit Interessen in den USA ist es also absolut notwendig, daß Sie eine Produkt-Haftpflicht abschließen, um die Gefahr eines sonst immer über Ihnen hängenden Damoklesschwertes abzuwenden. Leider sind die Prämien dafür in den vergangenen Jahren auf Grund der hohen Schadensfälle ganz erheblich angestiegen, und diese müssen unbedingt in die Kostenkalkulation eingehen, bevor Sie anfangen, auf dem amerikanischen Markt zu verkaufen.

Die Produkt-Haftpflicht ist nicht unter einer allgemeinen Haftpflicht-Police gedeckt. Eine „Claims Made"-Produkthaftpflicht-Police deckt Schadensforderungen ab, die gegen den Versicherten während der Laufzeit der Police erhoben werden. Eine „Occurrence"-Police deckt Ansprüche ab, die gemacht werden auf Grund eines Ereignisses (Occurrence), welches während der Laufzeit der Police eintrat

— auch wenn der Schadensersatzanspruch selber später erhoben wird. Ein „Vendor's Endorsement" versichert den Verkäufer eines Produktes gegen Produkt-Haftpflicht, und zwar zuzüglich zum Hersteller des Produktes. Ohne das Vendor's Endorsement können zwar Forderungen gegen den Hersteller gedeckt sein, nicht aber gegen den Großhändler oder den Verkaufsagenten.

Für Sie ist es erfahrungsgemäß am günstigsten, wenn Sie als Neuankömmling nicht versuchen, in den USA direkt eine Haftpflicht-Versicherung zu bekommen, sondern über Ihre europäischen Haftpflicht-Versicherer, die Sie seit Jahren kennen. Sie erreichen dabei manchmal wesentlich niedrigere Prämien. Doch sind diese jetzt selbst dann erheblich höher als in der Vergangenheit, und manchmal wird auch die Deckung reduziert.

Ein großer deutscher Chemiekonzern erneuerte 1985 seine Produkt-Haftpflichtversicherung und stellte fest, daß seine Prämie von 1,2 Millionen Dollar im Jahre 1984 auf jetzt 2,2 Millionen Dollar hochschnellte und dafür aber nicht mehr 307 Millionen Dollar, sondern nur noch 100 Millionen Dollar gedeckt waren. Außerdem lehnte der Versicherer die Deckung verschiedener Risiken auf Grund von Luftemissionen ab.

Die US-Niederlassung eines deutschen pharmazeutischen Konzerns konnte sich 1984 noch für 100 Millionen Dollar versichern. 1985 nur noch für 80 Millionen Dollar, und es scheint, daß sie 1986 nur noch eine Deckungszusage für 50 Millionen Dollar bekommt, und zwar nur für bereits bestehende Produkte. Und gar keine Deckung für zwei neue Anti-Baby-Pillen, die auf dem Markt eingeführt werden sollten.

Dieses klingt alles sehr negativ und das soll es auch. Die Produkt-Haftpflicht ist eine zentrale Überlegung bei Unternehmensentscheidungen. Sie müssen dieses Problem lösen, bevor Sie auf den amerikanischen Markt gehen, damit nicht die Haftung aus dem amerikanischen Markt die Existenz Ihres ganzen Unternehmens erschüttern kann.

Schutz des geistigen Eigentums

Patente, Warenzeichen, Handelsnamen, Copyrights, Geschäftsgeheimnisse

Joseph L. Churchill

Der Schutz des geistigen Eigentums an Ihrem Produkt ist ein Gesichtspunkt, den Sie eingehend beachten sollten, bevor Sie es auf dem US-Markt herstellen oder einführen. Nichts kann ein neues Geschäft derart schnell abbremsen wie eine Patentklage oder die Gefahr, wegen Patentverletzung verklagt zu werden.

Patente

US-Patente schützen Sie für einen Zeitraum von 17 Jahren nach Patenterteilung. Musterschutz (Design Patent) ist erhältlich für 3 1/2, 7 oder 14 Jahre — je nachdem, welche Gebühren der Antragsteller zahlt. Musterschutz ist nicht erhältlich für Merkmale, die durch die Funktion des Produktes diktiert sind. Medizinische Artikel müssen die üblichen Kriterien für Patente erfüllen und dürfen nicht zu weit hergeholt sein. Das Patentbüro ist sehr strikt und forscht nach, wenn bizarre Anmeldungen gemacht werden, wie beispielsweise die tatsächlich versuchte Anmeldung für eine Krebsheilmaschine mit Fußantrieb. Doch wurde immerhin ein Patent erteilt für ein Kopfschmerzheilprodukt, das nichts weiter ist als ein winziges, bleistiftähnliches Ding, mit dem man wie bei Akupressur auf die verschiedenen Akupunkturpunkte des Kopfes drückt.

Es würde zu weit führen, hier tiefer in das Patentrecht einzusteigen. Sie brauchen in jedem Falle einen Patentanwalt, der die Anmeldung für Sie durchführt. Bevor Sie jedoch voll in die Anmeldung hineingehen, sollten Sie erst einmal eine Nachforschung starten. 10 bis 20 Prozent der Kosten einer tatsächlichen Patentanmeldung genügen, um mit einigermaßen Sicherheit festzustellen, ob die Erfindung patentierbar ist und ob der dafür erzielbare Patentschutz nicht so eng gehalten wird, daß es sich einfach nicht lohnt, dieses weiter zu verfolgen.

Die Patentanmeldung muß von einer eidesstattlichen Erklärung der Erfinder begleitet sein, daß sie glauben, die originalen Erfinder des Produktes zu sein. Dann wird die Patentanmeldung, zusammen mit der Zahlung der Anmeldegebühr, dem Patentamt übergeben, und dann beginnt erst einmal eine lange Wartezeit, nämlich ein bis zwei Jahre. Dann kommt der Bescheid des Patentamtes. Unter Umständen ist er negativ, und es muß dann mit anderen Argumenten versucht werden, dennoch von neuem eine Anmeldung durchzubekommen.

Sowie Sie das Patent in den USA angemeldet haben, dürfen Sie alle Artikel, die die Erfindung als Bestandteil haben, mit „Patent angemeldet" (*Patent Pending*) markieren. Doch das hat mehr deklamatorischen Wert als rechtliche Auswirkung, denn die Patentrechte beginnen erst mit der Erteilung des Patents. Der Erfinder hat keine rechtliche Handhabe, um jemanden, der während der Patentanmeldungszeit die Erfindung herstellt, benutzt oder verkauft, davon abzuhalten.

Gute Patentanwälte müssen nahezu mit hellseherischen Gaben begabt sein, denn das Patentamt verlangt nicht nur, daß der Patentanmelder alle Informationen über das zu patentierende Produkt oder den zu patentierenden Produktionsweg oder Arbeitsgang offenbart, sondern auch alle Gegenargumente und Informationen offenlegt, die derjenige vorbringen könnte, der eventuell später die Patentfähigkeit der Erfindung anfechten würde.

Sie müssen übrigens in den USA den tatsächlichen Erfinder in der Patentanmeldung nennen. Es ist deshalb lebenswichtig — insbesondere für neue Firmen —, daß alle angestellten Ingenieure eine wohldurchdachte Erfindungs- und Patentübertragungsvereinbarung unterzeichnen, die insbesondere vorsieht, daß sämtliche Patentrechte an allen Erfindungen auf das Unternehmen übergehen.

Bei der amerikanischen Patentanmeldung ausländischer Produkte müssen Sie gewisse Fristen beachten. Sie können kein Patent in den USA anmelden, wenn die Erfindung irgendwo sonst in der Welt mehr als ein Jahr vor der US-Patentanmeldung bereits in einer gedruckten Veröffentlichung beschrieben war oder wenn sie mehr als ein Jahr davor schon in den USA benutzt oder verkauft wurde.

Diese Ein-Jahres-Frist, die Ihnen das amerikanische Patentrecht gewährt, ist aber noch besser als die Vorschriften in den meisten anderen Ländern der Welt, die den absoluten Neuigkeitsanspruch haben. Patente geben Ihnen keine extraterritorialen Rechte außerhalb des Landes, das Ihnen das Patent gewährt. Wenn Sie also ein Patent in Ihrem Heimatland haben, dann bedeutet das nicht, daß dieses auch ohne weiteres in den USA anerkannt wird.

Ein ausländisches Patent kann allerdings bei der Erteilung eines US-Patents helfen. Gemäß Artikel 4 der Pariser Patentkonvention kann ein ausländischer Anmelder eines US-Patents das Anmeldedatum seiner ursprünglichen ausländischen Anmeldung als ein Vorzugsdatum (*Priority Date*) für die Patentanmeldung der gleichen Erfindung in den USA benutzen. Voraussetzung ist, daß das Heimatland des Erfinders der Pariser Konvention beigetreten ist. Auch hier jedoch wieder eine Ein-Jahres-Frist: Um das Vorzugsdatum zu erhalten, muß die US-Anmeldung innerhalb eines Jahres nach dem Anmeldedatum der ursprünglichen ausländischen Patentanmeldung erfolgen.

Auch wenn Sie derzeit noch keine Absicht haben, Ihre jetzigen oder zukünftigen Erfindungen in den USA zu vertreiben, ist es doch in jedem Falle ratsam, aus Vorsichtsgründen ein separates US-Patent zu beantragen.

Es gibt übrigens in den USA keine jährlichen Patentgebühren und auch nicht — wie in einigen Ländern — den Zwang, Lizenzen zu vergeben oder die patentierte Erfindung auch wirklich zu benutzen.

Sie sollten sich allerdings auch über die Probleme bei der Patentanmeldung in den USA klar sein: Der Patentanmeldeprozeß ist erstens teuer und zeitraubend und zweitens sind Sie — auch wenn Sie vom Patentamt die Patenterteilung erhalten haben — immer noch nicht sicher, daß dieses Patent einer späteren Anfechtung standhält.

Wenn Sie ein Patent erteilt bekommen, erübrigt sich der Gebrauch jeglicher Geheimnisvorkehrungen. Sie sind gezwungen, in Ihrer Patentanmeldung die Erfindung beziehungsweise den zu patentierenden Prozeß derart weitgehend offenzulegen, daß dieses natürlich eine Fundgrube für Konkurrenzunternehmen ist. Deswegen und wegen der langen Wartezeit ziehen es viele Firmen aus der schnellebigen Hi-Tech-Branche vor, sich statt dessen auf den Schutz von Betriebsgeheimnissen zu verlassen und auf Patentanmeldungen völlig zu verzichten.

Handelsnamen und Warenzeichen

Auch in den USA werden Sie Ihren Handelsnamen (*Trade Name*), Ihr Warenzeichen (*Trade Mark*), Ihr Dienstleistungszeichen (*Service Mark*) und andere Goodwill- und Unterscheidungsmerkmale Ihres Unternehmens schützen wollen.

Ein Handelsname ist der Name oder das Symbol — oder eine Kombination daraus — , die zur Identifizierung des betreffenden Geschäfts des Unternehmens benutzt wird.

Warenzeichen sind alle Worte, Namen, Symbole, Muster oder deren Kombinationen, die von einem Händler oder Hersteller angenommen oder verwandt werden, um dessen Erzeugnisse zu kennzeichnen oder sie von den Erzeugnissen anderer Hersteller oder Händler zu unterscheiden.

Ein Dienstleistungszeichen ist ein Zeichen, das zum Verkauf von oder zur Werbung für Dienstleistungen verwandt wird. Es soll also die

Dienstleistungen einer natürlichen oder juristischen Person kennzeichnen und sie von denen anderer unterscheiden.

Ein Beispiel: Bei der Schnellimbißkette McDonald's ist der Handelsname auch gleichzeitig das Warenzeichen und das Dienstleistungszeichen.

Handelsnamen werden oft durch den Namen der Firma, die den Handelsnamen benutzt, geschützt. Ein Beispiel: „General Motors" ist der Handelsname des Autoherstellers „General Motors Corporation". Dieses schützt allerdings den Handelsnamen nur in dem Bundesstaat, in dem die Firma eingetragen ist. Es berechtigt die Firma nicht automatisch, diesen Handelsnamen auch in anderen Bundesstaaten zu benutzen, es sei denn, der Name wurde dort noch nicht verwandt und ist nicht leicht verwechselbar mit dem Namen eines anderen Unternehmens, das dort bereits geschäftlich tätig ist.

Rechte an einem Handelsnamen werden nur durch die Benutzung im Rahmen des Geschäftsbetriebes erworben. Wird der benutzte Handelsname im Laufe der Geschäftstätigkeit mit einem bestimmten Gebiet identifiziert, so erwirbt der Benutzer dadurch gewisse Eigentumsrechte an dem Handelsnamen.

Diese Regelung, daß die Rechte an einem Warenzeichen nur durch Gebrauch des Namens und nur in dem betreffenden geographischen Geschäftsgebiet und -zweig erworben werden können, weicht von den gesetzlichen Bestimmungen der meisten Länder außerhalb der USA ab.

Nach Etablierung des Waren- und Dienstleistungszeichens durch den Gebrauch können diese Zeichen in demjenigen Bundesstaat, in dem sie benutzt wurden, sowie bei der Bundesregierung registriert werden. Die Eintragung im Bundesregister setzt den sogenannten "Interstate Commerce" voraus, das heißt, das Zeichen muß für Produkte benutzt worden sein, die bereits von einem Bundesstaat in den anderen verkauft oder im Außenhandel benutzt wurden.

Ist das Zeichen einmal im Bundesregister eingetragen, so kann es auch mit der Zollbehörde registriert werden. Wird dann bei ausländischer Ware der gleichen Warenkategorie unerlaubterweise dieses Warenzeichen benutzt, würde die Ware beim Anlanden in den USA vom US-Zoll beschlagnahmt. Wenn Sie Waren in die USA exportieren, sollten Sie deshalb sicherstellen, daß Ihr Handelsname beziehungsweise Ihr Warenzeichen auf den exportierten Waren kein in den USA geschütztes Zeichen verletzt.

Copyright

Das Copyright schützt nicht eine Idee selber, sondern die Art, wie diese Idee ausgedrückt wird. Anders als beim Patent ist die Bedingung eines Copyright-Schutzes nicht die Neuheit oder Kreativität, sondern mehr die Originalität. Der Copyright-Schutz beginnt mit dem Moment, in dem das Werk geschaffen wurde, und schützt bis zu einem Zeitraum von 50 Jahren nach dem Tode des Autors oder Schöpfers.

Seit kurzem werden auch Computerprogramme als literarische Werke und damit als copyright-schutzwürdig definiert. Allerdings ist die Anwendung der Copyright-Prinzipien auf Computer-Software-Programme sehr kompliziert und nicht in allen Punkten klar. Erst in den nächsten Jahren wird dieses wohl durch die Gerichte geklärt werden.

Um den Copyright-Schutz zu erlangen, muß auf allen öffentlich verteilten Kopien entweder der Buchstabe c in einem Kreis, das Wort „Copyright" (oder eine Abkürzung davon) sowie das erste Veröffentlichungsjahr und der Name des Eigentümers erscheinen.

Bei Software-Programmen, die nur mit Hilfe eines technischen Gerätes sichtbar gemacht werden können, genügt es, wenn diese Copyright-Notiz beim Einschalten auf dem Terminal des Benutzers erscheint oder ausgedruckt wird.

Nicht nur Software-Programme bereiten derzeit Schwierigkeiten bei der Auslegung des Copyright-Schutzes, sondern auch andere Entwicklungen auf dem Hi-Tech-Sektor, wie zum Beispiel Videospiele und Videorecorder. Ein Präzendenzfall ist der Kampf von Universal City Studios gegen Sony, der schließlich mit einer Entscheidung des Supreme Court, des höchsten Gerichtshofes der USA, endete. Danach verletzt der Hersteller von Videorecordern, mit denen Fernsehsendungen aufgenommen und wieder abgespielt werden können, die Copyright-Rechte der Fernseh-Ausstrahlungen.

Geschäftsgeheimnisse

Eine andere Möglichkeit, um nicht nur Computerprogramme, sondern auch andere Produkte zu schützen, besteht in den Geschäftsgeheimnissen. Ein Geschäftsgeheimnis ist eine Formel oder eine Sammlung von Informationen, die in einem Geschäftsbetrieb benutzt wird und die einen Vorsprung gegenüber der Konkurrenz ermöglicht. Im Gegensatz zum Copyright erstreckt sich der Geschäftsgeheimnisschutz auf die Idee selber und nicht nur auf die Art, wie die Idee ausgedrückt wurde. Geschäftsgeheimnisse sind üblicherweise in den USA unter der Common Law-Theorie des unlauteren Wettbewerbs (*Unfair Competition*) geschützt.

Geschäftsgeheimnisse müssen Sie ausführlich in allen Verträgen mit Ihren Großhändlern, Lizenznehmern und Vertretern behandeln.

Sie müssen zum Beispiel aufpassen, daß der Lizenznehmer oder Vertreter durch seine Tätigkeit keine Eigentumsrechte an derartigem geistigem Eigentum erwirbt. Außerdem müssen Sie schriftlich sicherstellen, daß diejenigen Geschäftsgeheimnisse, die Sie an den Vertreter oder dessen Angestellten weitergeleitet haben, von diesen nicht wiederum weitergegeben werden, sofern dieses nicht ausdrücklich von Ihnen erlaubt wurde. Zu Ihren Gunsten sollten alle Angestellten Ihres Vertreters derartige Nichtweitergabe- und Geheimhaltungs-Erklärungen unterschreiben.

Export

Joseph L. Churchill

Ihr erster Kontakt mit dem amerikanischen Wirtschaftsleben — abgesehen von persönlichen Anlagen — ist sehr oft der Export in die USA.

Obgleich die westliche Welt sich jetzt einer Periode des relativ freien Handels erfreut, mehren sich in den USA die Stimmen und der Druck, sich protektionistisch gegen Importe abzuschirmen, um das Außenhandelsdefizit zu verringern oder die heimische Industrie zu schützen. Dabei ist es den Befürwortern des Protektionismus oft egal, ob diese Importe deshalb so konkurrenzfähig sind, weil sie bei einem günstigeren Preis einfach besser sind als amerikanische Produkte oder weil sie in den Herstellungsländern subsidiert werden, oder weil sie internationale Handelsabmachungen, US-Dumping-Gesetze oder US-Patente und Handelszeichen verletzen.

Die Hauptaufgabe des amerikanischen Zolls *(U.S. Customs Service)* ist es, das Zollgesetz von 1930 *(Tariff Act of 1930)* anzuwenden. Ihm obliegt also das Eintreiben von Importzöllen, Steuern und Gebühren auf Importwaren, die Durchsetzung der Zoll- und der damit zusammenhängenden Gesetze und die Verwaltung verschiedener Navigations- und Freundschaftsverträge. Der US-Zoll ist in sieben geographische Regionen eingeteilt, die wiederum unterteilt sind in Distrikte, die einen oder mehrere Importhäfen in den USA umfassen.

Wie fast überall in der Welt üblich, dürfen importierte Güter rechtlich erst dann eingeführt werden, wenn nach Eintreffen in dem Verzollungshafen *(Port of Entry)* die Zölle bezahlt wurden und die Auslieferung der Ware durch den Zoll erlaubt wird. Dabei ist der Importeur dafür verantwortlich, Inspektion und Freigabe der Waren zu erwirken.

Das US-Anti-Dumping-Gesetz *(U.S. Anti Dumping Act)* sieht vor, daß zusätzliche Strafzölle auf zollpflichtige oder sonst zollfreie Importwaren erhoben werden können, wenn

a) solche Importe der heimischen Industrie schaden können und

b) wenn sie durch Subsidien oder sonstige Vergünstigungen im Fabrikationsland verbilligt wurden.

Die Höhe der Strafzölle entspricht den direkten oder indirekten Subsidien oder Vergünstigungen, die die Ware bei der Herstellung oder für den Export in die USA verbilligen.

Warenklassifikation und Zölle

Die Höhe des Zolls richtet sich nach Warenklassifikation und -wert. Der Zollwert ist der Handelswert *(Transaction Value)* der Waren. Das ist der tatsächliche Exportpreis der Ware zuzüglich Verpackung, Verkaufsprovisionen, Lizenzgebühren und anderer Kosten, die der Importeur in den Preis einrechnen muß.

Waren können entweder zollfrei oder zollpflichtig sein, je nach Klassifikation gemäß dem US-Zolltarif. Es gibt sowohl Wertzölle (prozentual erhoben auf den Zollwert der Ware), Stückzölle (erhoben pro Stück oder pro Gewicht oder pro anderer Einheit) oder gemischte Zölle (Kombination von Wert- und Stückzöllen). Exporte von Westeuropa werden normalerweise unter der Meistbegünstigungsklausel *(Most Favoured Nation Rates)* klassifiziert.

Eine bindende Zollauskunft erhalten Sie von dem

"Regional Commissioner, New York Region" oder dem "Commissioner of Customs" in Washington, D.C.

Nur diese beiden Stellen können bindende Zollauskünfte geben. Die Zollauskunft ist allerdings nur dann bindend, wenn sämtliche Fakten, die für die Zollauskunft maßgeblich sind, offengelegt wurden.

Waren, die in die USA nur temporär und nicht zum Verkauf verbracht wurden, wie zum Beispiel Ausstellungsmaterial, und die danach in das Ursprungsland zurückverfrachtet werden, können zollfrei in die USA importiert werden. Voraussetzung ist, daß sie innerhalb eines Jahres wieder re-exportiert werden. Manchmal kann diese Frist auf drei Jahre verlängert werden. Für dieses Verfahren ist eine Garantie zu stellen in Höhe des zweifachen sonst anfallenden Zolles. Diese Garantie verfällt, wenn die Waren nicht vor Ablauf der Garantie re-exportiert oder vernichtet wurden.

Eine Alternative zu dieser Zollgarantie ist ein „temporäres Carnet" *(Temporary Admission Carnet)*, das von der Zollverwaltung als Zollgarantie akzeptiert wird. Dieses Carnet können Sie von den meisten Handelskammern bekommen. Es gilt für ein Jahr und kann wiederholt benutzt werden, um Waren in die USA zu verbringen.

Werden Waren in die USA zum Verkauf gebracht, später aber wieder exportiert, so ist es möglich, eine Rückerstattung der Zölle zu beantragen *(Duty Drawback)*.

Diese Zollrückerstattungen sollen US-Exporte fördern, denn viele aus den USA exportierte Waren enthalten Komponenten oder Zusatzstoffe, die erst importiert werden müssen. In diesen Fällen kann der Hersteller oder Exporteur des unter Verwendung der ausländischen Komponenten gefertigten US-Produkts 99 Prozent der Zölle zurückerhalten, die er auf die importierten Materialien bezahlt hat.

Rückerstattung ist auch möglich, wenn ausländische Waren wieder von den USA in ein anderes Land ausgeführt werden, obwohl das Produkt im gleichen Zustand ist wie beim Import. Außerdem ist Rückerstattung möglich für diejenigen Importeure, die Teile der ursprünglichen Warensendung wieder re-exportieren, weil es ihnen nicht gelungen ist, sie zu verkaufen.

Derzeit können Sie mit insgesamt neun Zollbüros in den USA über derartige Rückerstattungen sprechen. Allerdings sollen in Zukunft alle Rückerstattungsansprüche nur noch in Chicago bearbeitet werden, obgleich der Antrag in einem lokalen Zollbüro gestellt werden kann.

Es erstaunt mich immer wieder, daß ein guter Teil ausländischer Unternehmer, die zu einer Zoll-Rückerstattung berechtigt wären, gar nicht über das Rückerstattungsprogramm informiert sind und die ehemals gezahlten Zölle verfallen lassen.

Allerdings lohnt sich im allgemeinen eine Rückerstattung nur bei größeren Warenpartien. Wenn Sie nur ein paar tausend Dollar zurückerstattet bekämen, werden Sie unter Umständen feststellen, daß es mehr als dieses kostet, um das Geld vom Zoll herauszubekommen. Viele Rückerstattungen verzögern sich einfach wegen schlampiger Bürokratie. Die Regierungsstellen haben manchmal Mühe, die ursprünglichen Importpapiere zu finden, um diese dann mit den Re-Exportpapieren zu vergleichen. Innerhalb einer gewissen Zeit nach dem Import übergeben die Zollbehörden ihre Unterlagen einem zentralen Dokumentencenter, und daraus sind sie nicht so leicht wieder herauszubekommen.

Güterbeschriftungen

Im allgemeinen muß jede importierte Ware leserlich und an einem auffälligen Platz ausgezeichnet sein, damit der Endverbraucher in den USA daraus das Land ersehen kann, in dem die Ware hergestellt wurde. Einige Produkte sind von diesen Markierungspflichten ausgenommen, andere müssen besondere Markierungen tragen. Eine Nichtbeachtung dieser Markierungsvorschriften kann zu einem Sonderzoll von 10 Prozent auf den Zollwert des Artikels führen. Im allgemeinen ist es ratsam, die Waren vor dem Import in die USA zu markieren. Zwar können sie auch danach markiert werden, jedoch bedeutet dieses meistens einen erheblichen Zeitverlust.

Es gibt noch andere Bestimmungen, die den Endverbraucher schützen sollen und über die Sie sich als Exporteur klar sein müssen. Das Verpackungs- und Auszeichnungsgesetz *(Fair Packaging and Labe-*

ling Act) schreibt vor, daß verpackte Waren Etiketten haben müssen, die das Produkt, den Hersteller, Verpacker oder Großhändler bezeichnen sowie weitere ausführliche Angaben über den Inhalt einschließlich Menge geben. Einer der Gründe für dieses Gesetz ist es, dem Verbraucher eine Vergleichsbasis mit anderen Waren zu ermöglichen.

Das Wollauszeichnungsgesetz *(Wool Products Labeling Act)* schreibt vor, daß Kleidungsstücke, die Wolle enthalten, nicht nur die Menge angeben müssen, sondern auch die Art der benutzten Wolle (Schurwolle oder Reißwolle).

Das Pelzauszeichnungsgesetz *(Fur Products Labeling Act)* schreibt vor, daß das Etikett neben dem Ursprungsland auch den Tiernamen des Felles angeben muß.

Das Textilfasererkennungsgesetz *(Textile Fiber Product Identification Act)* schreibt vor, daß Kleidung, Teppiche und Haushaltstextilien eine generische oder chemische Beschreibung der Textilfasern enthalten müssen. Außerdem müssen auf dem Etikett alle Fasern angegeben werden, die mehr als 5 Prozent der Gesamtmenge ausmachen.

Die Lebensmittel- und Pharmabehörde *(Food and Drug Administration)* wacht darüber, daß Lebensmittel, pharmazeutische Artikel, Kosmetika und therapeutische Artikel richtig etikettiert und verpackt sind.

Die Food and Drug Administration hat ein Büro in Washington, D.C., das Hersteller im voraus über die benötigte Etikettierung und Verpackung aufklärt.

Die Bundeshandelskommission *(Federal Trade Commission — FTC)* ist sowohl eine Untersuchungs- als auch eine Verfolgungsbehörde, die die Befolgung der Antitrust- und Unfair Competition-Gesetze durchsetzt.

Bei der Werbung kann die FTC die Hersteller beziehungsweise Händler zwingen, entweder den Wahrheitsgehalt der Anzeigen zu beweisen oder die Werbung zu ändern. Die Hersteller von Schnupfenmedizin, Zahnpasta, Fernsehapparaten, Autos und Autoreifen sind einige der vielen Branchen, die bisher schon gezwungen wurden, für die in der Werbung aufgestellten Behauptungen den Wahrheitsbeweis anzutreten.

Außenhandelszonen und Zollager

Für Sie als Exporteur können die Außenhandelszonen oder die Zollager gegebenenfalls von Interesse sein.

Sie können Ihre Waren entweder in einem Zollager *(Bonded Customs Warehouse),* oder einer Außenhandelszone *(Foreign Trade Zone — FTZ)* lagern oder unter Zollverschluß von einem Eingangshafen zum anderen transportieren lassen. Hierdurch können Sie den tatsächlichen Import der Waren in die USA und damit den Zeitpunkt der Zollzahlung hinausschieben.

Waren können bis zu fünf Jahren in einem Zollager gelagert werden. Während dieser Zeit können die Waren jeweils ohne Zollzahlung wieder re-exportiert oder aus dem Zollager für den Inlandsverbrauch entnommen werden. Dann ist der zum Zeitpunkt der Entnahme gültige Zoll fällig.

Während der Zollager-Zeit können die Waren gesäubert, sortiert, neu verpackt oder sonst in einer Form behandelt werden, die nicht als Produktion gilt.

Die Außenhandelszonen, die Foreign Trade Zones (FTZ), sind das US-Äquivalent der international bekannten Freihandelszonen. Derzeit gibt es über 100 FTZ's in den USA. Diese Zonen gelten für die USA als Zollausland, obgleich sie unter Zollaufsicht funktionieren.

Da der in den FTZ's oder den Zollagern erzielte Mehrwert zollfrei ist, haben die FTZ's und Zollager einen erheblichen Aufschwung genommen.

Die Bearbeitung in den FTZ's oder Zollagern schließt oft die Bearbeitung oder Zusammenführung von Einzelteilen ein, mit denen das Endprodukt angefertigt wird. Für einige Endprodukte ist es oft kosteneffizienter und bequemer, das Endprodukt in den USA zu montieren. Ob sich dieses lohnt oder nicht, kann in Kostenanalysen geklärt werden, die nicht nur die Ersparnisse aus dem Aufschub der Zollzahlung berücksichtigen, sondern auch die Vorteile des besseren Cashflows und der Kostensenkung wegen der Lage des FTZ's oder Zollagers nahe an Häfen, Flughäfen oder sonstigen Verladestationen.

Auf fehlerhafte Güter, die re-exportiert oder vernichtet werden, fällt kein Zoll an. Ebenfalls nicht auf den Prozentsatz der Materialien, der während der Weiterverarbeitung schrumpft oder schwindet.

Besonders die sogenannten umgekehrten Zölle *(Inverted Tariffs)* können durch diese FTZ's und Zollager ausgenutzt werden. Inverted Tariffs bedeutet, daß der Zoll auf Einzelkomponenten oder auf die Rohmaterialien eines Artikels höher sein kann als der Zoll auf das Endprodukt. Dieses ist beispielsweise ziemlich üblich bei Hi-Tech-Produkten.

Weitere Ersparnisse bestehen in den niedrigeren Versicherungskosten. Nicht nur, daß die Versicherungssumme nur auf den unverzollten Wert bezahlt werden muß, die Versicherungsgesellschaften machen auch Abstriche an den Prämien deswegen, weil die Bewachung der FTZ's und der Zollagerhäuser die Gefahr von Einbrüchen und Diebstählen ganz erheblich mindert.

Ein interessanter Aspekt ist auch, daß Importquoten auf eine bestimmte Ware erst dann angewandt werden, wenn sie in das Zollinland gehen. Waren können deshalb so lange in dem Zollager oder dem FTZ gelagert werden, bis neue Quoten verfügbar sind.

Das sehr oft verkaufsfördernde Etikett „Made in USA" ist ein weiterer Vorteil der FTZ's und Zollager. Wenn das Endprodukt aus ausländischen Einzelteilen beziehungsweise Rohmaterialien in einem FTZ oder Zollager zusammengestellt wurde, dann kann oft der Artikel als „Made in USA" bezeichnet werden.

FTZ's bieten also ganz erhebliche Vorteile

a) für Im- und Exporteure, die ihre Waren von einem Land zum anderen versenden und dabei die USA berühren,

b) für Importeure oder Hersteller, die ausländische Rohstoffe oder Teile benutzen, und

c) für Unternehmen, die US-Waren mit ausländischen Produkten im Endprodukt mischen.

Güter können von einem FTZ oder Zollager zum anderen unter Zollverschluß verbracht werden, ohne daß dadurch Zoll anfällt.

FTZ's werden derzeit in großem Stile bei Autoteilen — vom importierten Getriebe bis hin zu Radios — benutzt. Viele GM- oder Fordwerke haben einen FTZ-Status.

Goetze Gasket Company, die Niederlassung eines deutschen Unternehmers in Georgia, importiert aus der Bundesrepublik Deutschland Rohmaterialien für die Anfertigung von Zylinderkopfdichtungen. Der Vorteil des FTZ besteht dabei nicht nur in der verzögerten Zahlung der Zölle, sondern auch in den niedrigeren Zöllen auf das Endprodukt und in der Tatsache, daß auf den beim Ausstanzen entstehenden Abfall, der vernichtet werden kann, kein Zoll zu zahlen ist.

Internationale Verkaufsbedingungen

Auch in Amerika ist es üblich, für Importe und Exporte die Incoterms der Internationalen Handelskammer zu benutzen. Sie ersparen Ihnen Probleme bei der späteren Auslegung der Verträge.

Die Zahlungsbedingungen sind natürlich Verhandlungssache und variieren vom strikten unwiderruflichen Akkreditiv — das Sie sicherlich für die ersten tastenden Exporte in die USA verlangen werden — bis hin zum Zahlungsziel bei Erhalt der Ware — das Sie wohl nur bei bereits langjähriger Geschäftsbeziehung akzeptieren werden.

Franchising —
Der große Wachstumsmarkt

Joseph L. Churchill

Mehr als 1 800 Gesellschaften franchisen derzeit ihre Produkte in den USA. Etwa 7 Prozent der amerikanischen Arbeitskräfte besitzen entweder selber eine oder arbeiten für eine. Franchising ist eine sehr interessante Form des Firmenaufbaus. Sie ermöglicht es den Gründern, zu relativ niedrigen Kosten schneller zu expandieren und den Franchisenehmern das Risiko des Selbständigmachens zu verringern.

Das amerikanische Wirtschaftsministerium, das Commerce Department, sagt voraus, daß Franchise-Betriebe schon im Jahre 2 000 mehr als die Hälfte aller Einzelhandelsgeschäfte in den USA umfassen werden. Auch auf dem Dienstleistungssektor breitet sich Franchising immer mehr aus.

Wie interessant auch in anderen Ländern das Franchise-Geschäft ist, zeigt sich schon daraus, daß in vielen Industrieländern in zunehmendem Maße Messen über Franchising abgehalten werden — so in Deutschland im Februar 1985 in Düsseldorf.

Franchises reichen von den reinen Warenzeichen-Franchisen (*Trade Name Franchises*) bis zu den Geschäfts-Franchisen (*Business Franchises*). Bei Warenzeichen-Franchisen wird nichts weiter vergeben als das Recht, die Produkte einer Gesellschaft unter dem Warenzeichen zu vertreiben. Bei Geschäfts-Franchisen hat der Franchise-Nehmer nicht nur das Recht, die Produkte der Gesellschaft zu vertreiben und deren Handels- und Warenzeichen zu benutzen, sondern er hat auch Zugang zu Organisations-, Marketing- und sonstigen unterstützenden und begleitenden Dienstleistungen des Franchise-Gebers.

Ein typischer Franchise-Vertrag geht ein auf Abrechnung, Mitarbeiter-Einstellung, Mitarbeiter-Training, Werbung und Marketing-Strategien, die der Franchise-Nehmer vom Franchise-Geber erwarten kann.

Die Kosten für den Franchise-Nehmer belaufen sich auf eine einmalige Anfangsgebühr und dann eine Umsatzbeteiligung, die üblicherweise drei bis zwanzig Prozent der Bruttoeinnahmen beträgt.

General Franchise-Nehmer (*Master Franchisees*) kaufen im allgemeinen ein ganzes Gebiet vom Franchise-Geber und damit das Recht, auf diesem Gebiet wiederum selber Franchisen an Subunternehmer zu vergeben. Für Sie als ausländischen Unternehmer wäre es zum Beispiel möglich, den Vertrieb für die gesamten USA an einen General-Franchise-Nehmer in den USA zu vergeben — sofern sich Ihr Produkt für Franchising eignet.

Solche General-Franchise-Verträge verlangen im allgemeinen, daß der General-Franchise-Nehmer bis zu einem gewissen Datum eine festgelegte Anzahl von Franchisen an Sub-Franchise-Nehmer verkaufen muß. Die Franchise-Verträge spezifizieren dabei ausführlich, welche Marketinghilfen der Franchise-Geber dem Master Franchisee bietet, inwieweit er dessen Mitarbeiter schult und inwieweit wiederum der Master Franchisee die gleiche Unterstützung den Sub-Franchise-Nehmern geben muß. Daneben muß festgelegt werden, welche Franchise-Gebühren der Master Franchisee von den Subunternehmern einkassiert und wieviel er davon an den Franchise-Geber abzuführen hat.

Daß das Franchise-Geschäft hochinteressant und sicherlich ein großer Wachstumsmarkt in den USA ist, heißt jedoch nicht, daß der Einstieg in das Franchise-Geschäft leicht und problemlos ist. Um als ausländischer Unternehmer in Amerika auf dem Franchise-Markt erfolgreich zu sein, müssen Sie zunächst in Ihrem Heimatland eine starke Position erreicht haben. Dabei ist das, was zu Hause funktioniert, nicht unbedingt das Richtige für den großen und völlig verschiedenen US-Markt.

Franchising ist sicherlich kein Allheilmittel für unterkapitalisierte Firmen, die dadurch expandieren möchten. Probleme sind geradezu vorprogrammiert, wenn eine unterkapitalisierte Firma auf dem Franchise-Sektor zu schnell wachsen will und dann die den Franchise-Nehmern versprochenen Dienstleistungen nicht erbringen kann. Bescheidenere Wachstumsziele und längere Vorbereitungsphasen sind förderlicher.

Über Erfolg und Mißerfolg eines Franchise-Unternehmens entscheidet auch das Austarieren der Anfangsgebühren zu den laufenden Lizenzgebühren und die Abwägung der von beiden Seiten zu erbringenden Dienstleistungen. Erhebt ein Franchise-Geber hohe Anfangsgebühren und dafür niedrige laufende Lizenzgebühren, dann wird er zwar gut mit seinen Anfangskosten zurechtkommen, aber unter Umständen nicht immer die weiteren laufenden Dienstleistungen in den kommenden Jahren erbringen können.

Die umgekehrte Methode dagegen, eine niedrige Anfangsgebühr, aber hohe laufende Lizenzzahlungen, kann das Geschäft für den Franchise-Nehmer sehr erschweren. Diese laufenden hohen Lizenzzahlungen reduzieren das ihm zur Verfügung stehende Betriebskapital und können ihn — wenn dazu noch die üblichen Werbe- und Lagerhaltungskosten, Pachten, Mieten und Gehälter hinzukommen — finanziell erdrücken und die Fortsetzung des Geschäftes schwierig oder unmöglich machen.

Ein erfolgreiches Franchise-Konzept zu entwerfen, einzuführen und auf lange Sicht durchzuführen, ist eine Kunst. Sie sollten einen im Franchise-Geschäft erfahrenen Anwalt oder einen Franchise- Consultant nehmen, damit er erst einmal untersucht, ob sich Ihr Geschäft überhaupt für Franchising eignet. Wenn ja, sollte er ein "Franchise-Paket" zusammenschnüren. Dieses Paket sollte die Ausarbeitung der Franchise-Anleitungen, des Franchise-Marketings und die Festlegung der Gebühren oder Dienstleistungen enthalten.

Der gleiche wirklich qualifizierte Expertenrat ist notwendig, wenn Sie als ausländischer Investor ein bestehendes US-Franchise-Geschäft kaufen wollen, statt eines selber zu errichten.

US-Steuern

Joseph L. Churchill

Da Steuergesetze, vor allem in den USA, so schnell erlassen werden, wie sie auch wieder geändert werden, ist es unmöglich, hier auch nur zu versuchen, Ihnen genaue Steuermodelle mit Steuertarifen zu geben. Sie würden schon zum Zeitpunkt der Drucklegung nicht mehr ganz stimmen und dann nur zu gefährlichen — weil falschen — Schlußfolgerungen führen. Deshalb hier nur ein Überblick über die wichtigsten Punkte, auf die Sie achten müssen — egal, ob Sie Privatanleger sind oder unternehmerische Investitionen in den USA planen.

Wenn Sie Deutscher sind und/oder in Deutschland leben, dann trifft auf Sie das deutsch-amerikanische Doppelbesteuerungsabkommen zu, das Sie auf manchen Gebieten anders als einen Amerikaner behandelt. Ob dieses Doppelbesteuerungsabkommen auf Sie zutrifft, hängt davon ab, wo Sie steuerlich ansässig sind — und hier können die ersten großen Steuerprobleme für Sie auftauchen.

Ansässigkeit im Sinne der amerikanischen Einwanderungsbehörde ist in den USA nicht dasselbe wie Ansässigkeit im Sinne der Steuerbehörden. Sie können ein Nicht-Einwanderungs-Visum erhalten und dennoch in den USA für Steuerzwecke als Ansässiger angesehen werden. Das wird zu oft nicht beachtet und ist eine der gefährlichsten Fallen, in die Sie überhaupt laufen können.

Vor dem 1984er Tax Reform Act gab es keine ganz klaren Grenzlinien, ob Sie nun in den USA als steuerlich Ansässiger oder nicht angesehen wurden. Das richtete sich zum Teil danach, wo Sie das größere Haus hatten, ob Sie in den USA Mitglied von Clubs waren und natürlich auch, wieviel Zeit Sie in den USA verbrachten.

Der Tax Reform Act von 1984 hat glücklicherweise eine objektive Definition gebracht, wer als steuerlich ansässig gilt und wer nicht. Ausländer, die als steuerlich ansässig in den USA gelten, unterliegen der US-Besteuerung mit ihrem weltweiten Einkommen. Ausländer, die steuerlich als nicht ansässig in den USA angesehen werden, unterliegen der US-Besteuerung nur für ihr Einkommen aus US-Quellen oder für Einkommen, das im Zusammenhang steht mit einer US-amerikanischen gewerblichen Tätigkeit.

Ein Ausländer wird als steuerlich ansässig angesehen, wenn er entweder

1. rechtlich einen Dauerwohnsitz in den USA hat (der sogenannte "Green Card" -Test) oder wenn er

2. die Bedingungen des sogenannten „Substantial Presence" -Test erfüllt.

Umgekehrt ist also jemand steuerlich nicht-ansässig, wenn er keinen der beiden Tests erfüllt.

Zunächst zum Green Card-Test: Wer eine Green Card hat, die Daueraufenthaltsgenehmigung für die USA, ist grundsätzlich mit seinem gesamten weltweiten Einkommen in den USA steuerpflichtig. Mir ist bekannt, daß einige US-Firmen und Anwaltskanzleien ausländischen Anlegern anbieten, ihnen eine US-Green Card zu beschaffen. Abgesehen davon, daß diese Angebote oft völlig übertreuert oder geradezu unseriös sind, wird hier auch nicht darüber aufgeklärt, daß der Besitz einer Green Card diese verhängnisvolle Steuerpflicht in den USA auslöst.

Ich habe Fälle erlebt, in denen deutsche Unternehmer einen Zweigbetrieb in den USA haben, sich nur ein bis zwei Monate in den USA aufhalten, aber eine Green Card haben. Meistens aus einer emotionalen Panik heraus für den „Fall X". Jetzt, nach dem Gesetz von 1984, sind diese Unternehmer jedoch plötzlich mit ihrem weltweiten Einkommen nicht nur in Deutschland steuerpflichtig, sondern auch in den USA. Und dann beginnt ein verzweifeltes Tauziehen des Betreffenden, um unter dem Doppelbesteuerungsabkommen Deutschland-USA auseinanderzudividieren, welcher Staat nun die Steuerhoheit für welche Einkünfte hat.

Deutsche und amerikanische Steuerbehörden kassieren erst einmal rabiat, und der Unternehmer, der dabei ohne weiteres auf Steuersätze von über 100 Prozent kommen kann, muß dann verzweifelt in langwierigen Prozessen feststellen lassen, welcher Staat was besteuern kann. Deshalb eine ganz dringende Warnung: Wenn Sie sich nicht tatsächlich in den USA niederlassen wollen, dann vermeiden Sie um Himmels willen den Erwerb einer Green Card.

Nun zum Substantial Presence-Test: Dieser besagt, daß eine natürliche Person als steuerlich ansässig angesehen wird, wenn sie wenigstens 31 Tage während des laufenden Kalenderjahres in den USA war und sich in den USA während der letzten drei Jahre insgesamt wenigstens 183 Tage aufgehalten hat. Dabei werden die Kalendertage im laufenden Jahr voll berechnet, die im davorliegenden zu einem Drittel und in dem davor liegenden Jahr zu einem Sechstel.

Hier ein Zahlenbeispiel: Angenommen, Sie sind in den Jahren 1985 bis 1987 jeweils 120 Tage in den USA gewesen. Dann wird das wie folgt berechnet:

Für 1987:		120 Tage
Für 1986:	120:3 =	40 Tage
Für 1985:	120:6 =	20 Tage
Total:		180 Tage

Wenn Sie also 120 Tage, 2 Tage weniger als 4 Monate pro Jahr, in den USA bleiben, dann rutschen Sie gerade noch an der 183-Tage-Frist vorbei. Sie können also in den USA nicht einmal ganze 4 Monate pro Jahr bleiben. Sie können auf der anderen Seite natürlich insofern jonglieren, daß Sie in einem Jahr etwas länger und dann im anderen Jahr wieder kürzer bleiben. Dabei müssen Sie aber aufpassen, daß Sie innerhalb aufeinanderfolgender 3 Jahre niemals auf die so berechneten 183 Tage kommen.

Es gibt noch Sonderregelungen für von ausländischen Regierungen in die USA gesandte Personen, für Lehrer, Studenten und diejenigen, die die USA auch aus Krankheitsgründen nicht verlassen können. Auch für Transitreisende gilt eine Ausnahmeregelung, und zwar für diejenigen, die von einem Punkt außerhalb der USA durch die USA zu einem Punkt außerhalb der USA reisen und sich weniger als 24 Stunden in den USA aufhalten. Bei ihnen wird dieser Tag nicht angerechnet.

Eine wichtige Ausnahme ist noch, daß jemand, der an sich die Bedingungen des Substantial Presence-Test erfüllt, unter gewissen Umständen nicht als US-steuerpflichtig angesehen wird, wenn er in einem anderem Land seinen Steuerwohnsitz hat und nachweisbar eine engere wirtschaftliche und persönliche Bindung zu diesem Land vorliegt als zu den USA. Aber auch diese Ausnahme gilt nicht für jemanden, der eine Green Card auch nur beantragt hat.

Aufpassen müssen Sie jedoch sehr, wenn Sie einmal in den USA als steuerlich ansässig für drei aufeinanderfolgende Jahre behandelt wurden. Selbst wenn Sie dann ein oder zwei Jahre nicht mehr in die USA kommen, sich aber dann innerhalb der dann folgenden drei Kalenderjahre wieder in den USA aufhalten, dann werden Sie für die dazwischenliegenden ein oder zwei Jahre, in denen Sie gar nicht in den USA waren, dennoch mit der US-Steuer auf gewisses US-Einkommen besteuert. Und zwar mit Einkommen, das im Zusammenhang steht mit einer US-amerikanischen gewerblichen Tätigkeit oder auf Veräußerungsgewinne aus Aktien und aus Wertpapieren.

Ein steuerlich ansässiger Ausländer muß sich dem US-Finanzamt gegenüber völlig „entblößen". Er muß nicht nur seine eigenen Auslandskonten angeben, sondern auch aufführen, über welche ausländischen Bankkonten er nur Unterschriftsvollmacht hat. Außerdem muß er über sämtliche ausländischen Trusts und Gesellschaften Auskunft geben, die er kontrolliert oder bei denen er Begünstigter oder Aktionär ist.

US-Erbschaft- und Schenkungsteuern

Die eben erwähnte Klarstellung der steuerlichen Ansässigkeit durch den Tax Reform Act von 1984 bezieht sich glücklicherweise nicht auf die US-Erbschaftsteuern.

Ein in den USA ansässiger Ausländer ist mit allen seinen Vermögenswerten, seien sie nun innerhalb oder außerhalb der USA belegen, der US-Erbschaftsteuer unterworfen. Ein nicht-ansässiger Ausländer bezahlt nur Erbschaftsteuer auf seine US-Vermögenswerte beziehungsweise seine in den USA belegenen Vermögenswerte, seien es nun Gesellschaftsanteile, Kommanditanteile, passive Portfolio-Investments, wie Aktien, Anleihepapiere, oder Bankkonten, Certificates of Deposit (CD's), Versicherungspolicen oder Kunstobjekte.

Glücklicherweise genügt es nicht, die Green Card zu haben oder den Substantial Presence-Test zu erfüllen, um schon in den USA für die Erbschaft- und Schenkungsteuer als ansässig angesehen zu werden. Dafür müssen Sie tatsächlich Ihr Domizil in die USA verlegt haben. Ihr Domizil in die USA zu verlegen, bedeutet, daß Sie in die USA verzogen sind, ohne zu beabsichtigen, wieder aus den USA wegzuziehen. Nur wenn Sie also tatsächlich in den USA leben und auch beabsichtigten, weiter unbegrenzt in den USA zu leben, haben Sie Ihr Domizil — von der Erbschaftsteuerseite her betrachtet — in die USA verlegt.

Bevor Sie also Ihr Domizil tatsächlich in die USA verlegen, sollten Sie als Ausländer Ihre Erbmasse so weit wie möglich reduzieren. Je mehr Sie schon vor Ihrer Domizilverlegung in die USA an andere verteilen können, desto weniger unterliegt später Uncle Sams Erbschaft- oder Schenkungsteuer.

Ein Beispiel ist der rechtzeitige Verkauf von Vermögenswerten, die sich seit dem Kauf im Wert erhöht haben. Haben Sie zum Beispiel ausländisches, also nicht amerikanisches Immobilienvermögen, das im Wert gestiegen ist, dann sollten Sie dieses verkaufen, bevor Sie in die USA ziehen. Dann erlösen Sie den Veräußerungsgewinn frei von jeglicher amerikanischer Steuer. Wenn Sie dagegen warten, bis Sie in den USA ansässig sind, dann müssen Sie den gesamten Veräußerungsgewinn in den USA versteuern.

Sinngemäß bezieht sich das gleiche auch auf amerikanische Aktien oder sonstige Wertpapiere, deren Veräußerungserlös Sie steuerfrei mitnehmen können, solange Sie noch nicht in den USA steuerlich ansässig sind.

Es gibt noch eine ganze Reihe von weiteren Möglichkeiten, um mit rechtzeitiger Planung die spätere US-Steuer zu mindern. Dabei darf natürlich die Planung nicht einseitig auf die USA ausgerichtet werden, sondern muß auch den Steuereffekt in Ihrem Heimatland berücksichtigen, wobei — wenn Sie Deutscher sind — das Doppelbesteuerungsabkommen in Anwendung kommt.

Unternehmensbesteuerung

Die unternehmerische Steuerplanung vor Eintritt in amerikanische Anlagen oder in den amerikanischen Markt beinhaltet Strategien, um die Steuerlast bei Erwerb einer US-Gesellschaft zu mindern, US-Investitionen steuerlich günstig zu finanzieren und Steuerersparnisse auszunutzen, wenn Sie Technologien in die USA einbringen und alle Alternativen, um Ihre US-Geschäfte von vornherein möglichst steuergünstig zu gestalten.

Auch hier ist es unmöglich, Ihnen guten Gewissens genaue Steueranleitungen zu geben, da diese schon bei Drucklegung wieder überholt sein können. Sie müssen sich deshalb für Ihren Einzelfall genau beraten lassen. Die im folgenden angesprochenen Punkte sollen Ihnen vor allem als Denkanstöße und auch als Warnung dienen.

Amerikanische Steuern werden auf drei Ebenen erhoben: auf der Bundesebene, der Einzelstaatenebene und auf kommunaler Ebene. Bevor Sie sich für die Niederlassung in einem Bundesstaat entscheiden, müssen Sie Vergleichsrechnungen anstellen lassen über die Steuerbelastung in dem betreffenden Staat einschließlich der sogenannten Franchise-Steuer und der Verkaufssteuern. Viele Einzelstaaten befreien beispielsweise die Maschinenausrüstung für die Errichtung von neuen Industrien oder für die Erweiterung bestehender Industriebetriebe von der Verkaufssteuer.

Außerdem ist noch in vergleichenden Berechnungen die Steuerlast der Stadt, des Landkreises und des Schuldistrikts, in dem die Investition gelegen ist, zu beachten. Viele Staaten mildern diese Steuern oder befreien sogar von diesen für einige Jahre, um ausländische Investitionen anzuziehen.

Auch eine ausländische Gesellschaft, die keine Niederlassung in den USA hat, kann als gewerblich tätig in den USA angesehen werden. Dann muß sie US-Steuererklärungen abgeben und die US-Steuern auf diese gewerbliche Tätigkeit zahlen. Dabei ist es nicht immer ganz klar, was nun wirklich gewerbliche Tätigkeiten für eine ausländische Firma in den USA ausmachen. Sie müssen mit Ihrem amerikanischen Steuerberater feststellen, wo die Grenze ist, bei der die gewerbliche Tätigkeit in den USA anfängt. Schon eine ausgedehnte Verkaufstätigkeit durch einen gegen Provision arbeitenden Agenten kann Sie bereits gewerblich tätig in den USA machen.

Auch eine Betriebsstätte genügt, um Sie in den USA als gewerblich tätig anzusehen. Eine Betriebsstätte kann auch dann konstruiert werden, wenn Sie durch einen Vertreter arbeiten, der regelmäßig für Ihre Gesellschaft Verträge abschließt. Nachteile und Vorteile der verschiedenen Möglichkeiten heben sich dabei oft auf. Es ist zum Beispiel des öfteren vorteilhafter, eine Betriebsstätte in eine amerikanische Corporation umzuwandeln, um die Gefahr der Besteuerung der Muttergesellschaft zu verhindern. Dann allerdings unterliegen die nach Deutschland rücküberwiesenen Dividenden wieder der US-Quellensteuer — die allerdings bei dem mit Deutschland bestehenden Doppelbesteuerungsabkommen von 30 auf 15 Prozent reduziert ist.

Ein Punkt ist dabei besonders wichtig: Sie müssen beim Geschäftsverkehr zwischen Ihrer ausländischen und Ihrer amerikanischen Niederlassung ganz klar darauf achten, daß die Verträge auf der sogenannten „Arms-Length"-Basis erfolgen. „Arms-Length" bedeutet, daß die Konditionen und Preise, die Sie Ihrer amerikanischen Niederlassung oder Betriebsstätte einräumen, die gleichen sein müssen, die Sie auch Dritten einräumen würden.

Die amerikanische Finanzbehörde, der IRS, wird ganz genau prüfen, ob in irgendeiner Form Gewinnverschiebungen vorgenommen werden. Wenn der IRS Ihnen nachweist, daß Sie nicht auf „Arms-Length"-Basis kontrahiert haben, dann hat er das Recht, von sich aus ein ihm angemessen erscheinendes Einkommen festzusetzen. Das gleiche bezieht sich auch auf die Bedingungen von Darlehen, Mieten, Lizenzen und sonstigen Dienstleistungen.

Die US-Finanzbehörde paßt bei Verkäufen amerikanischer Unternehmen an damit zusammenhängende ausländische Unternehmen auf, daß der Verkaufspreis nicht zu niedrig ist, damit nicht Gewinne aus den USA herausverschoben werden. Beim umgekehrten Verkauf, also vom Ausland in die USA, paßt der IRS auf, daß der Verkaufspreis nicht zu hoch ist, daß also nicht Gewinne, die an und für sich in den USA anfallen würden, im Ausland verbleiben. Der Preis vom Ausland in die USA darf aber auch wiederum nicht so niedrig sein, daß er den US-Zoll auf den Plan ruft, der sich um die Einhaltung der Anti-Dumpingbestimmungen kümmert.

Erfolgen die Verkäufe über ein Land, das — im Gegensatz zur Bundesrepublik Deutschland — mit den USA kein Doppelbesteuerungsabkommen hat (und das sind meistens Steueroasen), dann kann es sehr schnell passieren, daß diese nicht-amerikanischen Verkaufstransaktionen in dem betreffenden Land vom IRS als steuerpflichtig auf ihre Einkünfte angesehen werden, da diese in Zusammenhang stehen mit einer gewerblichen Tätigkeit in den USA.

„Einheitssteuer"

Die seit Jahren umstrittene sogenannte Einheitssteuer (*Unitary Tax*), die den Weltgewinn ausländischer Investoren als Bemessungsgrundlage für die Körperschaftsteuer amerikanischer Bundesstaaten heranzieht, verliert glücklicherweise zunehmend an Bedeutung.

Die Unitary Tax war in Kalifornien vor über 50 Jahren eingeführt worden, um insbesondere der Filmindustrie zu verwehren, ihre Gewinne auf ausländische Niederlassungen zu verlagern. International nicht tätige amerikanische Unternehmen haben stets auf ihre Beibehaltung gedrängt, da die Abschaffung der "Einheitssteuer" den multinationalen Gesellschaften angeblich steuerliche Vorteile verschaffe.

Die „Einheitssteuer" war mehrfach Gegenstand von Beratungen während der Gipfeltreffen der Regierungschefs der westlichen Industrieländer. Insbesondere Japan, Großbritannien und die Niederlande, deren Unternehmen mit Abstand die meisten Direktinvestitionen in den USA tätigen, sahen in dieser Besteuerungsmethode eine unzulässige Doppelbesteuerung und kritisierten vor allem den damit verbundenen Verwaltungsaufwand.

Bei der „Einheitssteuer" wird unterstellt, die Tochtergesellschaft eines ausländischen Konzerns habe in einem amerikanischen Bundesstaat einen dem Umsatz, der Lohnsumme und den Vermögenswerten entsprechenden Anteil am Weltgewinn erwirtschaftet. Ein multinationales Unternehmen, das in Kalifornien zum Beispiel fünf Prozent seines Weltumsatzes erzielt, sieben Prozent seiner Löhne und Gehälter bezahlt und drei Prozent seiner Aktiva hat, muß demnach fünf Prozent des in der ganzen Welt erzielten Gewinnes versteuern, unabhängig davon, ob es in Amerika Gewinne erzielt oder Verluste ausweist.

Nach mehreren vergeblichen Versuchen, diese Besteuerungsmethode in Kalifornien abzuschaffen, haben beide Häuser des kalifornischen Parlaments jetzt beschlossen, von 1988 an nur noch die in den USA erzielten Gewinne bei der Festsetzung der Steuer zu berücksichtigen. Auf der Grundlage dieses nunmehr in Kalifornien erzielten Kompromisses können die ausländischen Unternehmen von 1988 an selbst entscheiden, ob sie weiterhin nach dem „Einheitssteuer"-Prinzip besteuert werden wollen oder nur noch im Verhältnis zu dem in den USA erzielten Gewinnen.

Von den zwölf amerikanischen Bundesstaaten, die 1983 noch die Unitary Tax erhoben hatten, sind damit nur noch drei übrig geblieben: Alaska, North Dakota und Montana. Bitte denken Sie an die Gefahren der „Einheitssteuer", wenn Sie einen dieser drei Staaten für Ihre Ansiedlung in Betracht ziehen.

Testamente

Joseph L. Churchill

Wenn Sie als Nicht-Ansässiger Vermögenswerte in den USA haben und entweder gar kein Testament haben oder auf das in Ihrem Heimatland errichtete Testament vertrauen, dann riskieren Sie, daß Ihre US-Vermögenswerte an jemanden gehen, den Sie gar nicht als Erbe vorgesehen hatten. Jeder US-amerikanische Bundesstaat hat seine eigenen Gesetze, die sich mit der Übertragung von Vermögenswerten in einem Erbfall befassen. Es gibt dafür kein einheitliches US-Gesetz.

Hinterlassen Sie als westdeutscher Bürger amerikanisches Vermögen und haben kein US-Testament, dann wird nach den Gesetzen des Einzelstaates entschieden, wer der Erbe ist — auch wenn dieses in Konflikt steht mit der deutschen gesetzlichen Erbfolge.

Besteht nur ein deutsches Testament, dann verzögert sich in jedem Falle die endgültige Ausschüttung des Erbes an die Erben, und es kostet erhebliche Beträge. Wenn Sie US-Vermögenswerte haben, dann sollten Sie unbedingt ein US-Testament errichten, das sich nur auf Ihre US-Vermögenswerte bezieht. Nur dann ist im Erbfalle eine schnelle, in Ihrem Sinne liegende Abwicklung garantiert.

Hier ein Beispiel aus meiner Praxis, wie es nicht laufen sollte: Ein schon betagter deutscher Anleger kaufte amerikanische Immobilien. Diese machten einen großen Teil des für sich und seine Frau zur Alterssicherung zur Verfügung stehenden Vermögens aus. Als er ohne ein gültiges US-Testament starb, verlangte das amerikanische Erbschaftsgericht (Probate Court), daß das deutsche Testament herangezogen würde. Dieses kostete Zeit und Geld, denn zunächst mußte das deutsche Testament übersetzt, beglaubigt und superlegalisiert werden, und dann mußte der im Testament genannte deutsche Zeuge in die USA fliegen, um dort auszusagen.

Der US-Immobilienmarkt war zu dem Zeitpunkt ziemlich weit unten und die Witwe hatte nicht das notwendige Bargeld, um die Kosten des

Erbschaftsgerichts und die anderen damit zusammenhängenden Kosten zu zahlen. Das Erbschaftsgericht verlangte deshalb, daß die Immobilie verkauft wurde. Das geschah mit einem ganz erheblichen Verlust auf einer öffentlichen Auktion. Das Resultat war, daß die Witwe weniger als 50 Prozent des Betrages schließlich erhielt, den ihr verstorbener Ehemann für diese Immobilie vor einigen Jahren bezahlt hatte.

Ganz abgesehen von solchen schlimmen Folgen sollten Sie grundsätzlich das amerikanische Probate-Verfahren vermeiden. "Probate" bedeutet Kosten für das Gericht, die Testamentsvollstrecker und den eingeschalteten Anwalt. Daneben macht es jeglichen Anonymitätswunsch zunichte, denn das Probate-Verfahren ist öffentlich und alle Informationen sind jedermann zugänglich.

Eine Methode, um das Probate-Verfahren zu vermeiden, ist der Gebrauch von ausländischen Holdinggesellschaften und Trusts.

Wird das US-Vermögen durch eine ausländische Aktiengesellschaft gehalten, so vermeiden Sie in den meisten Fällen die amerikanische Erbschaftsteuer. Allerdings muß der Erbe nach wie vor in seinem Heimatland auf den Aktienwert die Erbschaftsteuer zahlen.

Bei einem Trust vermeidet man nur dann die US-Erbschaftsteuer, wenn nicht der Trust direkt das US-Vermögen hält, sondern wenn das US-Vermögen im Eigentum einer ausländischen Gesellschaft ist und die Aktien der ausländischen Gesellschaft wiederum in einen Trust eingebracht wurden.

Zum Abschluß noch eine Warnung, da dieses vielen nicht bekannt ist: Wenn Sie Aktien amerikanischer Gesellschaften haben — egal, ob Sie diese Aktien in Amerika oder im Ausland aufbewahren —, dann ist dieses in Amerika belegenes Vermögen, also in den USA erbschaftsteuerpflichtig. Haben Sie also amerikanische Aktien in Ihrem eigenen Namen — statt über einen Trust oder eine ausländische Gesellschaft —, dann ist bei Ihrem Tode Erbschaftsteuer in den USA fällig, es sei denn, dieses ist durch gegenseitige Doppelbesteuerungsabkommen für die Schenkung- und Erbschaftsteuer gemildert oder aufgehoben.

Visa und Einwanderung

Joseph L. Churchill

In den USA wird die Einwanderung durch Bundesstellen geregelt, und zwar durch das Außenministerium (durch dessen Konsulate und Gesandtschaften), durch das Justizministerium, den Immigration and Naturalization Service und durch das Arbeitsministerium.

Generell gesagt, ist es jetzt schwieriger als früher, eine Daueraufenthaltsgenehmigung zu bekommen, doch ist das immer noch möglich. Allerdings ist es eine Frage von Zeit und Geld.

Die USA teilen Visa in zwei Kategorien ein: die temporären oder Nicht-Immigranten-Visa und die permanenten oder Immigranten-Visa. Um ein temporäres Visum zu bekommen, müssen Sie der Immigrationsbehörde nachweisen, daß Sie nicht beabsichtigen, sich auf Dauer in den USA niederzulassen. Es gibt zwölf Grundtypen der temporären Visa, von denen ich hier jedoch nur einige auf Geschäftsleute zutreffende behandeln werde.

Im letzten Quartal 1986 wurde das heftig umstrittene neue Immigrationsgesetz nun doch vom amerikanischen Kongreß verabschiedet. Danach können Touristen aus acht Staaten — zu denen die Bundesrepublik Deutschland gehört — während einer Versuchsperiode von drei Jahren ohne Visum in die USA einreisen. Bis die Ausführungsbestimmungen für das neue Gesetz erlassen sind, wird aber noch einige Zeit vergehen. Jetzt (Ende 1986) ist noch unklar, ob nur Touristen (für die das unten beschriebene B-2 Visum gilt) oder auch Geschäftsreisende (B-1 Visum) unter diese Erleichterung fallen. Im folgenden wird deshalb auf alle bisherigen Visa eingegangen, zumal diese ja für die Angehörigen der nicht "visumsbefreiten" Länder weiter gelten.

Zunächst zum

B-1-Visa: Temporary Visitor for Business
(Visum zu Geschäftszwecken)

Es ist das temporäre Visum für Geschäftsleute für einen maximalen Aufenthalt bis zu 12 Monaten mit Verlängerungsmöglichkeiten. Der Antragsteller muß beweisen, daß er

1. einen Wohnsitz im Ausland (außerhalb der USA hat), den er nicht aufzugeben beabsichtigt;
2. beabsichtigt, die USA nach dem Besuch zu verlassen;
3. die Erlaubnis hat, nach dem Besuch in irgendein ausländisches Land einzureisen;
4. im Auftrag seiner Firma reist, die für seine Kosten aufkommen wird;
5. einen echten Geschäftszweck hat.

Diejenigen Personen, die in die USA einreisen wollen, um Geschäftstätigkeiten abzuwickeln, wie zum Beispiel sich nach Anlagemöglichkeiten umzusehen, mit Geschäftsfreunden zu konferieren, Konferenzen zu besuchen, Vertragsverhandlungen durchzuführen und Vorstandssitzungen von US-Gesellschaften zu besuchen, fallen unter dieses B-1-Visum.

Der B-1-Visumsinhaber darf kein Gehalt oder anderes Entgelt in den USA erhalten außer einer Erstattung der Reise- und Aufenthaltskosten.

Die Tatsache, daß ein B-1-Visum erteilt wurde, heißt aber noch **nicht**, daß damit die Einreise in die USA garantiert ist. Darüber entscheidet der Immigrationbeamte am Flugplatz oder am sonstigen Eintrittsort in die USA. Dieser Immigrationbeamte wird versuchen herauszubekommen, ob die Absichten des Besuchers, sein Reisezweck, durch das B-1-Visum gedeckt ist. Ist der Beamte der Meinung, daß dieses nicht der Fall ist, hat er das Recht, die Einreise zu verweigern. Dann hat der Ausländer zwei Möglichkeiten: Entweder kann er nach Hause zurückkehren oder er kann eine Anhörung vor einem Immigrationsrichter verlangen.

Eine solche Situation kommt selten vor, aber sie kommt vor. Wenn Sie Ihren Paß dem Immigrationsbeamten vorlegen, dann halten Sie sich deshalb bei der Darlegung des Reisezwecks bitte genau an die Definition des B-1-Visums.

Bitte denken Sie daran, daß der Immigrationsbeamte bevollmächtigt ist, das Gepäck des Ausländers zu untersuchen. Finden sich dabei Dokumente, die zeigen, daß der Zweck nicht einem B-1-Visum entspricht, etwa weil auf Grund der Dokumente anzunehmen ist, daß der Ausländer sich dauernd in den USA aufhalten oder dort eine Beschäftigung annehmen will, dann kann die Einreise verweigert werden.

B-2-Visa: Temporary Visitor for Pleasure
(Touristen-Visum)

Das ist das normale Touristen-Visum. Der Besitzer darf nicht arbeiten. Wenn er eine Beschäftigung annimmt, darf er ausgewiesen werden.

E-1-Visa: Treaty Trador
(Visum für Handelsvertreter innerhalb des Freundschaftsabkommens)

Das Visum wird an alle Ausländer ausgegeben, deren Land mit den USA ein sogenanntes „Freundschaftsabkommen" abgeschlossen hat. Die Bundesrepublik Deutschland hat einen solchen Vertrag mit den USA abgeschlossen.

Die Erteilung des E-1-Visums setzt folgendes voraus:

Der Antragsteller muß beweisen, daß er

1. Bürger eines Staates ist, der einen Freundschaftsvertrag mit den USA abgeschlossen hat;

2. Angestellter einer Firma ist, die mit Rücksicht auf die Staatsangehörigkeiten der Inhaber, die gleiche Nationaltät wie der Antragsteller besitzt;

3. in die USA einreisen will, um einen beträchtlichen Handel zwischen den USA und seinem Land zu fördern, der zum Zeitpunkt der Antragstellung schon existiert (mehr als 50 Prozent des Handels der US-Firma muß mit dem Heimatland bestehen);

4. entweder eine leitende Stelle hat oder besondere Qualifikationen besitzt und nicht nur ein einfacher Arbeiter ist; und

5. die Absicht hat, nach Beendigung seiner Tätigkeit die USA wieder zu verlassen.

Die Gültigkeitsdauer des E-1-Visums ist bis zu einem Jahr, wobei die Möglichkeit zur Verlängerung besteht.

E-2-Visa: Treaty Investor
(Visum für Investoren innerhalb des Freundschaftsabkommens)

Auch dieses Visum ist ein temporäres Visum, das an alle Ausländer ausgegeben wird, deren Land mit den USA ein Freundschaftsabkommen abgeschlossen hat. Der Antragsteller muß beweisen, daß er

1. Bürger eines Staates ist, der einen Freundschaftsvertrag mit den USA abgeschlossen hat;

2. in die USA einreisen will, um ein Unternehmen zu entwickeln oder zu führen, indem er eine beträchtliche Investition (meistens mindestens 100 000 Dollar) hat, also nicht nur eine kleine Investition gemacht hat, nur um sich eine Arbeitsstelle in den USA aussuchen zu können, oder

3. bei einem Treaty Investor, der die gleiche Nationalität besitzt, in einer wichtigen Stelle angestellt ist;

4. die Absicht hat, nach Beendigung seiner Tätigkeit die USA wieder zu verlassen.

Auch beim E-2-Visum beträgt die Gültigkeitsdauer bis zu einem Jahr mit Verlängerungsmöglichkeiten.

Das E-1- und das E-2-Visum sind beide sehr erstrebenswert, da sie jeweils auf ein Jahr gegeben werden und immer wieder verlängert werden können.

H-1-Visa: Aliens of Distinguished Merit and Ability
(Visum für Personen mit hervorragenden Kenntnissen oder Fähigkeiten)

Um dieses Visum zu erhalten, muß der Antragsteller beweisen, daß er

1. hervorragende Kenntnisse oder Fähigkeiten hat (zum Beispiel eine besondere Berufsausbildung);
2. in die USA einreisen will, um Dienstleistungen „außerordentlicher Art" zu leisten (zum Beispiel um seinen Beruf auszuüben);
3. seinen Aufenthalt in den USA nur vorübergehend beabsichtigt und
4. einen Wohnsitz im Ausland hat, den er nicht aufzugeben beabsichtigt.

Die Gültigkeitsdauer dieses Visums ist unterschiedlich.

H-2-Visa: Temporary Labor
(Visum für begrenzte Aufenthaltsdauer)

Der Antragsteller muß beweisen, daß

1. kein Arbeitsloser in den USA nachgewiesen werden kann, der dieselben Qualifikationen besitzt wie der Antragsteller;
2. der Aufenthalt und die Arbeit nur vorübergehend sind und
3. er eine Bestätigung des amerikanischen Department of Labor hat, die Punkt 1 bestätigt.

Die Gültigkeitsdauer des Visums ist unterschiedlich.

H-3-Visa: Trainee
(Visum für Auszubildende)

Der Antragsteller muß beweisen, daß er

1. an einem Ausbildungsprogramm teilzunehmen beabsichtigt, und daß etwaige Arbeiten, die er im Laufe dieses Programms leistet, von finanziell untergeordneter Bedeutung sind, und

2. einen Wohnsitz im Ausland hat, den er nicht aufzugeben beabsichtigt.

L-1-Visa: Intra-Company Transferee
(Visum zur Versetzung innerhalb derselben Firma)

Dieses Visum wurde 1970 vom amerikanischen Kongreß als zusätzliches temporäres Visum geschaffen. Es soll internationalen Gesellschaften erlauben, hochqualifizierte Ausländer in die USA zu versetzen, um den internationalen Handel zu fördern. Dabei braucht nicht bereits ein Büro in den USA zu bestehen, jedoch wird der echte Wille vorausgesetzt, daß ein derartiges Büro eröffnet wird.

Das L-1-Visum ist relativ leicht zu erlangen und bietet demjenigen Ausländer gewisse Vorteile, der auf einen späteren Daueraufenthalt in den USA abzielt.

Der Antragsteller muß beweisen, daß er

1. vor dem Antrag ununterbrochen seit mindestens einem Jahr bei einer Firma angestellt war;

2. bei derselben Firma, einer Tochter- oder Schwestergesellschaft in den USA arbeiten will und

3. eine leitende oder führende Position bei der Firma in den USA haben wird oder eine Position, für die spezielle Kenntnisse erforderlich sind.

Die Gültigkeitsdauer dieses Visums beträgt bis zu drei Jahren mit Verlängerungsmöglichkeiten.

Jetzt zu den

Immigrant-Visa
(Immigranten-Visa, Daueraufenthaltsbewilligungen)

Geschäftsleute können einen Antrag für Immigranten-Visa entweder in den USA beim Bezirksamt des Immigration and Naturalization Service oder im Ausland bei den US-Konsulaten stellen.

Insgesamt werden pro Jahr nur 270 000 Daueraufenthaltsgenehmigungen ausgegeben. Diese Zahl wird wiederum aufgeteilt in die sogenannten sechs Präferenz-Kategorien. Vier dieser Vorzugskategorien beziehen sich auf Familienbindungen und zwei auf den Beruf.

Die beiden Kategorien, die sich auf den Beruf beziehen, sind die sogenannte dritte und sechste Vorzugskategorie. Die dritte Vorzugskategorie steht Ausländern offen, die

1. einen Beruf ausüben, der vom Immigration and Naturalization Service als interessant anerkannt ist (nämlich Ärzte, Architekten, Anwälte, Ingenieure, Wirtschaftsprüfer, Lehrer) und

2. eine Arbeitsstelle in dem betreffenden Beruf in den USA nachweisen können.

Die Mindestanforderung an die berufliche Qualifikation ist das ausländische Äquivalent eines amerikanischen Bachelor Degrees beziehungsweise eine entsprechende Berufserfahrung.

Wenn Sie sich mit den amerikanischen Einwanderungsgesetzen beschäftigen, sollten Sie wissen, daß das Hauptziel dieser Gesetze der Schutz des amerikanischen Arbeitsmarktes ist. In den letzten Jahren hat sich die Zahl derjenigen Personen, die — vor allem aus Lateinamerika und Asien — in die USA einwandern wollen, drastisch vergrößert. Die Bürokratie ist bei der Abwicklung dieser ganzen Einwanderungsprozedur jedoch oft völlig unzureichend und schwerfällig. Es dauert lange, bis Visa erteilt werden.

Für Firmen, die jemanden in die USA versetzen wollen, ist es ratsam, gut ausgearbeitete Pläne über die Geschäftsziele und Geschäftsaussichten rechtzeitig vorzulegen. Damit sind die Chancen größer, das entsprechende Visum zu bekommen, und es werden Zeitverluste und vor allem auch Kosten vermieden.

Über die Verfasser

Ernst-Uwe Winteler, Jahrgang 1933, in Hamburg aufgewachsen, Bankkaufmann. Von 1959 bis 1974 war er für eine schweizerische Treuhand- und Finanzgruppe tätig, zunächst als Bevollmächtigter und Verwaltungsrat, später als Mitgesellschafter verschiedener Unternehmen des Treuhand- und Finanzbereichs.

Während dieser Zeit leitete er unter anderem einen der erfolgreichsten Schweizer Immobilienfonds. Seine umfangreiche Treuhandtätigkeit erstreckte sich auf Europa, Nordamerika und Asien. Ende 1974 verkaufte er seine Firmenanteile und zog sich vom Tagesgeschäft zurück.

Er ist Autor und Co-Autor verschiedener Sachbücher über Kapitalanlagen und Steueroasen. Außerdem erscheinen von ihm regelmäßig Beiträge über diese Themen in verschiedenen Fach-Periodika.

Die Beratungstätigkeit, die er jedes Jahr während drei bis vier Monaten noch ausübt, konfrontiert ihn oft als nachträglich hinzugezogenen „Nothelfer" mit fehlgeschlagenen Auslandsanlagen. Seiner Erfahrung nach ist es in solchen Fällen praktisch nie möglich, eine „verfahrene" Anlage wieder so „hinzubekommen", wie dieses bei einer von Anfang an richtigen Gestaltung möglich gewesen wäre.

Seine berufliche Tätigkeit in der Schweiz und den wichtigsten Steueroasen der Welt führte zu den im Gabler Verlag erschienenen Büchern „Kapitalanlagen in der Schweiz — Bankgeheimnis, Lebensversicherungen, Immobilien" und „Die 50 Steueroasen — Bankgeheimnis, Vermögenssicherung, Renditechancen". Seine Beratungstätigkeit bei US-Investitionen und seine Erfahrungen mit eigenen Anlagen schlugen sich nieder in dem Buch „An der Zukunft verdienen", das die Gewinnchancen bei US-Venture Kapital behandelt, und in dem vorliegenden Buch „Kapitalanlagen in den USA". Mit diesem in der dritten Auflage erschienenen Buch möchte er Ihnen Beurteilungsmaßstäbe geben, an denen Sie Ihre US-Investitionen messen sollten, um Fehler zu vermeiden und um die interessanten Möglichkeiten des amerikanischen Marktes wirklich voll ausnutzen zu können.

Für Rückfragen ist er zu erreichen über:
Graf Lambsdorff AG
Oberer Graben 22
CH-9000 St. Gallen/Schweiz
Telefon: 071/233515, Telex: 71442

Joseph L. Churchill, Jahrgang 1944, wuchs in Virginia/USA auf. Er machte 1969 sein J.D. Degree (entspricht dem deutschen Dr. jur.) und verließ die Harvard University 1970 mit dem M.LL, einem amerikanischen akademischen Grad, der noch über dem J.D. liegt.

Er ist als Anwalt zugelassen in mehreren Bundesstaaten der USA und ebenfalls am Supreme Court, dem höchsten Bundesgericht der USA. Er praktizierte zunächst in Virginia und Washington, D.C. und ist jetzt Seniorpartner einer Anwaltskanzlei in Atlanta, Georgia/USA, die die wichtigsten Gebiete des amerikanischen Zivil- und Strafrechts abdeckt.

Churchill vertritt neben seinen amerikanischen Klienten auch eine größere Zahl ausländischer natürlicher und juristischer Personen, die über private Anlagen oder Firmeninvestitionen in den USA tätig sind.

Seiner Erfahrung nach sind sich insbesondere europäische Anleger oft nicht der Tatsache bewußt, daß die USA eine andere Rechtstradition als Kontinentaleuropa haben. Diese Unterschiede im Rechtssystem sind der Grund dafür, daß Anwälte in den USA sehr viel enger zu Geschäftstransaktionen herangezogen werden als in Europa. Wer diese Unterschiede nicht berücksichtigt, erlebt nahezu zwangsläufig Enttäuschungen in den USA.

Für Rückfragen ist er zu erreichen über:
Churchill & Ferguson
2 Midtown Plaza
1360 Peachtree Street, N.E.
Suite 1200
Atlanta, Georgia 30309
USA
Telefon: (404) 876-3600, Telex: 750685 CHFE UD

Anhang

Deutsch-amerikanische Handelskammern in Amerika

German American Chamber of Commerce, Inc.
666 Fifth Avenue
New York, N.Y. 10019
Telefon: (212) 9748830
Telex: 234209

German American Chamber of Commerce
77 East Monroe Street
Chicago, Illinois 60603

German American Chamber of Commerce
465 California Street
San Francisco, CA 94104

German American Chamber of Commerce
One Park Plaza
3250 Wilshire Boulevard
Los Angeles, CA 90010

German American Chamber of Commerce
2 Houston Center
909 Fannin Suite 3418
Houston, Texas 77002

German American Chamber of Commerce
Suite 2701
Peachtree Center Harris Tower
233 Peachtree Street N.E.
Atlanta, Georgia 30303

Amerikanische Handelskammern in der Bundesrepublik Deutschland

American Chamber of Commerce in Germany
National Executive Office
Roßmarkt 12
6000 Frankfurt/Main
Telefon: 069/283401

American Chamber of Commerce in Germany
Kurfürstenstraße 114
1000 Berlin 30
Telefon: 030/242646

American Chamber of Commerce in Germany
Brauweiler Weg 88
5000 Köln
Telefon: 0221/481681

American Chamber of Commerce in Germany
c/o Philip Morris GmbH
Fallstraße 40
8000 München 70
Telefon: 089/72491650/1
Telex: 523957

American Chamber of Commerce in Germany
Leiblweg 28
7000 Stuttgart 1
Telefon: 0711/813741

Vertretungen amerikanischer Behörden in Europa

I. Amerikanische Bundesstaaten

Alabama: Alabama International Development Consortium
Schwarztorstraße 7
CH-3007 Bern, Schweiz
Telefon: 456767
Telex: 32458

State of Alabama
Business Development Office
Feldbergstr. 67
D-6374 Steinbach/Taunus
Telefon: 06171/75309

Arkansas:
State of Arkansas European Office
437 Avenue Louise, Bte. 4
B-1050 Brüssel, Belgien
Telefon: 6496023/4
Telex: 62062

Connecticut:
State of Connecticut European Office
Schützenstraße 4
D-6000 Frankfurt/Main 1
Telefon: 069/282055/6
Telex: 416067

Delaware:
Mr. John Toosey
Industrial Dev. Representative
Avenue de Roodebeek 44
B-1040 Brüssel, Belgien
Telefon: 7361062
Telex: 23346

Florida:
State of Florida, Department of Commerce
Zeppelinstraße 19a
D-7000 Stuttgart 1
Telefon: 0711/292782
Telex: 721698

Georgia:
State of Georgia
Bureau of Industry and Trade
Square de Meeus 20
B-1040 Brüssel, Belgien
Telefon: 5128185, 5128293
Telex: 23083

Illinois:
State of Illinois European Office
Place du Champ de Mars 5, Bte. 14
B-1050 Brüssel, Belgien
Telefon: 5120105
Telex: 61534

Indiana:
Siehe unter: III. Sonstige amerikanische Dienststellen

Iowa:
State of Iowa Development Commission
Am Salzhaus 4
D-6000 Frankfurt/Main 1
Telefon: 069/283858
Telex: 414623

Louisiana:
State of Louisiana
Justinianstraße 22
D-6000 Frankfurt/Main 1
Telefon: 069/590061
Telex: 64317

Office of Commerce & Industry
State of Louisiana
Avenue Victor Hugo 15
F-75116 Paris, Frankreich
Telefon: 5021800
Telex: 620893

Maryland:
State of Maryland
Rue Defacqz 78, Bte. 6
B-1050 Brüssel, Belgien
Telefon: 5390300
Telex: 64317

Massachusetts:
State of Massachusetts
European Office
Lt. Lippenslaan 66
B-2200 Borgehout, Belgien
Telefon: 2365695
Telex: 35225

Michigan:
State of Michigan
European Office
Rue Ducale 41
B-1000 Brüssel, Belgien
Telefon: 5110731-2
Telex: 61573

Missouri:
State of Missouri
International Business Office
Emanuel-Leutze-Str. 1
D-4000 Düsseldorf 11
Telefon: 0211/592025/6
Telex: 8584645

Nebraska:
State of Nebraska
European Office
Rossmarkt 15
D-6000 Frankfurt/Main 1
Telefon: 069/1344115
Telex: 412889

New Jersey:
The Port of New York and New Jersey
Talstraße 66
CH-8001 Zürich, Schweiz
Telefon: 2110615
Telex: 813788

New York:
State of New York
Department of Commerce
Adolf-Allee 30
D-6200 Wiesbaden
Telefon: 06121/370378

State of New York
European Office
Panton House, 25 Haymarket
London SW1Y 4EN, England
Telefon: 9395070
Telex: 912721

The Port of New York and New Jersey
Talstraße 66
CH-8001 Zürich, Schweiz

Siehe unter: II. Amerikanische Hafenbehörden

North Carolina:
State of North Carolina
European Office
Wasserstr. 2, Linde-Haus
D-4000 Düsseldorf
Telefon: 0211/320533
Telex: 8581846

Ohio:
European Office of the State of Ohio
21 Avenue de la Toison d'Or
B-1060 Brüssel, Belgien
Telefon: 5130752
Telex: 26698

Commonwealth of Pennsylvania:
Frankfurter Plaza Building
Hamburger Allee 2-10
D-6000 Frankfurt/Main 90
Telefon: 069/779655
Telex: 4189617

Puerto Rico:
Commonwealth of Puerto Rico
European Office
Mendelsohnstraße 53
D-6000 Frankfurt/Main 1
Telefon: 069/742644-45
Telex: 4189257

Commonwealth of Puerto Rico
Economic Development Administration
Paseo de la Castellana 144
Madrid 16, Spanien
Telefon: 2507602
Telex: 42339

South Carolina:
State of South Carolina
Centre International Rogier,
Bte. 46, Passage 29
B-1000 Brüssel, Belgien
Telefon: 2183493, 2187775
Telex: 26593

Virginia:
State of Virginia, Governor's Office
Avenue Louise 479, Bte. 55
B-1050 Brüssel, Belgien
Telefon: 6486179, 6480036, 6477217
Telex: 26695

II. Amerikanische Hafenbehörden

Chicago Port Authority
c/o State of Illinois, European Office
Place du Champ de Mars, Bte. 14
B-1050 Brüssel, Belgien
Telefon: 5120105
Telex: 61534

Delaware River Port Authority
Ameriport, Port of Wilmington, Chester,
Philadelphia, Trenton and Camden
Avenue de Roodebeek 44
B-1040 Brüssel, Belgien
Telefon: 7361062
Telex: 23346

Port of Long Beach California
c/o Neptune Shipping Agency, Inc.
3 Carlisle Avenue
London EC3N 2ET, England
Telefon: 4806522
Telex: 884060

Maryland Port Administration
Rue Ravenstein 60
B-1000 Brüssel, Belgien
Telefon: 5130149, 5135405
Telex: 26862

Massachusetts Port Authority
Lt. Lippenslaan 66
B-2200 Borgerhout, Belgien
Telefon: 265695
Telex: 35225

Port of New Orleans
Heideckstraße 27
D-8000 München 19
Telefon: 089/151036
Telex: 5213477

Port Authority New York and New Jersey
Talstraße 66
CH-8001 Zürich, Schweiz
Telefon: 2110615
Telex: 813788

South Carolina State Port Authority
European Office
Passage 29, Bte. 50
Centre International Rogier
B-1000 Brüssel, Belgien
Telefon: 2187775
Telex: 26593

Virginia State Port Authority
Avenue Louise 479, Bte. 55
B-1050 Brüssel, Belgien
Telefon: 6488072
Telex: 26695

III. Sonstige amerikanische Dienststellen

Chicago European Office:
State of Illinois
Place du Champ de Mars 5, Bte. 14
B-1050 Brüssel, Belgien
Telefon: 5120105
Telex: 61534

City of Bangor, Main
Economic Development Department
and International Airport
Postfach 1150
D-5448 Kastellaun
Telefon: 06766/384

Mississippi Gulf Coast
Harrison Country Development Commission
Postfach 1424
D-8670 Hof
Telefon: 09281/84526

Memphis, Tennessee
Memphis Area Chamber of Commerce
Eyssenstraße 6
D-6000 Frankfurt/Main 1
Telefon: 069/551566, 552966
Telex: 416722

North Texas Commission
Bockenheimer Landstraße 39
D-6000 Frankfurt/Main 1
Telefon: 069/7132310
Telex: 411500

Pennsylvania, Northeast Pennsylvania
Management Research & Consulting AG
Richard-Wagner-Straße 6
CH-8002 Zürich, Schweiz
Telefon: 2020144
Telex: 58268

Penn's Southwest Association
Kuckucksweg 19
D-6240 Königstein/Taunus
Telefon: 06174/1055
Telex: 410660

Greater Philadelphia Area
Cavaglia
CH-7742 Poschiavo, Schweiz
Telefon: 51268

U.S. Travel & Tourism Administration
Rossmarkt 10
D-6000 Frankfurt/Main
Telefon: 069/295211-3, 282424

State of Indiana
c/o Imaconsult
Avenue d'Italie 43, Bte. 26
B-1050 Brüssel, Belgien
Telefon: 6739932
Telex: 26411

U.S. Meat Export Federation
Große Theaterstraße 42
D-2000 Hamburg 36
Telefon: 040/352613
Telex: 2163970

Fremdenverkehrsamt für Puerto Rico
Mendelsohnstraße 53
D-6000 Frankfurt/Main
Telefon: 069/742550/59
Telex: 4189257

Umrechnungstabelle für metrische und amerikanische Maßeinheiten

Längenmaße

1 cm	=	0,3937 inch
1 m	=	3,281 feet
1 m	=	1,094 yards
1 km	=	0,621 miles

1 inch (in)	=	2,540 cm
1 foot (ft)	=	0,3048 m
1 yard (yd)	=	0,9144 m
1 mile	=	1,609 km

1 yard = 3 feet = 36 inches
1 mile = 1760 yard = 5280 feet

Flächenmaße

1 cm²	=	0,155 sq. in.
1 m²	=	10,76 sq. ft.
1 m²	=	1,19599 sq. yd.
1 km²	=	0,3861 sq. mile
1 ha	=	0,003861 sq. mile
1 ha	=	2,471 acres

1 sq. in.	=	6,452 cm²
1 sq. ft.	=	0,0929 m²
1 sq. yd.	=	0,83613 m²
1 sq. mile	=	2,59 km²
1 sq. mile	=	259 ha
1 acre	=	0,4047 ha

1 square mile = 640 acres